中国传统社会福利
思想概论

杨文　梁亚敏　谭贵全
编著

Introduction to
Traditional Chinese Social
Welfare Thought

社会科学文献出版社
SOCIAL SCIENCES ACADEMIC PRESS (CHINA)

目　录

绪　论

在人类文明发展史上，作为社会保障制度的一项重要内容，社会福利制度是在人类社会进入 20 世纪以后才正式形成和发展起来的。但社会福利作为一种社会思想和思潮，其产生源头却可以追溯到遥远的原始氏族公社时期。到奴隶制和封建制时代，由于阶级间的尖锐对立带来的贫富分化日趋严重，以及物质资料的相对匮乏、自然灾害的侵袭等问题交织在一起，一些思想家开始对现实社会的不平和不公提出尖锐批判，主张建立所谓"老有所终，壮有所用，幼有所长，矜寡孤独废疾者皆有所养"的公正平等社会，给下层劳动人民提供基本的福利保障；同时，在统治阶级内部，一部分较为开明的政治家也吸取以往王朝灭亡的教训，主张对劳动人民实行让步政策，推行了一系列诸如"安老怀少""赈灾济贫""蠲（音 juān，减免、免除——编者注）免赋税""恤鳏寡孤独"等带有社会福利色彩的统治政策和措施。这说明，中国传统社会存在大量的社会福利思想主张。对这些思想主张进行系统整理研究，不仅有助于我们继承人类优秀的社会福利思想遗产，还能为我们建设科学合理的现代社会福利制度提供有益的启示和借鉴。

中国是一个古老的文明国家。中国古代的先民们在创造了举世瞩目的物质文明的同时，也给后人留下了无比丰厚的思想文化遗产。作为中国社会思想的一部分，中国社会福利思想自古以来就非常发达。从殷周时期的"敬德保民"思想，到春秋战国时期诸子百家的社会福利论，从西汉初年"与民休息"的恤民论，到明清时期的社会救济论，都构成了中国社会福利思想的重要内容，对中国社会产生了深远的历史影响。本书的主要任务就是对中国传统社会福利思想做一系统的概述和论评。

一 福利、社会福利与社会福利思想

"中国传统社会福利思想概论"是一门兼顾历史的关于中国传统社会福利思想的基础知识和基本理论的课程。为了厘清中国传统社会福利思想的历史演变及主要内容，首先需要对福利、社会福利、社会福利思想等基础概念做出界定。

1. 福利

在汉语中，福利有"幸福和利益"的意思；福利的英文单词为"welfare"，它是"well"和"fare"意义的综合，其字面意思是指"美好的生活""令人满意的生活""令人满意的进展"。可见，无论是在中国还是西方，福利都包含"幸福""舒适"之义。在我们今天的语境中，福利更是成为致力于改善全体社会成员的物质文化生活、提高人们生活质量的代名词。

2. 社会福利

社会福利是一个与福利有着紧密联系的社会学名词，可以将其看成"社会"与"福利"的合成词。而对社会福利这一概念的理解，则有广义和狭义之分。

广义的社会福利是指由政府举办和出资的一切旨在改善人民物质和文化、卫生、教育等生活的社会措施，包括政府举办的文化、教育和医疗卫生事业，城市住房事业和各种服务业，以及各项福利性财政补贴等。广义的社会福利覆盖的对象是全体国民，提供的福利既包括物质生活方面也包括精神生活方面。

狭义的社会福利仅指由国家出资或给予税收优惠照顾而兴办的、以低收费或免费形式向一部分需要特殊照顾的社会成员提供物质帮助或服务的制度，通常包括老人、妇女、儿童等特殊群体的福利津贴或福利设施。狭义的社会福利实际上就是指经济福利，是社会福利中能够用货币衡量的部分。

需要特别说明的是，现在大多数欧美国家一般是从广义的角度去理解社会福利的，即相当于我们常说的社会保障；而我国的社会福利则通常是指整个社会保障体系的一个组成部分，大体介于广义和狭义之间，并更倾向于狭义角度的理解，即将社会福利主要理解为民政部门代表国家提供的针对弱势群体如老人、残疾人、孤儿和优抚对象等的服务和保障，也包括为全民提供的普遍福利设施和资金保障。因此，本书所述社会福利的范畴也主要着眼于狭义范围，但又不局限于狭义范围，即基本属于中间层次的社会福利。

3. 社会福利思想

社会福利作为一项完备的社会制度虽然是在人类社会进入近代社会以后特别是到 20 世纪才正式形成和发展起来的，但作为一种社会思想，其在近代以前就已十分丰富。因此，本书不是将社会福利作为一项社会制度来阐述，而是主要涉及社会福利作为一种社会思想在历史上的演变及主要内容。但这些社会福利思想如果被国家、政府或承担社会福利工作的团体所采纳，就可能成为具体的社会福利措施，甚至形成特定的社会制度，所以，我们在阐述历史上的社会福利思想时，也会涉及一些相应的制度和措施。

二　中国传统社会福利思想的主要内容

结合社会学关于社会福利的基本理论和中国社会思想发展的基本特点，中国传统社会福利思想主要可以概括为以下几方面内容。

1. 救灾救荒思想

救灾救荒工作属于社会救济范畴，是指对发生重大的自然灾害如水灾、旱灾、虫灾、地震、台风，以及战争、暴动等人祸造成的灾民、难民的生活救济。中国古代社会的农业属于靠天吃饭的雨水农业，受自然灾害的影响较大，加之中国历史上战争频繁，农民起义接连不断，使得社会的稳定性机制较差，广大农民随时都有可能沦落为灾民和难民，社会也极易陷入动荡和混乱之中。因此，早在春秋战国时期，一些思想家就把"备荒赈饥"作为社会福利的重要内容进行专门研究，提出了"平粜救荒论""赈灾备荒论"等颇具影响的观点。到汉代，又形成了著名的"常平仓"制度，对中国封建社会产生了深远的影响。以后的唐、宋及明、清各代，也都十分重视救灾救荒工作。因此，中国古代的救灾救荒思想十分丰富，并成为中国传统社会福利思想内容的主体部分。

2. 重民与济贫思想

重民思想是自孔、孟以来儒家的传统思想。而中国自步入阶级社会以后，贫富悬殊、两极分化就成为严重的社会问题，威胁着社会的稳定和发展。因此，历史上很多思想家特别是儒家思想家在思考社会福利问题时都非常注意探讨"贫富论"，试图通过各种"济贫"手段来缓和社会矛盾，如孟子的"救穷济弱"思想、董仲舒的"贫者养生论"、朱熹的"贫富论"等，均对中国封建社会产生过较大的影响。到了近代，康有为和孙中山更是将"济贫"思想纳入其理想社会的构想之中，试图建立"家给人足，四海之内无一夫不获其所"的理想社会。

3. 安老怀少思想

中国传统社会福利思想的另一重要内容便是非常注重老人和儿童的福利问题。从孔子开始，就把"老者安之，朋友信之，少者怀之"作为理想社会的重要标志，孟子则提出"老吾老以及人之老，幼吾幼以及人之幼"的思想观点。在《礼记·礼运》的"大同理想"中，更把"老有所终""幼有所长"视为人类崇高的社会理想。上述儒家的"安老怀少"思想被历代许多思想家广为阐释和发挥，也被汉高祖刘邦、唐太宗李世民、明太祖朱元璋等有所作为的封建统治者遵行，直到孙中山，也把儿童福利和老人福利看作社会福利的核心内容。

4. 残疾人福利思想

中国历来就是一个人口大国，加之古代灾害频繁、战争不断，残疾人的数量非常庞大。于是，对残疾人给予特殊的抚恤照顾，也成为中国传统社会福利思想的重要内容。早在儒家经典《周礼》中，即列有对"废疾者"的抚恤照顾的条目。《管子》一书的《入国》篇关于国君出行需行的"九惠之教"中，也大谈"养疾"问题。朱元璋曾下诏设立"养济院"以收养孤贫残疾者，到康有为设计"大同世界"时，更专列"养疾院"对残疾病患者给予治疗和保养。可见，对残疾人的特别抚恤是中国传统社会福利思想的重要内容之一。

5. 妇女福利思想

在中国长期的封建社会里，妇女处于社会底层，根本谈不上妇女的福利问题。到了近代，太平天国起义的领袖洪秀全从基督教的平等思想出发，提出"天下多女子，尽是姊妹之群"的思想，并在《天朝田亩制度》的土地分配方案中贯彻了男女平等的主张，同时还废除了封建买卖婚姻。其妇女福利政策虽然并未真正得到执行，但其在思想史上的地位和意义不可否认。此外，维新思想家康有为在构建其"大同世界"时，提出了系统的男女平等思想，孙中山也重视妇女的解放和妇女福利问题。

6. 社会优抚与社会教化思想

在中国封建社会，每当国家由大乱走向统一，"天下初定"之时，统治者往往都会采取一些社会优抚政策，以安抚人心，稳定社会秩序。其中以汉初大规模的军队复员优抚安置工作最为典型，对后世产生了很大影响。所谓社会教化，社会学上主要是指对越轨、犯罪者的教育改造，但广义的社会教化还包括对社会成员的社会化和继续社会化的教育。从孔子开始，中国的这种广义的社会教化思想就非常发达。孔子提出的"富而后教"思想，被董仲舒发展为一套系统的德治教化理论，对后世产生了极大影响，使社会教化也成为封建时代社会福利的一项内容。

三　中国传统社会福利思想发展的特点

作为中国社会思想的重要组成部分，中国传统社会福利思想的形成、演变及传承，也有着自己的特点。

1. 中国传统社会福利思想的早熟性

从中国传统社会福利思想发展的历史轨迹看，其具有明显的早熟性。这主要表现在，中国历史上最有影响力的社会福利思想主张，基本上都是在春秋战国时期就已提出了，如以孔、孟为代表的儒家的"重民""惠民利民"的社会福利主张，以韩非为代表的法家的"反足民""反济贫"的反社会福利主张，以老子为代表的"损有余而补不足"论，以及墨子的"赈灾备荒论"等，都产生于这一时期。中国此后的思想家和政治家在进一步探讨社会福利问题时，基本上都延续了上述诸家的观点。在这个意义上，我们可以把春秋战国时期称为中国传统社会福利思想发展的"原典时代"或"奠基时代"，它表现出中国传统社会福利思想发展的早熟性。

2. 中国传统社会福利思想的政治伦理性

中国传统文化是一种政治伦理型文化，这一特点也在中国传统社会福利思想中得到体现，使中国传统社会福利思想具有与社会政治伦理思想和哲学思想体系紧密结合的特性。例如，孔子的社会福利思想实际上是其"仁学"思想体系的自然拓展，孟子的社会福利观是以其"性善论"和"重民论"为理论依据的，而韩非的反社会福利主张则是基于其人性自私说和人际关系的"自利自为论"提出的。从这个意义上说，中国历史上没有专门的社会福利思想家，思想家们的社会福利主张都是与其社会政治伦理思想或哲学思想紧密联系在一起的，具有强烈的政治伦理特性。

3. 中国传统社会福利思想中的"宗族福利保障"色彩

在中国历史的发展演变进程中，社会结构曾经发生过种种变迁，但由血缘关系纽带维系着的宗法等级制度及其遗存和变种却长期保留下来，使得中国传统社会结构具有极其浓厚的宗法家族式的伦理统治色彩。"家国同构"是宗法社会的最大特点，在这一社会里，社会伦理和国家伦理都是从家族伦理演绎而来的，所谓"君子之事亲孝，故忠可移于君；事兄悌，故顺可移于长；居家理，故治可移于官"①。基于这样的宗法家族制的社会结构，我们可以看到，无论是孔子梦想的"有道"社会、孟子的"井田"模式，还是董仲舒的"复井田"、张载的"井田论"，以及龚自珍的"农宗论"、洪秀全的"天国"理想，都带有极强的"宗族福利保障"色彩。这与中国这个伦理社会的传统是一脉相承的。

4. 中国传统社会福利主张的乌托邦色彩

中国很多思想家的社会福利主张都不具有现实的可操作性，因而往往把其社会福利目标的实现寄托于带有乌托邦色彩的理想社会。例如，在先秦时期有孔子及儒家的"大同"的理想社会、老子的"小国寡民"的理想社会，到魏晋时期有鲍敬言的"无君"的理想社会，元代有邓牧设想的理想社会，以至近代有洪秀全的"人间天国论"、康有为的"大同世界论"、孙中山的"单税社会主义论"等，无不具有乌托邦色彩。这种带有乌托邦色彩的理想社会福利论，既反映了中国历代思想家对没有剥削、没有压迫的理想社会的向往，也表现出他们对现实社会的批判精神。

四 中国传统社会福利思想概论课程的性质、目的任务及基本要求

1. 中国传统社会福利思想概论课程的性质

中国传统社会福利思想概论是一门兼顾历史的关于中国传统社会福利思想的基础知识和基本理论的课程。该课程虽然要用一定的篇幅来梳理中国传统社会福利思想的发展脉络，但其目的是使学习者对中国传统社会福利思想的发展有一个总体的认识。从整个结构看，它不同于以中国传统社

---

① 《孝经·广扬名》。

会福利思想的历史演变为主要内容的中国社会福利思想史；该课程虽然也要涉及一些社会福利与社会保障的相关领域的知识，但它不同于一般研究社会福利问题的社会学类课程，而是立足于马克思主义的基本历史观，侧重于对中国历史演变过程中的传统社会福利思想及其成就进行介绍和阐释。因此，它是一门兼顾历史的关于中国传统社会福利思想的基础知识和基本理论的课程。

2. 中国传统社会福利思想概论课程开设的目的和任务

本书旨在给学生提供一个了解中国传统社会福利思想的简明文本，使之对中国传统社会福利思想的历史演变、主要内容及基本特征有所把握，并引发对中国传统社会福利思想的继承和创新问题的思考。具体来说，其目的和任务有三。一是使学习者更加准确而深刻地认识我们民族自身，把握中国国情，增强热爱祖国优秀文化遗产、促进文化发展的意识。二是使学习者通过对中国传统社会福利思想的历史演变和基本理论的了解，运用这些知识来观察社会、认识社会，加深对我国当前构建社会主义和谐社会过程中推进社会福利和社会保障进程的认识。三是使学习者在提高认识的基础上，加强自身修养，以理性态度和务实精神，在继承传统的基础上不断创新，为祖国的文化建设做出努力。

3. 中国传统社会福利思想概论课程的基本内容

根据中国传统社会福利思想概论课程的性质，它的基本内容主要是中国历史上有关社会福利思想的理论观点、历史传承及相关知识。这些内容构成了本书的主要章节。

（1）有关社会福利和社会福利思想的一般概念。我国的社会福利概念虽然更倾向于从狭义角度理解，但中国古代的社会福利思想较多的还是广义角度的。

（2）中国传统社会福利思想依赖的地理与社会环境。这里需要特别说明的是，地理环境和社会环境都是历史概念。例如，数千年来，中国山川河流都在发生着变化，中国的版图也多次发生变化，中国的社会制度也是历史地演变的。但本书所阐述的地理环境和社会环境，是就曾经影响中华文化和中国传统社会福利思想发展的比较稳定的地理环境和社会经济、政治概况而言的，不是指某一个具体历史时期的地理和社会环境。

（3）中国传统社会福利思想的历史演进。为了让读者对中国传统社会福利思想的发展有一个总体的认识，本书需要用一定的篇幅来勾勒中国传统社会福利思想的发展和历史演变，阐述各个历史时期思想家们提出的主要社会福利思想。社会福利思想的发展虽然也应该有自己的独特历史分期，但鉴于中国思想文化发展与中国通史的基本一致性，本书阐述历史发展脉络仍按朝代演变分期，即按先秦时期、秦汉时期、魏晋南北朝时期、隋唐宋元时期、明清时期和近代时期的顺序来分别阐述。

（4）有关中国传统社会福利思想的分科知识。狭义的传统社会福利主要包括老年人福利、儿童福利和残疾人福利三大内容，但从中国传统社会福利思想发展的角度来看，其内容并不是只有这三大项。例如，在中国传统社会福利思想中，救灾救荒思想、重民济贫思想等就相当发达。因此，本书将重点从以下几方面来阐述中国历史上的社会福利思想：传统的救灾救荒思想，关于老人、儿童、妇女和残疾人的福利思想，传统的重民思想和济贫思想，传统的具有宗族色彩的福利保障模式。本书将对这几部分内容进行分章阐释。

第一章　中国传统社会福利思想依赖的地理与社会环境

生活在一定地域范围内的人群，必须依赖自然提供给他们的条件。从地理环境方面来观察中国传统社会福利思想的总体特征是十分必要的。同时，社会经济基础和政治环境对中国传统社会福利思想的影响也是至关重要的。因此，要把握中国传统社会福利思想的总体特征及其演变趋势，不能不首先来观察它得以产生和发展的大环境，包括自然的地理环境和经济、政治的社会环境。

第一节　中国传统社会福利思想依赖的地理环境

地理环境是人类赖以生存和进行文化创造的先决条件。广义的地理环境包括自然地理环境和人文地理环境（又可分为经济地理环境和社会政治及文化环境）。自然地理环境如地形、地貌、气候、水文、植被、海陆分布等，其发展变化的速度比较缓慢，往往需要相当长的时间才能为人们所察觉，当然不排除在某些阶段或局部地区的自然地理环境发生迅速和剧烈改变并给社会发展造成巨大影响；而人文地理环境如疆域、政区、民族、人口、经济、政治、城市、交通等的发展变化速度比自然地理环境要快得多，其对社会发展的影响也更迅速和直接。当然，这两个方面的环境又是相互作用、相互影响而不能截然分开的。关于人文地理环境中的社会经济基础和政治结构对中国传统社会福利思想的作用，在第二节中讨论，第一节主要从狭义的地理环境即自然地理环境角度（也包括人文地理环境中的疆域、政区、民族、人口等因素的演变）来讨论中国传统社会福利思想的地理背景。

地理环境既是人类赖以生存和发展的物质基础，也是人类的意识和思想文化活动的基础。因此，地理环境对人类社会和人类的思想意识所起的作用是具有一定决定意义的：首先，它为人类的生存、发展及思想文化的创造提供了物质前提和基础；其次，它决定着这个环境中的一切生物（包括人类）及活动（包括人类的思想意识活动）都不可避免地有一个产生、发展以至消亡的过程；最后，在这个环境中的一切物质和由物质产生的能量都既不能增加也不能减少，只能以各种形式相互转化和传递，人类的一切活动都必须顺应这一环境的内在规律，在此前提下利用这一环境，根据自己的需要，通过自己的活动来加速、延缓或制止物质的某些转换和能量的某些传递。

但在具体的时间和空间范围内，地理环境对社会发展只起到加速或延缓的作用，而不是起到决定性的作用。因为人类对地理环境的利用从来不可能达到极限，今天离极限也还相当遥远。而且，不同地区、不同时期的人们对地理环境的利用程度存在相当大的差异，利用的方式也各不相同。这就是人类的历史和文化会如此丰富多彩、千差万别，在大致相同的历史环境中，在不同地区和不同时期，人类的活动会出现如此不同的结果的缘由所在。一般来说，在人类社会的早期，即人类基本上还只能被动地适应现成的环境时，地理环境对人类各方面的活动几乎起着决定性的作用；随着生产力的提高和生产方式的多样化，人们开始能动地利用地理环境，这时地理环境对人类具体活动的决定作用就逐渐减弱；生产力越发达，人们对地理环境的利用能力和程度就越大。但这一切都是以地理环境所提供的条件为前提并以不违背它的内在规律为限度的。

一　中国的地形地势概况

中国处于世界最大的大陆——欧亚大陆的东部，东临浩瀚的太平洋。中国是一个多山的国家，山地、高原和丘陵约占国土陆地总面积的69.27%，海拔500米以下的地区仅占国土陆地总面积的27.58%，而海拔3000米以上的地区却占了25.94%，在全球超过8000米的12座山峰中我国就有7座。

中国地势西高东低，呈阶梯状（习惯上称"三级阶梯"）分布。青藏高原处于第一阶梯，被称为"世界屋脊"，平均海拔在4000米以上，许多山峰超过7000米。青藏高原内部地势微有差别，靠近青海地区地势向东南倾斜，是我国主要大江大河的发源地。从青藏高原往东往北，至大兴安岭、太行山、巫山、雪峰山一线为第二阶梯，这里分布着高原和盆地，其内部地形相当复杂。塔里木盆地、内蒙古高原、黄土高原、四川盆地和云贵高原等都在这一区域。由此再往东就是我国地势最低的一级阶梯，包括东北平原、华北平原、长江中下游平原以及东南丘陵等。台湾岛上最高的玉山高达 3952.433 米，岛内海拔 3000 米以上的山峰有 62 座，地势之高在世界海岛中也属罕见。

作为欧亚大陆的一部分，中国虽然地形地势复杂，但又不失大陆的整体性特征。首先是有众多的河流像血脉一样将大陆广大地区连接在一起。例如，黄河、长江就贯穿于三大阶梯之中，沟通着大陆的东西，而汉水、淮河又把这两条大河联系在一起。其次是便利的地理通道。中国虽地形复杂，山岭众多，但无论多么险峻的地势，大自然总留给人以交通的便利。实际上，中国几乎没有一个地方未发生过人群交流，而这种交流是从远古时代就开始的。例如，新疆的和田玉曾在江浙地区的考古文化遗址中被发现。而中原各地区之间的交流就更为频繁了，从中原向西南、东北也都有形成交通的便利条件。这些都促使中国大陆形成内在的整体统一性。没有交流就没有文化的发展，交流范围及交流者之间的差异越大，对文化的发展就越有利。

中国是世界最早的文明古国之一，但有文字记载的（从商朝的甲骨文算起）历史也不过 3600 余年，相对于自然环境存在的时间，不过一瞬。但在中国大陆的局部地区，由于自然和人类活动的相互作用，地形、地貌还是发生了不小的变化，甚至出现了"沧海变桑田"的巨变。这些变化主要发生在第二、第三阶梯内，比较明显的表现有四。首先是湖泊的发育和消失。一些著名的湖泊改变了形状和面积，或者消失了，而一些新的湖泊产生并继续演变。其次是水道和水系的变迁。流经东部平原地区的江河下游几乎都发生过变化，其中黄河和海河水系的变迁尤为剧烈，决溢改道极其频繁。再次是海陆的变迁。从辽东湾到杭州湾之间的不少沿岸地区都是近两三千年间才陆续成陆的，但也有一些陆地被大海淹没。最后是黄土高原的变迁以及西北地区沙漠的变迁。日益严重的水土流失使黄土高原上的"源"不断缩小，地形破碎，生态条件越来越差。而西北地区沙漠面积扩大，吞没了一些绿洲甚至城市。当然，由于人类的治理，也有一些沙漠后退并得到重新开发。以上这些地理环境的变化对中国的历史和文化包括社会福利思想的发展演变都产生了重大影响。

二 中国的气候变迁及灾荒情况

中国的大部分领土处于北温带，属于温带气候，这正是黑格尔所谓的"历史的真正的舞台"①。中国气候主要有三个特点。首先是季风气候明显。广大东部地区都处于季风气候区内，四季分明，冬夏盛行风向有明显变化，降雨量也呈明显的季节性变化。但伴随这种气候出现的灾害也不少，旱灾和洪涝灾害以及与之相关的蝗灾病虫害都比较严重。其次是大陆性气候强。主要表现为冬夏两季平均温度与同纬度其他国家和地区有较大差异，冬季气温低于同纬度地区，夏季气温则高于同纬度地区，气温年差较大。最后是气候类型多种多样。以上这些气候特点，有史以来并无太大变化。但是受全球气候变化以及人类活动对自然环境的影响，中国5000年来的气候状况还是发生了一定的变化。下面我们来考察与人类活动关系密切的温度和湿润度的变化。

首先是温度的变迁。1972年《考古学报》第1期发表了著名学者竺可桢先生的《中国近五千年来气候变迁的初步研究》一文，指出5000年来中国气候在不同时期和不同地区变化的幅度不同，而且有过多次反复，但总的趋势是由暖变冷，其表现是温暖期一个比一个短，温暖程度一个比一个低。竺可桢先生还具体将中国5000年的气候变化分为四个大的时期。第一个时期是从5000年前到前1100年，也就是从新石器时代到商朝末年，属于温暖期，那时黄河中下游还有野象等亚热带动植物。从前1100年到1400年，也就是大约从西周初年到明朝初年，为第二个时期即寒暖交错期。其中，在西周初年气候温暖，之后转冷，史书有牛马冻死、江汉结冰的记载；从春秋至西汉，气候又趋温暖，文献记载当时北方一年可收获两季，江陵等地有橘树等亚热带植物，而这些植物后来南移了；东汉、三国直到南北朝又转入寒冷期，曹魏时期淮河曾结冰；从隋唐至北宋，气候再转暖，唐玄宗和武宗时，皇宫及南郊都种有柑橘；北宋中期至南宋中期，是该时期气候的第三次转冷，而南宋中期至元代，则是该时期气候的第四度转暖，

---

① 〔德〕黑格尔：《历史哲学》，王造时译，生活·读书·新知三联书店，1956，第124页。

从南到北的气候与今天大致相当。从 1400 年到 1900 年，是第三个大的气候时期，即寒冷期。特别是 17 世纪的气温达到最低点，山西的五台山夏季下雪，运河的结冰期一年达 109 天之多。第四个大的气候期从 1900 年开始，竺可桢称之为"仪器观测期"，因为在这以后有了测量温度及观测气象的仪器。由于这一时期气候的变迁超出了本书范围，这里就不做介绍了。

其次是由温度变化带来的湿润度的变化。中国处于东亚季风气候区域内，雨量的变化常趋于极端，非涝即旱，而且在相邻地区也会有很大的差别，但总体的湿润状况还是有变化的，其大势是随着气温的变冷而逐渐变得干燥。例如，西周以前的温暖期同时也是一个气候湿润期，随后随着气候转冷也就逐渐变得干燥，这一过程持续了很长时间，到明代开始，由于中国气候进入寒冷期，旱灾便明显多于水灾，其中 15 世纪前半叶到 16 世纪前半叶、17 世纪及 18 世纪后半叶到 19 世纪前半叶是中国旱灾持续出现的时期。

以上两方面气候的变化所产生的复杂后果，对中国社会经济的发展、民族的迁移、人口的变化、文化的传播，以至社会的治乱和王朝的兴衰都起着或大或小的作用。特别是气候还与灾害直接相关。中国是一个灾害较多的国家。由地理和气候造成的灾害主要有旱、涝、蝗、风、雹等。大水之后往往伴随瘟疫，而大旱之后则往往有蝗灾，所以灾害又与疾病是相互联系的。邓云特《中国救荒史》统计，从西汉（前 206 年）开始到 1936 年的共 2142 年时间里，中国有记载的灾害总数高达 5150 次，平均 4 个月多一点就有一次，而且受灾范围越来越大，频率越来越高，程度越来越大。[1] 与这样的趋势相伴随的是瘟疫和疾病的流行，也是越来越严重。因此，备荒、救灾就成为古代中国社会政治经济生活中的大事，也自然成为中国传统社会福利思想的主体内容。

三　中国的疆域、政区和民族、人口演变情况

疆域是指一个国家统治和管辖下的国土。中国的第一个朝代夏朝（前 2070 至前 1600 年）的历史尽管还没有完全得到考古发现的证实，但可以肯定它已经统治了范围不小的地区。经过商周二代约 13 个世纪的发展，到前

---

① 参见邓云特《中国救荒史》，河南大学出版社，2010，第 42~43 页。

221 年，秦始皇建立起了中国历史上第一个统一的中央集权国家。秦朝的疆域北起河套、阴山山脉和辽河下游流域，南至今越南东北和广东大陆，西起陇山、川西高原和云贵高原，东至于海。此后的历代中原王朝的疆域虽时有盈缩，但基本趋势是逐渐扩大、逐渐巩固，不少王朝都拥有过今天中国领土之外的疆域。例如，在汉代，朝鲜半岛的东北部曾是它的正式政区，而自西汉中期至唐朝末年的千余年间，今越南北部也都是中原王朝的一部分，唐朝和元朝的北界都远达今俄罗斯的西伯利亚，西界直抵中亚的咸海。乾隆二十四年（1759 年），清朝最终奠定了今天中国疆域的基础，形成了一个北起萨彦岭、额尔古纳河、外兴安岭，南至南海诸岛，西起巴尔喀什湖、帕米尔高原，东至库页岛，拥有 1000 多万平方千米国土的统一国家。1840 年鸦片战争后，西方列强侵入中国，用武力迫使清朝政府签订了一系列不平等条约，攫取了中国的大片领土。但中国人民进行了不屈不挠的斗争，使国土免遭更大损失。今天的中国陆地面积约为 960 万平方千米，次于俄罗斯、加拿大而居世界第三位。

政区是国家为对管辖下的地方进行分级管理而划分的行政区域，它的出现是以国家的建立为前提的。但并不是说国家建立以后就必须划分政区，如商朝和西周时期实行分封制，天子和各级诸侯的直接统治区域都有限，当然也就不需要分级管理。到春秋战国时期，经过不断的兼并战争，剩下的诸侯国范围越来越大，各诸侯国一般又将被灭国置于国君的直接统治下而不再分封新国。于是，直接向国君负责的行政单位——县、郡便应运而生。到前 221 年嬴政灭六国建立秦朝，及以后的两汉，都实行郡县制，即由数十至百余个郡管辖数百到一千多个县或县级单位。从 2 世纪末的东汉末年开始，原来只起监察作用的州成为最高一级政区，形成州—郡—县三级制。但以后特别是到了南北朝后期，州的数量不断增加，三级制已变得毫无意义。隋朝大业三年（607 年）合并、撤销了一些州县，再次将州改为郡，重新实行郡、县两级制。尽管唐朝将郡称为州，但基本上都是两级制。为了加强对地方的监察，唐开元年间在全国设置了 15 个道，以后逐渐形成道—州—县三级政区制。宋朝废止了方镇（道）辖州的制度，但因全国有 300 多个州级单位（包括府、州、军、监），朝廷难以直接管辖，就由原来专管督征运送财赋的各路转运使兼管军民事务，形成路—州（一些比较重要的州改称为府）—县三级制。元朝的中央政府称中书省，其派出机构——行中书省负责统管地方军民事务，并成为最高一级的地方行政区划，省下一般设路（或府）、州（或县）两级，有的地方设路、府、州、县四级。明初废除行省制，将原来的省改称布政使，后又将全国划分为两京（南、北直隶）和十三布政司，俗称两京十三省或十五省。清初设十八省，省下只有州（或直隶州、直录所）、县两级，每省还分若干道作为省的派出机构。辛亥革命前后将州改为县，并重划了道区，形成了省、道、县三级制。国民党政府废除了道，企图实行省、县两级制，但到20世纪30年代又在江西首先分区设行政督察专员，不久推广到全国。中华人民共和国成立后，在省级以下设立专区，以后改称地区，作为省的派出机构。

中国是一个多民族的国家。历史上在中国范围内居住活动的民族除月氏族的主体在前2世纪迁到中亚以外，其他各民族几乎都没有完全离开过中国。除汉族以外，匈奴、鲜卑、羯、氐、羌、契丹、女真、蒙古、满族都曾建立过统治中原地区的政权。但无论是汉族还是非汉族建立的政权，都包容其他民族，中国自古以来就是一个多民族的国家。中国的历史是由各民族共同缔造的，中国的领土也是各民族共同开拓和巩固的。尽管真正的民族平等关系不可能在封建制度和不发达的生产力条件下建立起来，民族歧视、民族压迫和民族冲突甚至民族战争长期存在，但各民族之间的交流、合作毕竟是主流。特别是在中国面临帝国主义侵略的紧急关头，各民族在爱国主义的旗帜下团结起来，形成了中华民族共同的意识和信念。

人口是构成社会的又一必要条件。中国自古以来就是世界上人口最多的国家。《汉书·地理志》记载，公元2年在汉朝设置政区的范围内有6000万人口，超过了当时世界人口（约1.7亿人）的1/3；12世纪初的北宋末年，其境内人口已超过1亿人，加上辽、西夏境内和其他少数民族地区就更多了，而当时世界人口约3.2亿人，也占了1/3；1850年，世界人口达到12亿，而中国人口则已突破4.3亿人，所占比例也没有降低。在主要依靠人力和简单工具的条件下，中国无疑拥有世界上最强大的生产力，其对于中华文明延续的作用是不可低估的。

但中国拥有的庞大人口的分布是很不均衡的。在公元初年，60%的人口分布在太行山、中条山以东，豫西山地、淮河以北，燕山山脉以南的区域内，而长江以南大多数地区人口稀少。随着秦汉时期对南方的经营与开发，魏晋南北朝开始的经济中心的逐渐南移和人口的迁徙，人口的分布发生了很大的变化。如果将淮河、秦岭、白龙江作为划分北、南的界线，北方与南方人口所占的比例从公元初年的 7：3 演变为 10 世纪末的 4：6，到 14 世纪前期竟达到 2：8，明清以来差距有所缩小，大致稳定在 4：6。从 20 世纪初开始，中国形成了东南人口稠密区和西北人口稀疏区，至今仍无明显的改变。①

中国历史上人口的迁徙也相当频繁，规模很大。14 世纪中叶以前，移民的主流是由北向南，即从黄河流域迁至长江流域及更南地区，其中又以西晋末年永嘉之乱后、唐朝安史之乱后及北宋末年靖康之变后的三次人口南迁影响最大，移民数量最多。在明朝初年又有数百万人口从长江以南迁至江淮之间和淮河流域，从山西迁至华北平原。20 世纪前期，由于战乱，移民的主流是从平原进入山区、从内地迁往边疆。而随着沿海城市和工矿城市的兴起，又有大量人口从农村迁入城市。此外，北方游牧民族和边疆少数民族的内迁在历史上也发生过多次，并具有相当规模。中国人还不断移居海外，从 15 世纪开始就以东南亚为主要移居区。人口的迁徙涉及一系列社会问题，当然也成为中国传统社会福利思想关注的一个焦点。

第二节　中国传统社会福利思想植根的经济基础和政治环境

"不是人们的意识决定人们的存在，相反，是人们的社会存在决定人们的意识。"② 中国传统社会福利思想的产生和演变，不仅受到它所依赖的自然地理环境的影响，还取决于它植根的社会经济基础和政治环境。中国古代社会以农耕自然经济为主体的社会经济形态及其演变，是中国传统社会福利思想形成和演变的根本原因，而中国古代宗法制度与君主专制制度相结合的伦理型的社会政治体制，也成为我们理解中国传统社会福利思想特点的一个重要方面。

一　中国传统社会福利思想植根的经济基础：以农耕自然经济为主体的社会经济形态

东亚大陆得天独厚的自然条件和地理生态环境，孕育了华夏民族以农

---

① 参见张岱年、方克立主编《中国文化概论》，北京师范大学出版社，2003，第 20~21 页。
② 《马克思恩格斯选集》第 2 卷，人民出版社，2012，第 2 页。

耕自然经济为主体的社会经济形态。

早在四五千年前，兴起于黄河流域的仰韶文化和龙山文化，就已经向我们展现了华夏民族的祖先从渔猎向农耕生产过渡的历史风貌。与此同时，长江中游的屈家岭文化及钱塘江以南地区的河姆渡文化，也显示了祖先在这里辛勤耕耘和繁衍生息的时代痕迹。《论语·宪问》称"禹、稷躬稼而有天下"，以及《史记·周本纪》称赞周人先祖公刘"务耕种，行地宜"，也都说明农耕与部族的兴衰紧密相连。

及至夏、商、周时期，农耕业已经成为中原华夏民族社会生活资料的主要来源。古诗所谓"日出而作，日入而息，凿井而饮，耕田而食"（《帝王世纪·击壤歌》），便是这一时期先民从事农业生产的生动写照。从殷墟甲骨文中出现的黍、稷、麦、稻等字，能看出当时的农作物已实行分类栽种，说明当时中国的农耕生产已达到了相当的水平。

春秋战国时期，诸侯纷争，列国竞雄，各诸侯国为了在激烈的对抗中获得生存和发展，纷纷进行了一系列的政治经济制度改革，而这些改革几乎无不与促进农耕经济联系在一起。管仲的"相地而衰征"，为齐国的强盛奠定了雄厚的基础；魏国李悝的"尽地力之教"，竞相为列国所仿效；商鞅变法实行的"耕战"政策，使秦国大军在关东所向披靡。

秦始皇废封建为郡县，为统一全国的生产打下了基础，并推动了农业经济的蓬勃发展。自汉代开始，历代王朝更是把"重农固本"奉为治国的不易之道，从而形成了中国传统社会以农耕文明为主导的特有文明形态。直到鸦片战争爆发，随着西方列强势力的侵入，中国的农耕自然经济才趋于解体。

中国的农耕文明虽然同时发祥于黄河、长江流域，但由于黄河流域细腻而疏松的黄土层较适宜于木石铜器农具的运用和粟、稻等旱作物的生产，所以农业生产首先在黄河中下游达到较高水平，黄河中下游地区自然也就成了上古时代的政治、经济和人文中心。随着农业生产力的发展，特别是铁制农具和牛耕的普及，中国的农耕区域逐渐向土肥水美的长江流域扩展，而秦汉大一统局面的形成，更为中国农耕区域的向南扩展创造了有利的社会条件。汉晋以后的数百年间，由于北方的边患日趋严重，战火的蹂躏使黄河流域的农业生态环境迅速恶化，中原大批的农耕人群被迫向南迁徙，其足迹遍布长江中下游流域及东南沿海各地。于是，中国农耕区域的中心，便逐渐从黄河流域向长江中下游和江南地区转移，而中国南方优良的自然气候条件和生态环境，也很快显示出发展农耕经济的巨大潜力。隋唐以后，长江中下游区域迅速成为中国的经济中心，所谓"东南财赋"与"西北甲兵"共同构成了唐以后历代社会政治稳定的基本格局。

在农耕自然经济中，手工业和商业是农业派生出来并为之服务的附属经济形式。中国历朝奉行"重农抑商"政策，不利于商业和手工业发展，严重制约了资本主义的萌芽，延缓了自然经济的解体。

中国在5000年的农耕自然经济历史中，出现过举世闻名的农业盛世，产生了农耕经济文化理论，涌现出许多技术发明，这些都是值得总结的。而中国传统社会福利思想，就植根于这样的经济环境中。

二　中国传统社会福利思想依赖的社会政治结构：宗法制度与君主专制制度相结合的伦理型社会政治体制

一个民族思想文化的发展史，除受特定的地理环境、经济状况和外来因素的制约外，社会政治结构对其影响也是至关重要的。

作为有着悠久历史的文明古国，中国社会的政治结构具有独特的东方文化特色。就世界几个主要文明古国发展史比较来看，中国古代的社会政治结构至少有以下两个特点。第一，以血缘关系为纽带的宗法制度完备而系统。包括嫡子之制、庙数之制、分封制等，从理论到实践，其完善程度都是世界各国所无法比拟的。第二，专制主义严密。中国自国家产生之日起，尽管先后出现过奴隶主阶级、地主阶级等不同阶级的统治，但其专制却是一脉相承的。尤其是地主阶级的专制，不但延续时间长，而且逐渐强化。在漫长的历史长河中，中国一脉相承的君主专制制度和以血缘关系为基础的宗法制度相结合，形成了一种"家国同构"的社会政治结构。在这种社会政治结构下，家与国、父权与君权，有着同构与互通的关系，孝亲与忠君有着一致的精神血脉。这种伦理型的社会政治结构，深刻地影响着中国文化，包括中国传统社会福利思想。因此，了解中国传统的社会政治结构，就成为理解中国传统社会福利思想特点的一个重要方面。

宗法制度是中国古代维护贵族世袭统治的一种制度，由父系家长制度演变而成，包括嫡长子继承制、分封制和宗庙祭祀制度等，到周朝渐趋完备。周王自称天子，周朝王位的传承实行嫡长子继承制，与商朝"父子相承""兄弟相及"的王位传承形式有明显的差别。传嫡不传贤的嫡长子传承方式，遏阻了一般王室成员对王位的觊觎，杜绝了兄弟之间为争王位而造成的祸乱，使西周出现了一段政治上比较平静的时期。分封制是由宗法制度直接衍生出来的一种巩固政权的制度，是由周人创立的。西周的土地名义上是天子所有，天子将天下土地分封给诸侯，诸侯将所得的土地分封给大夫，大夫又将它分封给士，士则直接组织庶人进行生产。所以《尚书·周书》有"列爵惟五、分土惟三"之说。"列爵惟五"指按诸侯地位和封地大小，将贵族分为公、侯、伯、子、男五等；"分土惟三"即指上述天子封土诸侯、诸侯封土大夫、大夫封土士的土地分封的等级制度。宗庙祭祀制度是为了维护宗族团结而发展起来的一种强调尊祖敬宗和尊卑等级的制度。《礼记·王制》记载，周天子为七庙，诸侯为五庙，大夫为三庙，士为一庙。随着宗庙祭祀制度的发展，形成了中国传统的礼乐文化，对于维护以家族为核心的宗法制度和巩固政权，发挥过重要作用。

宗法制度使社会成员按照宗法的原则组织起来，使政治关系与血缘关系合而为一。这种制度的特点在于，一方面用自然血缘关系来确定人们的社会关系，另一方面又用自然血缘关系将人们紧紧连在一起，从而限制人们社会关系的发展。在宗法制度下，社会结构以宗族为基本单位，每个社会成员依据与生俱来的血缘关系确定其在宗族中的位置，其全部权益由家长（族长）代表，族人对于宗子、小宗对于大宗，必须绝对服从。而周王作为上天之子，是天下最高的宗主。这样王的地位就得到了政治组织与血缘组织的双重保障。

东周以后随着分封制的瓦解，完整的宗法体系已经崩溃。春秋战国时期已经出现了与分封制并存的地方郡县机构，秦朝统一之后废除了分封制，将郡县制推向全国。汉代至明代，封王食禄的做法一直未曾中断，但整体上趋于衰落，宗法制度作为一直实施的政治制度已成为历史。但是，宗法制度在中国所留下的历史影响，却异常深远，宗法关系长期存在于中国古代社会结构之中，并深刻地影响着传统社会的经济、政治和思想文化。

君主专制制度是指以古代君王为核心的中央集权的政治体制。君主专制制度脱胎于原始社会后期的父权制。在父权制下，父祖是血缘家族的统治首脑，在家族中有着至尊的权威，掌管着氏族部落祭祀的神权和征伐的军权。随着私有制的产生，部落军事联盟向国家机器转化，军事首脑与宗族家长逐渐演变为君主专制的帝王。

中国早在秦以前的周朝，就出现了大一统的君主专制政体的雏形，这就是前述的宗法分封制。周王既是天下的共主，又是最大的宗主，他名义上拥有全国的土地与人口，并形成了一个从上到下的金字塔形的统治序列，所谓"溥天之下，莫非王土，率土之滨，莫非王臣"（《诗经·小雅·北山》）。但由于周朝实行的是层级分封的制度，号称天下共主的周王实际上并不能直接控制基层，其对全国的控制是通过诸侯、大夫等宗子间接实现的，君主专制制度在这种分封制下存在结构性的局限，因此它尚且不是完善的君主专制制度。

秦汉时期统治者吸取了分封制导致王权削弱的教训，以郡县制全面取代分封制，建立了天下一统的王权体制，君主集权达到空前的高度。秦汉时期确立的这一套中央集权的君主专制制度，在中国传袭达 2000 年之久，成为影响中国历史进程的重要的政治文化传统。

秦汉以后的中央集权的君主专制制度具有如下特点。第一，君权至上，皇帝总揽天下大权。君主是全国的最高权威与绝对权力的拥有者，他超越一切社会政治法律制度，全面控制着行政、财经、司法、军事等国家权力，是名副其实的专制帝王。第二，为强化中央集权而设立庞大的官僚办事机构。皇帝总揽天下大权，但他不可能事必躬亲，皇帝对国家社会的控制是通过从中央到地方的一套庞大的官僚办事机构实现的。从中央到地方的各级官僚办事机构虽轻重有差，职能有别，但无一例外都绝对服从以皇帝为核心的中央王权，官僚办事机构始终置于君王操纵下。第三，严密的人身控制。通过军事征服而建立起来的君主专制政权，将控制人民与占有土地视为国家的重要事务，他们制定了一套严密的人身控制办法，如严格的户籍管理制度、什伍里甲制度等，将人们紧紧地固定在一定的位置之内。如此一来，中华民族安土重迁的风俗也就形成了。

随着秦汉以后君主专制制度的日趋完善与成熟，高度集中的专制王权给传统中国社会打下了深刻的烙印。在这样的专制社会里，社会文化形态与民众生活无不受到集权政治的影响，特别是在高度专制的明清时期，无孔不入的政治权力更是造成了传统文化的沉闷与单调。

以宗法色彩浓厚和君主专制制度高度发达为主要特征的"家国同构"的中国传统政治结构，对中国传统社会福利思想的影响是巨大的。中国传统社会福利思想中的浓厚的政治伦理色彩及典型的"宗族福利保障"模式等，都是这一传统政治结构的产物。

第二章 中国传统社会福利思想的历史演进

作为中国社会思想重要组成部分的中国传统社会福利思想，它与哲学思想和社会政治思想体系紧密结合，但又有其自身的特点和发展规律。根据中国历史发展的进程和中国传统社会福利思想演进的独特规律，我们把中国传统社会福利思想的发展大体上分为六个主要时期：先秦（主要指春秋战国时期）时期的社会福利思想、秦汉时期的社会福利思想、魏晋南北朝时期的社会福利思想、隋唐宋元时期的社会福利思想、明清时期的社会福利思想及近代的社会福利思想。

第一节 先秦时期：中国传统社会福利思想的创始与奠基

先秦时期是指中国从原始社会进入阶级社会后最初经历的几个朝代——夏、商、周三代，这一时期特别是春秋战国时期既是中国历史上空前变革的时代，也是中国思想史上的"原典时代"。春秋战国时期的社会福利思想对以后各个历史时期的社会福利思想起到了奠基作用，可以说，后来的社会福利思想都能在春秋战国时期的社会福利思想中找到理论上的渊源。该时期中国传统社会福利思想发展主要表现在，形成了儒、墨、道、法等各家各具特色的社会福利主张，奠定了中国传统社会福利思想的基本概念、范畴和理论体系基础。

一 先秦时期社会福利思想产生的时代背景

中国传统社会福利思想的正式奠基是在春秋战国时期，但其源头或萌芽却可以追溯到更加遥远的原始社会时期。原始社会是人类社会发展的初级阶段，原始社会的人类主要以石器为生产工具，所以原始社会亦称石器时代。

中国是世界古人类的发祥地之一。迄今为止，我们发现最为久远的是距今约 200 万年的"巫山猿人"。在漫长的原始社会，生产力的低下使原始人类艰难地与自然力进行着抗争。在旧石器时代，人们以打制石器为生产工具，采集和渔猎是人们社会生活的主要内容，那时还没有农业。距今 1 万年左右，人类开始进入新石器时代。新石器时代最重要的特征是原始农业的出现、陶器的制造、磨光石器的广泛使用以及村落的出现、氏族制度的形成等。其中，农业、制陶和石器的磨制与钻孔，是新石器时代的三大文明成就。农业的产生是人类历史划时代的大事，在世界为数不多的几个农业起源中心中，中国独有其二，即黄河中下游地区的耐旱谷物农业和长江中下游地区的稻作农业。陶器的制造是贯穿于新石器时代重要的手工业，制陶技术经过不断提高，到龙山文化（因首先发现于山东省章丘区龙山镇城子崖而得名）时期（前3000~前2000 年）已遍及黄河及长江流域。石器的磨制与钻孔，体现着生产力水平的提高。但在整个原始社会时期，低下的生产力使人们不得不结群而居，共同劳动，抵御自然灾害，因此产品是有限的，不可能有剩余，土地、猎物和牲畜等都是公共所有的，饲养牲畜和耕种土地都是由大家共同担当的，生活资料也是大家共同享有的，那时既没有私产，更不可能有阶级斗争。

随着人类的婚姻形态在自然选择的作用下，从原始杂婚到群体婚姻再到族外婚姻，人类社会组织也由原始群落演进为氏族公社。氏族公社是继原始群落之后出现的以血缘关系为纽带的人类共同体，是原始社会发展的高级阶段。氏族公社的历史又可以分为母系氏族公社和父系氏族公社两个阶段。氏族公社是一种血亲组织，成员之间平等互助、共同劳动、平均分配产品，社会没有分化，强调平等和谐的人际关系，对丧失劳动能力者和因战致病致残者提供生活保障是氏族成员的共同责任。这样，人类社会福利思想和社会保障措施在原始氏族社会就已经有了萌芽。正如《礼记·礼运》所说："大道之行也，天下为公，选贤与能，讲信修睦，故人不独亲其亲，不独子其子；使老有所终，壮有所用，幼有所长，矜寡孤独废疾者皆有所养；男有分，女有归。货恶其弃于地也，不必藏于己；力恶其不出于身也，不必为己；是故谋闭而不兴，盗窃乱贼而不作。故外户而不闭，是谓大同。"① 这段话描述的就是被孔子所称道的"大同"之世，也反映了原

---

① 《礼记·礼运》。

始社会较晚时期的社会福利状况，即社会实行财产公有，每个人都有自己的职责，老人、孩童都能得到关怀，而那些老而无所依的人、失去父母的孩童以及残疾人都能得到氏族的供养。

随着父系氏族的形成以及生产力的发展，每个家庭成为一个相对独立的生产单位，"同族共财制"逐渐遭到破坏，以家庭为单位的财产私有制也就随之形成。大约在前21世纪，位居中原的炎黄部落集团经过了尧而舜、舜而禹的"禅让时代"，后来禹选东夷族的一位首领伯益为继承人，但大禹死后，大禹之子启杀伯益而夺得王位。从此中国王位世袭制度开始。古代中国随即进入了以地处中原的中央王朝为核心的时期，逐步凝聚万邦，形成了统一的阶级社会。

约前16世纪，在暴君桀统治下的夏朝政治黑暗，诸侯之间相互攻伐，长期居住在黄河下游的商族趁势发兵，灭掉了夏，取而代之。商汤建立了商朝，商朝的统治中心由夏时的豫西、晋南一带移至今天河南、河北、山东一带。商朝的政治、经济、文化较之夏朝有了长足的进步，特别是甲骨文字和青铜文化，还有天文历法在世界文明史上都占有相当地位，也可谓中华文化的瑰宝。

约前1046年，商纣王暴虐专断，穷奢极欲，致使众叛亲离，兴起于西土的小邦周，以并不强大的实力讨伐商成功，建立了周朝。周朝以宗法人伦为核心，以礼乐文化来构建社会的价值观念，以宗法分封制为社会主要的政治架构，改变了原先夏、商的王邦和诸邦自成体系的邦联体系，确立了天下一家的国家观念。正如《诗经》所云："溥天之下，莫非王土，率土之滨，莫非王臣。"①

西周末年，周幽王昏暴荒淫，贪得无厌，不仅残酷地剥削广大劳动人民群众，还劫夺其他贵族领主的财物，周王室内部又争权夺利，至前771年，申侯联合犬戎，举兵攻周，杀死幽王。周平王于前770年迁都雒邑，此后的周王朝史称东周，东周王朝直至前256年被秦所灭。我国习惯上把这段时间分为两个时期，自平王东迁至韩、赵、魏"三家分晋"（周威烈王二十三年，即前403年）为春秋时期；自"三家分晋"至秦始皇统一六国（秦王政二十六年，即前221年）为战国时期。春秋战国时期是中国历史上大

---

① 《诗经·小雅·北山》。

动荡的时期，西周所制定的礼乐制度因为王室的衰微而遭到了摧毁性的破坏，宗法制度不再是整合和凝聚社会力量的纽带，许多诸侯国打着尊王的口号讨伐其他诸侯国，甚至明目张胆地反抗王室。整个社会"礼坏乐崩"，社会各阶层各等级开始"官无常贵而民无终贱"的上下流动，正是这样的人才流动促进了春秋战国时期学术的大繁荣。

春秋战国时期是我国古代文化大发展的时期，这段时期私学兴起，思想自由，涌现出许多学术派别，如儒家、道家、名家、杂家、阴阳家、小说家、农家、法家、墨家、兵家等。诸子百家著书立说，总结先王政治得失，提出了一系列治国方略，变革与改组社会是他们的主要目标。春秋五霸纷纷想确立自己的霸主地位，战国七雄为争夺利益的战争此起彼伏，形势的发展对国家统一的要求越发强烈。前221年，秦王嬴政终于使天下定于一，至此，先秦时期的多元文化，经过战争、融合，如百川归海，汇聚升华，秦朝规定"书同文""车同轨""行同伦"，并推行"郡县制"等，整个社会有了一套统一的政治、经济、文化制度，促进了社会更加快速的发展。秦朝虽然快速灭亡，但是其制定的一些制度为后代历朝的发展奠定了一个基本的格局。

二 先秦时期的社会福利政策和措施

随着夏、商、西周及春秋战国时期社会的演变，中国最早的社会福利政策和措施及社会福利思想也适应社会的需要而产生。该时期的社会福利政策和措施主要包括针对特殊群体的社会福利政策和措施、灾荒救济政策和措施、就业保障政策和措施等，社会福利思想则主要表现在诸子百家的社会政治和伦理思想中。

1. 针对特殊群体的社会福利政策和措施

第一，鳏寡孤独废疾者皆有所养。所谓鳏寡孤独，孟子解释说，"老而无妻曰鳏，老而无夫曰寡，老而无子曰独，幼而无父曰孤。此四者，天下之穷民而无告者"①。《礼记·王制》记载，早在夏、商两代，对鳏寡孤独废疾者就有"常饩"（音 xi，四声，赠送粮食、食物——编者注）制度，即政府定期发给他们生活必需品，以粮食为主。他们作为无所依靠的人，需要

①《孟子·梁惠王下》。

政府和社会给予照顾和帮助，使其能够保障生活。由此见得，先秦时期就已经比较关注弱势群体的利益了。《礼记·月令》也记载，"仲春之月……安萌牙，养幼少，存诸孤"①，"立冬之日，天子亲帅三公九卿大夫以迎冬于北郊，还反，赏死事，恤孤寡"②。可以看出，国家主要是集中在一年的仲春和立冬的时候发放救济物资。而在西周时期，除保留"常饩"制度之外，还规定"凡飨（音 xiang，三声，设宴款待，相聚宴饮——编者注）士庶子，飨耆老孤子，皆共其酒，无酹数"③。

先秦时期的社会福利政策不仅是对鳏寡孤独废疾者基本生活的保障，还注重对他们各种保护和安排，让他们能够感受自己存在的价值。比如，对废疾者要量能授事。《礼记·王制》写道："音（通喑，即哑巴——编者注）、聋、跛、躄（音 bi，四声，腿瘸者，行走困难——编者注）、断者、侏儒、百工，各以其器食之。"④《荀子·王制》也记载："五疾，上收而养之，材而事之，官施而衣食之，兼覆无遗。"⑤春秋时期常常有瞽人（盲人）充任乐师，兀者、刖人看管城门、宫门、仓库等的事例。

第二，老有所养。先秦时期，对老年人的福利待遇也有明确的政策规定。

首先，尊老。对老人的尊重在先秦时期是很普遍的，老年人阅历丰富，熟知文化传统，他们集智慧和权威于一身，因此备受尊崇。《礼记·曲礼》中记载，不同年龄段的老年人都有不同的称呼，并给予相对应的待遇："六十曰耆指使，七十曰老而传，八十、九十曰耄……百年曰期颐。"⑥庶民老人可免除力役与事务，"五十不从力政，六十不与服戎，七十不与宾客之事，八十齐丧之事弗及也"⑦。贵族老人不再致事，"六十不亲学，七十致政，唯衰麻为丧"⑧。平民老了就可以免除劳役，贵族老人则从政治统治职位上退下来，有知识的老人承担教育人的任务，足见人们对他们的崇敬。

---

① 《礼记·月令》。
② 《礼记·月令》。
③ 《礼记·月令》。
④ 《礼记·王制》。
⑤ 《荀子·王制》。
⑥ 《礼记·曲礼》。
⑦ 《礼记·王制》。
⑧ 《礼记·王制》。

其次，养老。善待老人是孝道在家庭内的体现，子孝则家齐。天子则以孝治天下，三代王以礼养老，并将它与学校教育相结合："凡养老，有虞氏以燕礼，夏后氏以飨礼，殷人以食礼，周人修而兼用之。"① 三代王将七十岁以上的老人区分为贵族老人和庶民老人，分别养育于不同的学校，《礼记·内则》记载："有虞氏养国老于上庠，养庶老于下庠；夏后氏养国老于东序，养庶老于西序；殷人养国老于右学，养庶老于左学；周人养国老于东胶，养庶老于虞庠。虞庠在国之西郊。"② 不同年龄段的老人可由不同层次的政府养护。"凡五十养于乡，六十养于国。七十养于学，达于诸侯，八十拜君命，一坐再至，瞽亦如之，九十者使人受。"③ 依年龄及生理状况给予老年人不同的饮食待遇和日常护理，"五十始衰，六十非肉不饱，七十非帛不暖，八十非人不暖，九十虽得人不暖矣"④。为照顾好老人的日常生活，家里如果有上了年纪的老人，家庭劳动力可减免征役："八十者，一子不从政，九十者，其家不从政。"⑤ 这样看来，先秦时期的养老制度还是比较全面和人性化的。

最后，终老。先秦时期对老人棺材的制作和丧事也有一定的规定，《礼记·王制》记载："六十岁制，七十时制，八十月制，九十日修。"⑥ 对于如何服丧，在《礼记》里面更是有相当多的记载。老人还有一定的刑事豁免权，七十岁以上的老人，即便有罪，也不会对其施加刑罚。

第三，妇女、儿童福利。早在夏朝，统治阶级就已经意识到具有战斗力和劳动能力的人口多少，是决定国力盛衰和社会财富多寡的一个重要指标。《左传》中记载，鲁哀公元年少康逃亡有虞，以其德谋，以收夏众。收众的成功与否，直接关系到夏朝国家的兴亡。商朝甲骨文中记载商王关心"丧众"或"不丧众"的事情屡见不鲜。春秋战国时期，随着生产力的迅速发展和兼并战争的逐步扩大，人口数量已成为衡量诸侯国势力的社会财富的一个重要指标，关系到国家盛衰存亡。《管子·重令》中记载，"地大国

---

① 《礼记·内则》。
② 《礼记·内则》。
③ 《礼记·内则》。
④ 《礼记·王制》。
⑤ 《礼记·王制》。
⑥ 《礼记·王制》。

富，人众兵强"①，认为这是霸王之本。各国在兼并中为补充兵力，赢得战争胜利，对人口问题给予了高度重视。秦国、魏国等国严格控制人口外流和逃亡，招徕移民，增加人口，诸子百家更是有丰富的人口增殖思想。

鼓励生育，做好慈幼工作是当时各国共同的人口政策。文献记载，越王勾践对生育子女数目多的家庭给予奖励。《国语·越语上》记载："将免（同娩——编者注）者以告，公令医守之。生丈夫，二壶酒，一犬；生女子，二壶酒，一豚。生三人，公与之母（即乳母——编者注）；生二人，公与之饩。"②

《管子·入国》指出，国君出巡要行"九惠之教"——"一曰老老，二曰慈幼，三曰恤孤，四曰养疾，五曰合独，六曰问疾，七曰通穷，八曰振困，九曰接绝。"③ 其中第一、第二项就是安老、慈幼。由"掌幼"一职负责慈幼工作，对孩子多、家庭负担重的，给予特别政策：三个小孩，父母不服役；四个小孩，全家不服役；五个小孩，请保姆，发两个人的口粮，直到孩子有谋生的能力。当然，思想家所论不一定与现实相符合，但至少在某种程度上反映了社会现实。

上述社会福利政策在周朝已经形成了一套完整的制度，并由专门的官吏负责，规定由管民事的大司徒负总责。《礼记·王制》记载，司徒之职为"养耆老以致孝，恤孤独以逮不足"④，"以保息六养万民：一曰慈幼，二曰养老，三曰振穷，四曰恤贫，五曰宽疾，六曰安富"⑤。这里的"振穷"即赈济穷人，指的是救助鳏寡孤独。"宽疾"则指的是宽免残疾人的差役。不但废疾者本人可得以宽免，其家属也因废疾者需要照顾可酌免差役。《礼记·王制》记载："废疾非人不养者，一人不从政。"⑥ 周朝还有养疾之政，养疾首先是拔除疠疫，即通过祭祀活动祈求苍天降福于民，保佑国人免灾防病。患病的国人，则由专设的疾医、疡医负责治疗。《周礼》云："疾医：掌养万民之疾病。四时皆有疠疾……凡民之有疾病者，分而治之……疡

①　《管子·重令》。
②　《国语·越语上》。
③　《管子·入国》。
④　《礼记·王制》。
⑤　《周礼·大司徒》。
⑥　《礼记·王制》。

医……凡有疡者，受其药焉。"①

周以后直至春秋战国，对因为多种原因造成的大龄男女未婚问题，也称之为鳏寡，由政府设"掌媒"来"合独"。《管子·入国》写道："所谓合独者，凡国都皆有掌媒，丈夫无妻曰鳏，妇人无夫曰寡，取鳏寡而合和之，予田宅而家室之，三年然后事之，此之谓合独。"② 政府不仅给予田宅，且三年不税，为他们创造条件成家。春秋时期的盟辞中也有养育鳏寡孤独废疾者的内容。战国时期由于政治波诡云谲，各国无心修明内政，贵族们骄横奢靡，一般大众生活皆成问题，鳏寡孤独废疾者的生存就更不能保证了。

此外，这一时期的统治者已经注意到了征兵后的地方安抚工作。前方将士为国征战，必须得到后方百姓的全力支持。史载越王勾践为报仇雪耻，卧薪尝胆，经常安抚国人："越国之中，疾者吾问之，死者吾葬之，老其老，慈其幼，长其孤，问其病，求以报吴。"③《管子》中也提出要优抚死于国事者的子女，代葬其父母。实际上相当于我们现在所说的军人及其家属的优抚和安置保障。

2. 灾荒救济政策和措施

中国幅员辽阔，自然灾害也是频频发生，救灾救济工作是各个朝代政府工作的一个重要内容，先秦时期就已经有了济贫、救灾的原则、目标。

第一，防灾工作。古代种谷，必杂五种以备灾害，先秦时期按照五谷每年的丰歉，对荒灾程度有明确的判断。《墨子·七患》中记载："一谷不收谓之馑，二谷不收谓之旱，三谷不收谓之凶，四谷不收谓之馈，五谷不收谓之饥。"④ 做好备荒工作，就要未雨绸缪，重视农业和仓储建设。《礼记·王制》记载："国无九年之蓄曰不足；无六年之蓄曰急；无三年之蓄曰国非其国也。三年耕，必有一年之食。九年耕，必有三年之食。以三十年之通，虽有凶旱水溢，民无菜色，然后天子食，日举以乐。"⑤每年储藏收成的三分之一，就不会使人民受灾害之苦。荀子也提出："足国之道，节用裕

---

① 《周礼·天官冢宰》。
② 《管子·入国》。
③ 《国语·吴语》。
④ 《墨子·七患》。
⑤ 《礼记·王制》。

民，而善藏其余。"① 重农的措施是设专员、相地宜、选种子、授民时、教农桑、讲水利。

第二，避免人祸。正如老子所言，大军之后，必有凶年。战争这种人为的灾祸必然会引来自然灾害，对农业和人民生活的影响更是雪上加霜。春秋战国时期，人祸天灾较前代更为惨烈。因为战争频繁导致农事荒弃，人祸与天灾并存，许多百姓饥寒交迫而死。墨子认为战争往往在气候温和的春秋两季进行，这个时节正好是耕种和收获的季节，战争迫使人们荒弃农事，并导致许多人死于非命。因此，墨子批判兼并战争没有一点好处，劳民伤财，提出了兼爱、非攻的政治主张。

第三，临时赈济。灾荒发生后，最迫切的是要给予民众衣食以维持其生存。在临时治标的灾荒救济上，散财发粟是最为直接有效的方法。体恤饥民、开仓赈济是荒灾救济的主要办法。早在夏朝就有发钱救灾的说法，周朝由大司徒负责救荒。荒灾时更要在道上设食救济饥民。到了战国时期殷实人家往往在道上设粥食恤养灾民。这是对政府救助的一种有效补充。

荀子认为，"田野荒而仓廪实"② 是招寇肥敌的行为，他认为"百姓虚而府库满，夫是之谓国蹶"③。但荀子反对垂事养民，强调生产与救助的本末之分，即生产是本与源，救助是末与流。因此，除了发给人民口粮外，更重要的是发放粮种以保证来年不误农时，尽快恢复生产。正如管子所说"无食者予之陈，无种者贷之新"④，即陈谷发给人民食用，新谷作为来年的种子。

第四，平籴（音 di，二声，买粮食，与粜相对——编者注）与通籴制度。平籴也称平粜（音 tiao，四声，卖粮食，与籴相对——编者注），这种平籴与通籴制度建立于春秋时期。当时贵族、谷商趁人祸天灾囤积居奇，哄抬粮价，民"食四十倍之粟"而被迫造反。平籴即平价买进粮食，能救急并节省官府开支。管子认为，政府要设立专项资金在适当的时候购进粮食或者抛售粮食，平抑粮价，避免大贾豪夺百姓："民有余则轻之，故人君

---

① 《荀子·富国》。
② 《荀子·富国》。
③ 《荀子·富国》。
④ 《管子·揆度》。

敛之以轻；民不足则重之，故人君散之以重。"① 战国时期李悝在魏国推行平籴法，以年收成的好坏来决定是收购百姓余粮还是出售国家仓储之粮食，取有余而补其不足。另外还有邦国间的相互帮助，调有余补不足的通籴制度，政府和邻国之间、民与民之间也有通籴行为。

3. 就业保障政策和措施

上古时期农业是生民之本，是民之司命，所以"王事唯农是务"②。政府设立专职监督官员，官吏要督导农业生产，要授民以田，使农民有地可种，且依附于土地。所以正经界、立田制。管子、荀子都主张各有官守，负责兴修水利、相土下种、劝农生产等事务。对勉力耕作、勤劳致富的农民给予奖励，对懒惰者给予惩罚。孟子反复强调以小土地经营为基础的足衣足食的小康社会："五亩之宅，树之以桑，五十者可以衣帛矣；鸡豚狗彘之畜，无失其时，七十者可以食肉矣；百亩之田，勿夺其时，数口之家可以无饥矣；谨庠序之教，申之以孝悌之义，颁白者不负戴于道路矣。七十者衣帛食肉，黎民不饥不寒，然而不王者，未之有也。"③ 使民安居乐业，"仰足以事父母，俯足以畜妻子，乐岁终身饱，凶年免于死亡"④。

社会分工是安居乐业的前提。《周礼·考工记》开宗明义地谈到社会分工："坐而论道，谓之王公；作而行之，谓之士大夫；审曲面势，以饬五材，以辨民器，谓之百工；通四方之珍异以资之，谓之商旅；饬力以长地财，谓之农夫；治丝麻以成之，谓之妇功。"⑤ 管仲提出"定民之居，成民之事"⑥ 的保障思想，强调对被统治人口进行严格的职业划分和居处限定，使士、农、工、商分别集中居住，各不相涉，世任其事，不准迁业，以有利于提高劳动生产率，有利于促进商品生产和流通。孔子则认为要地尽其用，不能地有余而民不足，要着力解决民生问题。

4. 轻徭薄赋，裕民富国

上古农业社会，人民生产技能很低，劳动产品有限，收获物除了能够

① 《管子·轻重》。
② 《国语·周语》。
③ 《孟子·梁惠王上》。
④ 《孟子·梁惠王上》。
⑤ 《周礼·考工记》。
⑥ 《管子·小匡》。

满足日常的所需之外，几乎没有剩余。这就排除了征收高税赋的可能，所以先秦时期政府一般都实行低税率政策。对少数生活困难者，政府还能及时予以补助。孟子说："夏后氏五十而贡，殷人七十而助，周人百亩而彻，其实皆什一也。"①也就是说，三代王所征税率皆比较低，周朝开始对关市收税，及分别对关口和市场征税，税率约为百分之一和百分之二。春秋战国时期，诸侯争战愈演愈烈，且奢靡之风日盛，这就需要扩大税源，提高税率，于是苛捐杂税颇滥。有见识的执政者和以天下为己任的诸子，尽力阻止或劝导国君从长远考虑，调整政策。老子认为，"民之饥，以其上食税之多，是以饥"②。管子认为，"凡农者，月不足而岁有余者也。而上征暴急无时，则民倍贷以给上之征矣"③。老百姓之所以食不果腹，根源在于政府横征无度、高利贷和商人中间盘剥。国家要想长治久安，政府必须体恤民苦，厚施薄敛，取信于民，还信于民。"取于民有度，用之有止，国虽小必安；取于民无度，用之不止，国虽大必危。"④荀子也是主张节用裕民，"轻田野之税，平关市之征，省商贾之数，罕兴力役，无夺农时，如是，则国富矣。夫是之谓以政裕民"⑤。总之，只有轻徭薄赋，保民爱民，才能民顺国昌。

三　春秋战国时期儒、墨、道、法各家的社会福利思想

先秦时期是我国社会福利思想初步发展的时期，为后代社会福利思想做了实践上和理论上的奠基。尤其是春秋战国时期，学派林立，思想碰撞，孔子、孟子、墨子、老子、韩非等人的政治思想、伦理思想中都包含着丰富的社会福利思想。下面着重介绍以孔孟为代表的儒家、以墨子为代表的墨家、以老子为代表的道家及以韩非为代表的法家的社会福利思想。

1. 以孔子、孟子为代表的儒家学派的社会福利思想

以孔子和孟子为代表的儒家学派从其"礼说"和"仁论"出发，构建了理想的"王道""仁政"社会的福利观，主张"惠民""利民""富而后

---

① 《孟子·滕文公上》。
② 《老子》第七十五章。
③ 《管子·治国》。
④ 《管子·权修》。
⑤ 《荀子·富国》。

教",成为中国社会福利史上最具影响力的思想学派。

孔子创立的儒家思想体系的特点在于,以礼为行为规范,以仁为思想核心,以义为价值准绳,并以"仁"释"礼",将社会外在规范化为个体的内在自觉,由此形成了重血亲人伦、重现世事功、重道德修养的学派思想特点。正是从上述思想体系出发,孔子提出了"均无贫""泛爱众""薄赋敛""富民""惠民"等极具影响的社会福利主张,提出了中国社会福利思想的基本概念,并初步构建了别具特色的理论体系。

孔子社会福利主张的理论依据是其仁学思想体系。其思想体系主要是由"重礼""贵仁"两个方面组成的。孔子所强调的"礼",实际是要求人们从各方面恢复或遵循"周礼"。学术界一般认为"周礼"是在周初确定的一整套典章。周礼的功能主要有两个方面:一方面是上下等级、尊卑、长幼等明确而严格的秩序规定,它由原始氏族的全民礼仪演变为少数贵族的垄断的社会规范;另一方面,这套"礼仪"在一定程度上仍然保持了原始的民主性和人民性。生活在社会动荡变革时代的孔子,幻想将陈旧的周礼作为社会秩序的依据,这是保守的、落后的。但其"礼"论中所包含的反对残酷的剥削压榨,要求保持、恢复并突出强调相对温和的远古氏族统治体制,又具有民主性和人民性。这种带有原始氏族内部的各种民主、仁爱、人道思想要素的残留,恰恰为孔子社会福利思想主张的提出奠定了思想基础。

在孔子的思想体系中,如果说"重礼"是其表层结构的话,那么"贵仁"则是其思想核心。"仁"和"礼"构成了一个不可分割的整体。孔子"仁"的基本内涵包括"爱人""孝悌""忠恕"三个方面,其核心的主张是"仁者爱人"。孔子的"仁"简单地说就是要设身处地地去体谅别人、宽恕别人。正是基于对"仁"的理解,孔子创立的儒家学派才能够提出充溢着"爱民""惠民""养民"特点的社会福利主张,构建起具有当时时代特色的社会福利思想体系。

从"礼"和"仁"这些儒家思想的核心概念出发,孔子突出强调了原始氏族体制中所具有的民主性和团结、秩序、互助、协调的原始的人道主义,并以此为基础,系统地提出了"济众助人""均无贫""薄赋敛""使民以时""富而后教"等社会福利思想,成为中国社会福利思想史上最重要的奠基者。

第一,济众助人。从"仁学"思想体系出发,孔子大力提倡"济众助

人"的社会救助思想，他认为这是一种至高的美德。他把"博施于民而能
济众"① 作为仁者至高的美德加以宣扬，他认为无论是统治者还是一般社会
组织，都应该循此道行事。孔子还提倡"四海之内皆为兄弟也"，"君子成
人之美，不成人之恶"。② 这些思想对中国人宽惠仁慈、济众助人、扶助危
难的优秀道德品格的形成产生了积极的影响。

第二，均无贫。孔子说："丘也闻有国有家者，不患寡而患不均，不患
贫而患不安。盖均无贫，和无寡，安无倾。"③ 对于此处的"不患寡而患不
均，不患贫而患不安"，汉儒董仲舒和清儒俞樾都认为"寡"应与"贫"互
易，因为"贫"与"均"是相对于财富而言的。可见，孔子"均无贫"思
想，是主张统治阶级内部的财富占有应与其身份地位相一致，如果这种均
衡被破坏，必然会导致严重的贫富差距拉大和阶级对立，造成社会动乱。
虽然孔子的"均无贫"是对"有国有家"的诸侯、大夫而言的，并未涉及
劳动人民，但是，孔子通过对统治阶级财富占有与其身份不一致而产生社
会动荡冲突现象的分析，已经认识到社会中经济的不平等是引起社会冲突
的重要原因。因此，统治者治理国家要注意社会各阶级、阶层间财富占有
的均衡，这就引出了平均主义的命题。在中国历史发展进程中，很多思想
家和政治家都把孔子的"均无贫"作为"均贫富"思想的立论依据，并设
计所谓"安贫"方案，成为中国传统社会福利思想的重要内容。

第三，薄赋敛。早在孔子之前就有不少人提出薄赋敛主张，如楚大夫
伍举就曾经向楚灵王建议："夫君国者，将民之与处，民实瘠矣，君安得
肥?"④ 若"民瘠"，君又怎能"肥"呢? 所以他力倡薄赋轻敛政策。孔子
在继承前人主张的基础上，进一步深化了其"薄赋敛"思想。在孔子看来，
只有老百姓富足了，国家才可能富强，因此，国家要对百姓采取薄赋敛政
策，实行轻税，藏富于民，所谓"百姓足，君孰与不足? 百姓不足，君孰
与足?"⑤ 但应该指出的是，孔子虽然主张轻税，但并不是认为赋税越轻越
好，而是主张轻重适度。其具体主张是恢复周朝的做法，即十分取一，认

① 《论语·雍也》。
② 《论语·颜渊》。
③ 《论语·季氏》。
④ 《国语·楚语上》。
⑤ 《论语·颜渊》。

为凡是符合这一标准的都属于轻税，超过的就是重税。

第四，使民以时。孔子在限制徭役方面，提出了"使民以时"的观点。所谓"使民以时"，就是在役使老百姓时不要误农时，并含有不要过度劳民的意思。在《论语·尧曰》中，孔子要求统治者在役使百姓时，要注意在时间上"择可劳而劳之"①。同时，主张徭役以户计数而免除老人和小孩，并照顾鳏寡孤独者。

第五，富而后教的社会教化论。孔子在其"德治"的旗号下，非常重视社会教化的作用，反对"不教而杀"。他说："导之以政，齐之以刑，民免而无耻。导之以德，齐之以礼，有耻且格。"② 只有用道德去教化/引导老百姓，才能使他们心悦诚服地接受统治。但是，孔子又认为，实施道德教化的前提是要让老百姓富起来，为此，他提出了"庶""富""教"的社会教化程序论思想。在《论语·子路》中，孔子集中表达了这一思想："子适卫，冉有仆。子曰：'庶矣哉！'冉有曰：'既庶矣，又何加焉？'曰：'富之。'曰：'既富矣，又何加焉？'曰：'教之。'"③ 这就是孔子的"富而后教"思想。对于治理国家，孔子首先强调人口的数量要多，这可能与春秋时期大国争霸，各国急需劳动力，纷纷制定"徕民"之策有关；其次是"富之"，即使老百姓尽快富起来。在这两个条件得到满足之后，"教之"便被提到重要的地位。在孔子看来，"庶"是"富"的前提，而"富"是"庶"的补充条件；人口多了需要使其富起来，富了则需"教之"，使其具有更高的修养，这是治国的根本。很显然，孔子已把社会教化提到治国根本方略的高度，这在中国历史上产生了深远影响，使得中国历史上的绝大多数王朝都非常重视社会教化问题，也使得中国的思想家和政治家对社会福利的理解很早就极为宽泛，不仅包括帮助社会成员解决物质方面的困难，还包括满足社会成员基本文化需要方面的内容。

总之，孔子从其"重礼""贵仁"的思想体系出发所提出的一系列社会福利主张，对中国历代封建统治者轻徭薄赋、救济、救灾及社会教化等都有重要影响，也为后世思想家提出各种社会福利主张，描绘理想社会图景，

---

① 《论语·尧曰》。

② 《论语·为政》。

③ 《论语·子路》。

提供了丰富的思想素材。

在孔子之后，"儒分为八"，以后不同时期的儒者从不同角度对孔子开创的儒家思想进行了新的发展和阐释，其中被称为"亚圣"的孟子，其历史地位尤为特殊。在社会福利思想上，孟子主要是发展了孔子以"仁学"为核心的社会福利思想主张，他以"人性善"为出发点，以重民思想为基础，把"扶幼养老"问题提到"平天下"的政治高度，提出了"老吾老以及人之老，幼吾幼以及人之幼"的思想命题和"仁政""王道""制民恒产""井田制"等社会主张，擘画了男耕女织、老少皆有所养、其乐融融的小农经济蓝图，同时也制定了实现上述蓝图的手段。因此，孟子的社会福利主张对于强化中国封建社会的政治经济制度起了极为重要的作用。

孟子社会福利思想的总框架，主要是建立在他的"性善说"和颇具民本主义色彩的"仁政"学说的基础上的。孟子的性善说把人们的伦理道德说成天生的，这在理论上是错误的，但对于解决社会问题却有重大帮助。通过"人性善"，孟子直接提出了"仁政"，并成为其社会福利思想的理论出发点。孟子社会福利思想的又一重要理论依据是其民本主义的重民思想。孟子从其"民贵君轻"这一基本命题出发，提出了君主必须"爱民""利民""重民"的思想。

孟子从"人性善"和"民贵君轻"的思想命题出发，参照远古社会的"尧舜之道"和"文王之治"，结合战国中期的实际，详细描述了理想的"仁政""王道"的社会图景。孟子的"仁政""王道"理想社会与孔子的"有道"理想社会不同，不是抽象的而是具有符合当时实情的基本标准和量化的社会福利指标的。孟子提出的理想社会的基本标准实际上是"养生丧死无憾"[1]。孟子还具体罗列了各种理想社会的生活量化指标，大多以老人为标准，如"五十者可以衣帛""七十者可以食肉""颁白者不负戴于道路"[2] 等。孟子在描绘社会图景、提出具体量化指标的同时，还设计了实现上述目标的具体途径和手段——"制民恒产"论。所谓"制民恒产"，就是建议统治者给老百姓以一定的土地及其他生产资料。这实际上规定了社会基本保障线。

---

[1] 《孟子·梁惠王上》。

[2] 《孟子·梁惠王上》。

孟子认为实行仁政必须优先从救济老、幼、鳏、寡、孤、独等穷弱困苦之人开始。生活在剧烈动荡、转型的战国时期，孟子目睹在战争和剥削双重摧残下痛苦呻吟的贫苦百姓的悲惨处境，指出正是统治者无止境的贪欲和剥削，才使黎民百姓"父母冻饿，兄弟妻子离散"①。在对统治者进行尖锐批判的基础上，孟子提出了系统的救济穷弱的社会福利思想。首先，孟子界定了社会救济对象的范围，认为老、幼、鳏、寡、孤、独等都是社会救济的主要对象，并将"老吾老以及人之老，幼吾幼以及人之幼"作为儒者至高的道德精神境界。其次，孟子继承了孔子"薄赋敛"的赋役思想，提出征收赋役应遵循"取于民有制"②的原则，即主张国家的赋税、徭役必须有一个明确的制度，不得任意对百姓侵夺。最后，孟子还提出，除了以国君为代表的国家政权实施救穷济弱外，还需要充分发挥乡里邻居这些以宗法家族为纽带的乡村社会组织的作用。孟子在描述井田制时曾特别强调"乡田同井，出入相友，守望相助，疾病相扶持，则百姓亲睦"③。他是把社会救助的任务寄托在以宗法家族为纽带的乡村社会组织的身上。这一设想在中国封建社会产生了深远影响，以后许多封建思想家在探索解决封建社会危机的方案时，都自觉不自觉地从中汲取了养分，无论是朱熹的井田论，还是龚自珍的农宗论，莫不如此。

2. 以墨子为代表的墨家学派的社会福利思想

春秋战国时期，儒墨并称"显学"，二者思想理论的核心也都大谈"爱"字，但应该指出的是，与儒家的等级之爱不同，墨家强调的是"兼相爱"，并且认为人们之间的"兼爱"同"相利"是分不开的。作为小生产利益的代表者，墨子的社会福利思想最大的特点，便是给民以爱，给民以"衣食生利"，是真正的"生民之学"。虽然墨家学派后来走向衰微、中绝，但其"利民""惠民""爱民"的社会思想却作为思想原典汇入中华思想宝库，长久地产生着影响。

墨子思想体系的核心是"兼相爱""交相利"。他认为人与人、家与家、国与国之间应该毫无条件地相爱。这既是他的一种美好愿望，又是其社会

---

① 《孟子·梁惠王上》。
② 《孟子·滕文公上》。
③ 《孟子·滕文公上》。

主张的出发点。以"兼相爱""交相利"为思想原则，墨子提出了具有鲜明"利民"特色的社会福利思想。与儒家"仁爱"的伦理化特点不同，墨家的"利民"有着更为实在的具体内容。

第一，所谓"利民"，就是要给人民以实际的"衣食生利"，主要包括饮食、衣服、舟、车等基本的物质生活资料。据此，墨子主张统治者要关心百姓疾苦，把自己多余的财产分给百姓，以保证百姓的衣食温饱，这便是统治者应该做的"利民"的具体工作，也可称为"移则分"。墨子以商汤和周文王的事迹为例，论证了"移则分"的重要性：

> 古者汤封于亳，绝长继短，方地百里，与其百姓，兼相爱，交相利，移则分……诸侯与之，百姓亲之，贤士归之……而王天下。①

> 昔者文王封于岐周，绝长继短，方地百里，与其百姓，兼相爱，交相利。则是以近者安其政，远者归其德，闻文王者，皆起而趋之。②

"移则分"的"移"通"侈"，即有余、富裕的意思。所谓"移则分"，就是指统治者把多余的财富分给百姓。墨子还认为"移则分"应该与"以力劳人"思想结合起来，即一方面统治者要把多余的财产分给百姓，另一方面百姓也应该用自己的劳动力去帮助别人。

第二，所谓"利民"，就是反对苛税重役，主张轻徭薄赋。墨子从其"兼爱论"出发，谴责统治者"厚作敛于百姓，暴夺民衣食之财"③，对百姓横征暴敛，使百姓缺衣少食，饥寒交迫，失去了基本的生产资料和生活资料，无以为生。他认为百姓的赋役之所以苛重，根本原因在于统治者的腐化奢靡，最终导致"上不厌其乐，下不堪其苦"④。因此，要想减轻百姓的苛税重役，必须限制统治者的挥霍浪费。

墨子反对统治者的横征暴敛，但并不反对百姓应对国家承担赋役。他只是主张把赋役征收限定在百姓能够承担的限度内。如果统治者的赋役征收超

---

① 《墨子·非命上》。
② 《墨子·非命上》。
③ 《墨子·辞过》。
④ 《墨子·七患》。

过了限度，就是违背了"兼相爱""交相利"的原则，就属于不义的范畴了。

第三，所谓"利民"，除了使饥者得食、寒者得衣之外，还应包括使"劳者得息"①。学术界认为，"古代思想家能察觉劳动大众的饥寒交迫的穷困生活者甚多，而把不得息作为人民巨患之一与饥寒并列者，还只有墨子一人"②。因此，将"劳者得息"作为"利民"的重要指标，应是墨子社会福利思想的一大特色。

此外，面对春秋战国时期出于自然原因和统治者横征暴敛、发动战争所造成的灾荒频仍的状况，墨子还提出了他的一套赈灾备荒的思想。墨子认为，政府应根据灾荒的不同情况，制定相应的赈灾措施，以把灾荒带来的祸患降到最低。他认为，如果国家仓无备粟，则随时可能面临凶饥的危险。因此，无论是国家还是家庭，都应积粟以备饥荒。同时，他还主张各级贵族的俸禄要根据灾情降低，以便"节用"抗灾。而对于百姓，他则提倡通过发展生产、增加财富的方法以"足财"抗灾。在他看来，只有发展农业生产，使民"足食"，国家才能真正不被灾荒摧垮。

3. 以老子为代表的道家学派的社会福利思想

面对春秋战国时期动荡的社会局面，如果说儒家是通过以血亲人伦来美化社会矛盾关系从而为其社会福利思想主张提供依据，墨家是通过其"兼爱"说来主张给民以利，那么，以老子为代表的道家则是从"道论"出发，力倡"无为"，提出"损有余而补不足"的社会福利主张，并将其社会福利主张的实现寄托于"小国寡民"社会。这一主张也对后世产生了极大的影响。

老子思想体系的核心概念是"道"。"道"既是老子哲学的核心，也是其社会思想的理论基石。"道"首先是世界万物的本原，"道生一，一生二，二生三，三生万物"③。"道"同时也是宇宙运行的总规律，"人法地，地法天，天法道，道法自然"④。天道是自然无为的，人类社会也应该如天道一样崇尚无为，自然而然地运行。老子从其"道论"出发所提出的社会福利主张，是别具特色的。他不是向前看，而是向后看，他认为在现实社会中，

---

① 《墨子·非命下》。

② 胡寄窗：《中国经济思想史》（上册），上海人民出版社，1962，第139页。

③ 《老子》第四十二章。

④ 《老子》第四十二章。

百姓的社会福利保障是不可能得到实现的，因而把目光转回到了没有纷争的原始氏族社会。

老子社会福利思想的特点是援"天道"以论"人道"。他认为天道均平，人道也应该均平。他说："天之道，其犹张弓与？高者抑之，下者举之；有余者损之，不足者补之。天之道，损有余而补不足。人之道，则不然，损不足以奉有余。"① 在老子看来，抑高举下、损有余而补不足，是事物运动的客观规律（天之道），而现实社会中的统治者却奉行"损不足以奉有余"，这样的"人之道"显然是违背天道的。老子这是以天道告诫统治者不要过度剥削贫苦百姓以增加自己已经有余的财富，而是应该遵循天道，自觉把自己过多占有的财富分给贫穷的百姓，以使贫富大体平均。老子这种愿望是好的，但在事实上是不可能实现的。但从历史上看，老子的损有余而补不足的社会分配均平论却具有革命性的意义，它宣告统治者"损不足以奉有余"的剥削是违背天道的，无论是贫苦百姓还是鳏寡孤独废疾者，都拥有天然的生存权和财富权。这就为后世封建统治者采取"与民休息"的让步政策，以及对贫苦百姓实行"安老怀少""养生丧死"的社会福利政策提供了理论依据。

老子把天道自然无为论也运用于人类社会，力倡无为而治。当然，所谓无为并不是无所作为，而是指以顺应自然的态度来处理世事，不强为。在这一意义上，无为政治就是自然政治。老子的无为而治思想表现在社会福利问题上，就是认为统治者的"有为"是百姓的灾难。春秋战国时期，各诸侯国的统治者为扩张领土，不断发动侵略战争，同时也加强对百姓的剥削，给社会生产和人民带来了无穷的灾难。老子认为这是违反天道的行为，并给予了无情的批判。因此，在老子看来，只有统治者"为无为，事无事"才是百姓最大的社会福利。"故圣人云：我无为而民自化，我好静而民自正，我无事而民自富，我无欲而民自朴。"② 也就是说，统治者无为，民众会自然顺化；统治者好静，民众会自然端正；统治者不挑事，民众会自然富足；统治者无贪欲，民众会自然淳朴。为了进一步阐释"无为无事"

———————

① 《老子》第七十七章。
② 《老子》第五十七章。

原则，老子还留下一句绝世名言："治大国若烹小鲜。"①

老子的无为政治原则虽然忽略了人的主观能动作用，却表现出他对自然规律的认识和尊重，达到了一定的理论高度。正因如此，其无为论对以后的中国历史及社会福利思想的发展都有重要的影响。以后的历代封建王朝在其建立之初，往往都会面临战争过后经济残破、民生凋敝的局面，这时的封建统治者就会以老子的无为论为依据，实行无为而治、与民休息的方针，制定一些"安老怀少""轻徭薄赋"之类的社会福利政策，以缓解社会矛盾，恢复经济。这说明老子的无为论在一定的历史条件下，还是反映了被压迫人民群众的要求，具有一定的积极作用。

正是基于上述思想，老子提出了他理想的"小国寡民"社会模式："小国寡民，使有什伯之器而不用，使民重死而不远徙。虽有舟舆，无所乘之；虽有甲兵，无所陈之。使人复结绳而用之。甘其食，美其服，安其居，乐其俗。邻国相望，鸡犬之声相闻，民至老死不相往来。"②

关于老子描述的"小国寡民"理想社会模式的性质，学术界尚有争议，有人认为就是原始氏族社会，有人主张是老子幻想出来的乌托邦，还有人认为其不是指的一个社会而只是一种精神境界。我们从社会福利思想角度看，"小国寡民"理想社会模式的独特价值在于以下三个方面。

第一，老子提出"小国寡民"理想社会模式，是对当时社会强权剥削和压迫的直接否定，是对现实社会制度最尖锐、深刻的批判，也体现了中国古代先民追求平等公正的迫切愿望。老子生活在春秋末期，礼崩乐坏，天下纷争，众多小诸侯国被兼并，大国争霸并不断兼并小国，使周室越来越衰微。这种诸侯争霸的乱世，和老子"清静无为"的思想严重背离。于是，结束纷争、解除人民痛苦，恢复到原本"小国寡民"的状态，让大家都各守本分、与世无争，就成了老子追求的理想状态，"小国寡民"也就成了老子思想的重要组成部分，其实质就是安守本分而不争。在这一意义上，"小国寡民"思想堪称中国古代"大同"思想的发端。它同儒家经典《礼记·礼运》所描述的"大同"社会虽然在具体蓝图和思想来源上并不相同，但在力争使人类达到一个理想的新境界的问题上却是相同的。老子看到劳

①《老子》第六十章。
②《老子》第八十章。

动民众辛勤劳作所创造的巨大财富，却化作一种异己力量，使劳动人民陷于苦难之中。为了摆脱痛苦，使百姓能获得基本的生存权，他才提出这样一个"小国寡民"的理想社会模式。

第二，在"小国寡民"的理想社会方案中，老子提出"甘其食，美其服，安其居，乐其俗"等内容，作为理想社会的生活福利指标。老子反对工艺技巧发展，反对开发智慧，主张回到原始共产制时代——"结绳记事"时代。在"结绳记事"时代，人们都各守本分，无争无夺，虽粗衣淡食陋居而能自得其乐，故曰"甘其食，美其服，安其居，乐其俗"。可以想象，他所憧憬的"甘食美服"的生活很可能是非常艰苦的，但因为没有了等级、剥削、压迫、战争，人民的社会生活仍是美好欢乐的。

第三，老子认为上述理想社会的生活福利指标实现的一个非常重要的前提条件是，国与国之间避免交往，百姓"重死而不远徙"。春秋战国时期大国争霸，战争频仍，人民生活无法安定。老子设想如果"邻国相望，鸡犬之声相闻，民至老死不相往来"，这种宁静祥和的田园牧歌式的生活，还是令人神往的。之所以有这种令人神往的生活，就是因为既没有统治者的贪婪掠夺或横征暴敛，也没有人与人之间的相互侵占。"民至老死不相往来"，不是常人理解的那种自我封闭式的谁也不理谁、永世不打交道的意思，这里的"不相往来"是指各守其地，各守本分，各田其田，各宅其宅，恬淡自然，不相党伐，不相觊觎，不相侵扰，百姓安土重迁，在其家乡耕而食，织而衣，这样就不会发生争霸战争。

4. 以韩非为代表的法家学派的反社会福利思想

与上述诸家不同，以韩非为代表的法家则从其人性自私论和"自为自利"的人际关系论出发，提出了"贫富分化合理论""反济贫论""反足民论"等一系列的反社会福利主张。

作为荀子的学生，韩非接受了荀子的"性恶论"观点，认为"人无毛羽，不衣则不犯寒。上不属天，而下不著地，以肠胃为根本，不食则不能活。是以不免于欲利之心"①。人们为了衣食生存，就不能不有欲利之心，这是由人的本能决定的。因此，"安利者就之，危害者去之，此人之情

———————

① 《韩非子·解老》。

也"[1]。"好利恶害，夫人之所有也。"[2] 好利恶害，就是人的本性。人的这种自私本性如果任其发展，必然导致人与人之间的争斗和社会的纷争。但韩非并没有因此如荀子一样走向儒家，而是转向了法家，并成为先秦法家的集大成者。因为荀子还试图通过圣人"起礼义""制法度"来"化性起伪"，改造人的恶性从而使其转恶为善。而在韩非看来，人的这种自私本性是无法改变的，作为一个非道德主义者，他也从未对人的本性进行过善恶的评价，认为人性的危害只能通过严刑峻法来进行限制。从这个角度来看，韩非的人性论不能称之为性恶论，而只能是人性自私论。

韩非从其人性自私论这一思想前提出发，尖锐地指出社会中人与人的关系本质是自利自为的交换关系。他指出，"且父母之于子也，产男则相贺，产女则杀之。此俱出父母之怀衽，然男子受贺，女子杀之者，虑其后便，计之长利也"[3]。父子、母子关系如此，君臣关系也同样只是一种利益交换关系，包括一般社会职业中的关系都莫不如此。"医善吮人之伤，含人之血，非骨肉之亲也，利所加也。故舆人成舆，则欲人之富贵；匠人成棺，则欲人之夭死也。非舆人仁而匠人贼也。人不贵则舆不售，人不死则棺不买，情非憎人也，利在人之死也。"[4] 医生治伤，并非因为亲情；舆人造车就希望人富贵，匠人造棺就希望人早死，也非关乎仁心与贼心，从本质上看都是为了求利。

韩非的"自为自利"论具有两重性：一方面，他通过事实揭露了儒家倡导的仁义道德的虚伪性，戳破了儒家为人伦关系披上的温情面纱，重视社会交往中的利益原则，这无疑是深刻的；另一方面，他又把人们之间的利益关系片面地夸大，绝对否认人间还有温情的一面，陷入了极端主义的泥潭。也正是从这种人性自私论和"自为自利"论出发，所以韩非不可能像儒家、墨家那样提出以爱民、惠民、教民或利民为特征的社会福利思想主张，而只能衍生出一套冷峻、残忍的反社会福利的思想主张。其反社会福利思想主要体现在他的以下三个理论中。

第一，贫富分化合理论。韩非认为，在"争于气力"的时代，社会上

[1] 《韩非子·奸劫弑臣》。
[2] 《韩非子·难二》。
[3] 《韩非子·六反》。
[4] 《韩非子·备内》。

出现贫富分化现象是正常的、合理的，不值得大惊小怪，更不能用儒家的"仁爱"、墨家的"兼爱"和道家的"天道均平"说法人为地铲平这种自然的贫富格局。在韩非看来，社会上出现严重的贫富分化，主要有两方面的原因：一是社会原因，人口增多而导致人均占有财货的减少，必然造成人们之间互相争夺，从而产生贫富分化也就理所当然；二是个人的原因，有些人的贫穷是由于其个人的懒惰和奢侈造成的，而富有则是辛勤劳作和节俭的结果。可见，韩非的贫富分化合理论是想把新兴地主阶级的财富合法化，为地主阶级的剥削提供理论依据。

第二，反济贫论。韩非依据贫富分化合理论的论点直接导出了他的反济贫主张。既然贫富分化是合理的，那么国家就没有必要采取济贫政策。韩非认为，儒家的仁爱学说是虚伪的，只有严格按"法"办事，国家才能大治。他认为实行济贫措施会带来一系列消极后果：一是使"无功者得赏，不忍诛罚，则暴乱者不止"①，老百姓对外不会舍命为国家打仗，在国内不会努力耕作，使国家出现严重的混乱局面；二是实行"济贫布施"政策，君主向富人征收财物来分赏给穷人，这实际上是鼓励奢侈、懒惰，这样，想督促老百姓努力耕种，省吃俭用，是根本不可能的。正是出于这样的考虑，韩非认为，即便是在国家发生灾荒的情况下，也没有必要对民众实行救济政策。

第三，反足民论。如前所述，先秦诸子中的绝大多数学者、学派在论及社会民生问题时都把"足民"作为重要的主张，唯有韩非旗帜鲜明地反对足民。他认为足民不会给统治者带来好处，反而会带来很多严重的祸患：首先，百姓在"财货足用"之后会产生奢侈欲和怠惰心，因而，足民不但不能真正使人富足，反而会使人坠入贫困的深渊；其次，一般百姓的欲望都是无止境的，只有像老聃那样的特殊人物才能知道满足。从人之常情来看，人们在生活富足时往往都不愿意再努力劳作，生活富足还努力耕作的大概就只有神农氏，而君主统治软弱时往往就会为非作歹，君主统治软弱还能保持行为端正的大概只有曾参和史鱼。② 因此，韩非认为，足民对社会是有害的，把足民作为治国方略也是非常危险的。

---

① 《韩非子·奸劫弒臣》。
② 参见《韩非子·六反》。

可见，韩非的反社会福利主张还是很具体并且很系统的，在先秦时期也可谓独树一帜，显现出鲜明的思想个性。但他的这些主张的反人民性也是非常明显的，表现出刚刚登上历史舞台的新兴地主阶级的狂妄、野蛮和贪婪，这是注定要走向失败的。秦王嬴政在扫灭六国建立秦朝的过程中，就全盘接受并践行了韩非专制独裁的残暴主张，但他所建立的王朝却没能如他自己设想的那样传之万世，而是二世而亡，这应该可以看作对韩非反社会福利思想的一个极大讽刺。

第二节　秦汉时期：统一王朝政治下传统社会福利思想的演变

秦汉时期既是中国封建王朝的成长期，也是中国王朝政治的第一个鼎盛期。这一时期共经历秦（前221～前206年）、西汉（前206～公元9年）、新朝（公元9～公元23年）、东汉（公元25～220年）4个朝代，历时400余年。统一帝制王朝的历史实践，使中国传统社会福利思想在演变中发生了许多的新变化，先秦时期留下的各家社会福利思想部分被吸收、改造，部分被中断。秦汉时期的中国传统社会福利思想在总结、告别过去的同时，也在开创未来。

一　秦汉时期社会福利思想演变的时代背景

前221年，秦王嬴政"续六世之余烈，振长策而御宇"①，先后灭掉关东六国，建立了中国历史上第一个统一的中央集权制国家——秦王朝。秦朝在政治上进一步取消分封制，在全国推行郡县制，奠定了中国大一统政治体制的基本格局。在李斯的倡导下，秦王朝又统一了度量衡、货币和文字，这对统一帝国的建立与巩固也有重大意义。在经济方面，秦王朝相当彻底地废除了领主制的农奴制度，建立了土地私有制，又实行奖励耕织的政策，耕地面积不断扩大，生产技术也得到不断提高，极大地促进了社会生产力的发展。为了把思想统一于法制之下，秦始皇采纳了李斯的建议，禁绝私学，规定凡私家所藏《诗》、《书》、《百家》以及各国史籍均予烧毁；又派人查得咸阳诸生"或为妖言以乱黔首"者460余人，全部予以坑杀。这就是历史上有名的"焚书坑儒"事件。秦王朝的这些举措，无疑都

_____

① 《史记·秦始皇本纪》。

表现了韩非法家的思想特色。由于秦朝实行的是法家制度，当然也就不可能制定出休养生息一类的社会福利政策。

秦王朝过分专制的政治统治、过分沉重的徭役和过分严酷的刑罚，很快激起了尖锐的阶级矛盾，使得秦朝立国仅15年，便在农民起义的烈火中走向崩溃，秦始皇父子幻想将天下传之万世，结果是二世而亡。

前202年，刘邦集团在与项羽集团争夺全国政权的战争中取得胜利，建立了汉王朝，史称西汉。汉承秦制，基本上沿用了秦始皇创立的专制主义中央集权制度。但鉴于秦朝迅速灭亡的教训，加之长期战乱对社会经济的严重破坏，汉初朝廷采纳了陆贾等人的建议，实行"与民休息"的社会发展政策，奉行黄老学派"无为而治"的治国方略。黄老之学是战国中后期兴起的一个把法家、儒家思想援入道家，使道家术数化，从而获得治世意义的学派或思潮，因其著述多假托于黄帝或老子，故得此名。这个学派强调"无为而治"，但"无为而治"是指依法行事，治国者不过多地把自己的主观好恶掺杂进去，不随意地变更既定的规则。汉初的70年间大体都持守了这一治世理念。在这一理念指导下，汉初朝廷颁行了一系列以"与民休息"为主旨的社会福利政策，劝课农桑，轻徭薄赋，实施社会救灾、救济和优抚政策，使得阶级矛盾大大缓和，社会经济走向恢复，至汉文帝、景帝时期，出现了史家盛赞的"文景之治"。

"文景之治"的盛景离不开一系列的社会福利思想的贯彻和社会福利政策的实施。文帝时期的政论家贾谊、晁错提出了"贵粟政策"，这一政策的实行，使国家的存粮大增，农民的生活和生产都一度得到改善。文帝时期还修"马复令"，实行惠商政策，废除肉刑等。文帝、景帝时期推行的平准法是国家平抑物价的政策，其办法是由国家在长安和其他主要城市中设置掌管物价的官吏，利用均输官所储存的物资，根据市场上的物价，贵时抛售，贱时收购，这样就打击了富商大贾囤积居奇的行为，使物价保持稳定。汉宣帝时，应大司农中丞耿寿昌之请在边郡设立常平仓，"以谷贱时增其贾而籴，以利农，谷贵时减贾而粜"[①]。这些思想和举措，成为后世封建王朝所遵行的经常政策和范式，对后世产生了重要影响。

到汉武帝时，汉帝国的统治达到鼎盛。好大喜功的汉武帝要"兴太

---

① 《汉书·食货志》。

平"，"兴太平"就要"制礼作乐"，要"改正朔、易服色"，要举行封禅大典，大兴繁文缛节的建置。显然，黄老学派倡导的一套无为而治、休养生息的思想主张就太不合时宜了，而儒学最能符合这种要求。前134年，汉武帝接受董仲舒《天人三策》的建议，罢黜黄老百家之言，独尊儒术，自此儒家思想正式上升为国家的统治思想，并一直延续了2000余年。为适应政治上集权的需要，董仲舒构建了"天人宇宙图式"，借天以控制人，同时又继承孔孟儒家的仁爱、利民思想提出了"贫者养生论""限民名田论"等社会福利主张，企图更好地巩固统治。

汉武帝虽罢黜百家，但在他做皇帝的时代里，儒家的政治理念并未有真正施展的机会，武帝的统治"本以霸王道杂之"①，实际是内法外儒。到了汉宣帝、元帝时期，情况发生了大的变化。特别是元帝即位后，提拔了一大批名儒主政，儒家的宽政减刑、不与民争利的思想不顾实际地得到实行。本来"王霸杂用"的官方理解是以"王道"对付好人，以"霸道"对付坏人，现在全用"宽政"，加上建立200年来的王朝腐败已经十分严重，于是王朝政治便如脱缰的野马般向更腐败的地步堕落。政治的腐败透顶，再加上自然灾害频仍，汉家"失德"该有新王朝代汉的说法也就逐渐流传开来。在这样的情况下，王莽的出现就成为必然。

王莽的代汉不能简单地视为外戚的干政篡权。王莽其人很能表现自己，行为举止很像儒家赞美的圣贤，一时被看成当代圣人。天下的豪强都在兼并土地，朝廷要封给王莽新野田，他却坚决辞掉，感动得天下有48万人上书要求朝廷奖赏他。王莽先是仿照周公的例子摄政，以后干脆搞了个禅让仪式，代汉建立新朝。而新朝的很快失败也不全是因为刘姓势力的反扑，主要还是因为王莽是个经学的书呆子。他完全按照《周礼》治理国家，其施政没有一项切合实际，导致的结果就是饿殍遍野，人民不得不起来造反，而他还在只顾和大臣们议制度，以为礼制一定，天下就自然安定、太平起来。可见，王莽的失败，其实是一场经学的失败。

公元25年，刘秀重建汉王朝，史称东汉。东汉时期，朝政越加腐败，而地方豪强势力也越加膨胀，至东汉后期，逐渐形成了世代相继，占有大量田产奴仆，拥有自己的部曲、宾客以至坞堡的门阀士族阶层。在儒家经

---

① 《汉书·元帝纪》。

学占主导地位的情况下，不同社会集团在表达其利益诉求时，基于天人感应、神仙方术等思想发展而来的谶纬神学，也就找到了巨大的生存空间。在这样的氛围下，从总体上看，东汉思想界的社会福利主张是相对贫乏的。当然，该时期还是有一些深思之士，本着经义和他们的现实感，对秦汉以来的历史、状况进行反思和批判，其中王充、崔寔、王符、仲长统的社会批判还是颇具深度的，特别是王符提出的"天以民为心"及"爱日说"，具有"惠民""利民"的社会福利思想特点。

二　汉初统治者的社会福利政策

秦王朝的很快结束，给了封建统治者以深刻的教训。西汉初年（指从汉高祖刘邦到汉景帝时期），刘汉封建统治集团对秦朝速亡的原因进行了深刻的总结与反思。同时，经过连年的战乱，汉初的社会经济残破，民不聊生，统治阶级也不得不抑制一下自己的剥削贪欲，对农民采取"与民休息"的让步政策。为了缓和社会阶级矛盾，恢复社会经济发展，在"无为而治""与民休息"的大背景下，先后推出了一系社会福利政策，对汉初的社会稳定和经济发展产生了积极的影响。

1. 重农政策的实施

重农主义是为保护小农而打击工商业的一种国家观念。这种观念起于西周，成熟于战国时期的法家。商鞅在秦国变法时推行的"驱民归农，利出一孔"的政策，就是典型的重农主义，它使秦国获得了统一天下的成功。在西汉，重农主义是国家的基本国策。

秦末的农民大起义和随后的楚汉战争，对社会经济造成了极大的破坏，汉初连皇帝的车驾都找不到四匹毛色一致的马，社会极度贫困。社会经济要恢复，当然得从粮食生产开始。汉初实行"与民休息"政策，加之当时边疆也没有大的战争，汉初的几位皇帝也大体能做到节俭，尽量减少各种开支，所以小农的利益得到了照顾。例如，汉文帝就多次下诏提倡农耕，并亲自参加春耕典礼。汉初的许多政策都是围绕重视农业而定的。具体来说，汉初的重农政策主要表现在以下四个方面。第一，减轻田租，汉初政府规定的土地税是十五税一，后又改为三十税一，汉文帝在位期间甚至有十余年的时间免除了农民的田租，一定程度上减轻了农民的负担。第二，

号召流亡人口回乡，颁布"复故爵田宅"① 令。第三，下令解放因生活困难
而自卖为奴婢的人，以增加农业劳动力。第四，对复员将士不仅免除徭役，
而且分给他们土地和宅舍，其中的军功大者成为地主，多数士兵分得小块
土地成为自耕农。这些政策稳定了社会秩序，对调动农民生产的积极性，
恢复农业生产，起到了积极作用。

2. 大规模的社会救济

汉初的社会救济大体可分为两类：一类是为恢复残破的社会经济状况
而采取的宏观社会救济措施；另一类则是针对百姓个体的社会救济措施。
归纳起来，主要包括以下几个方面。

第一，招抚流亡。汉初，统治者为增加农业中的劳动力，颁布了"复
故爵田宅"令："今天下已定，令各归其县，复故爵田宅，吏以文法教训辨
告，勿笞（用鞭、杖或竹板抽打——编者注）辱。民以饥饿自卖为人奴婢
者，皆免为庶人。"② 就是让战争期间流亡在外的人口各归原籍，恢复其固
有的土地和宅舍，解放因生活困难而自卖为奴婢的人，以增加农业劳动力。
这对恢复社会经济，安定老百姓生活，起了积极作用。

第二，轻徭薄赋。汉高祖刘邦即位后，曾下诏令废除秦的重赋，改行
十五税一，到汉文帝时，又两次下诏减当年田赋为三十税一。前 167 年，汉
文帝又下令全免天下田税。到汉景帝二年（前 155 年），三十税一成为西汉
的定制。在徭役方面，与秦朝"力役，三十倍于古"相比，汉初的徭役也
大大减轻，要求男丁每年到郡国服役一月，称为"更卒"，到汉景帝时减为
每三年服役一月，每人到京城服役一年，称为"正卒"。

第三，尊老措施。汉初，在儒、道、法渐趋合一的思想演化进程中，
儒学逐渐占据统治地位，儒家的忠孝思想在社会上影响越来越大，这使得
汉代的尊老除了具有社会救济作用外，还具有政治文化意义。汉文帝曾下
诏说："老者非帛不暖，非肉不饱。今岁首，不时使人存问长老，又无布帛
酒肉之赐，将何以佐天下子孙孝养其亲？"③ 为此，他特拟定了如下尊老措
施："年八十已上，赐米人月一石，肉二十斤，酒五斗。其九十已上，又赐

---

① 《汉书·高帝纪》。
② 《汉书·高帝纪》。
③ 《汉书·文帝纪》。

帛人二匹，絮三斤。"① 他还规定，对于 90 岁以上的老人，免除一个儿子的赋役；对于 80 岁以上的老人，免二口的算赋。汉景帝年间，又下诏对犯法监禁的老、幼、孕妇免带刑具。

第四，恤鳏寡孤独者。汉代一般是通过赐物或派遣官吏慰问两种形式恤鳏寡孤独者。汉文帝十三年（前 167 年），"赐天下孤寡布帛絮"②。汉武帝元狩六年（前 117 年），"今遣博士大等六人分循行天下，存问鳏寡废疾，无以自振业者贷与之"③。

第五，复除。汉代的所谓复除，就是免除徭役税收。复除的对象主要有从军人员、三老（汉代的一种职位，由一个地方的德高望重的老人担任——编者注）、孝悌、力田等。

3. 汉初的赈灾与优抚

在中国历史上，汉代的灾害比较严重。例如，在汉高祖刘邦即位的第二年，"关中大饥，米斛万钱，人相食"④；汉文帝时，关东地域也发生大饥荒，死者达数千人。在抗灾赈灾过程中，汉王朝采取了很多办法，主要有四。第一，赈济，即在灾荒发生后，政府动用国家储备的粮食、库银、物品等，帮助灾民维持生计。第二，放贷，主要是指政府贷给灾民种子、粮食、牲畜、农具等生活和生产用品，以帮助灾民维持生产和生计。第三，徙流民，是指政府将因灾荒而外出求生的流民有组织地迁往某地就食，以减轻灾区的压力。第四，蠲缓。蠲就是免除，缓即缓交，即对灾民可以免除或缓交赋税的规定。

在军队复员的优抚安置方面，汉初也有一些成功的做法。楚汉争战期间，天下壮丁大部分被征从军，导致农业劳动力极度缺乏。汉初，天下初定，为恢复和发展农业生产，汉高祖刘邦即位后，随即展开大规模的军队复员工作，对复员将士给予优抚安置。对复员将士，不仅免除徭役，而且还分配给土地和宅舍，这样，军功大者可以成为地主，多数士兵也可以分得小块土地，成为自耕农，同时还赐军吏卒以爵位。这是中国封建历史上第一次大规模的军队复员安置工作，其具体举措对后世产

---

① 《汉书·文帝纪》。
② 《汉书·文帝纪》。
③ 《汉书·武帝纪》。
④ 《汉书·高帝纪》。

生了很大影响。

三 西汉时期社会福利思想的发展

学术界普遍认为，贾谊、晁错和董仲舒是西汉时期对巩固汉帝国有重要作用的三个代表人物。其中，贾谊和晁错二人的主要功绩在于帮助汉文帝和汉景帝稳定了天下，并使西汉的经济渐趋繁荣，出现了"文景之治"的盛景。而董仲舒的贡献，则在于"他最明确地把儒家的基本理论与战国以来风行不衰的阴阳家的五行宇宙论具体地配置安排起来，从而使儒家的伦常纲领有了一个系统论的宇宙图式作为基石"①。这就为大一统的封建帝国提供了一套新的统治术。而从社会福利思想的角度看，贾谊和晁错二人的重要贡献在于，针对西汉初期国库空虚、百姓贫弱的状况，提出了"贵粟备荒论"，强调充足的粮食储备是社会救济和救荒的必备前提条件，这一思想理论在中国救荒史上产生了深远的影响。董仲舒则提出了他的"贫者养生论"和"限民名田论"的社会福利主张，并且也成为中国社会福利思想史上具有代表性的理论。

1. 贾谊和晁错的社会福利思想

贾谊和晁错生活在汉朝初年统治者尊奉"黄老之术"，与民休息，社会相对稳定的时期。但二人并没有盲目地陶醉于盛世情节之中，而是敏锐地察觉到西汉王朝正面临严重的社会危机，如果不加以妥善处理，势必会导致王朝统治的危机，并演化为一场空前严重的灾荒。为了"富安天下"，帮助封建王朝避免危机，他们将自然因素和社会因素结合起来考虑，首先对灾荒的成因做出了颇具新意的分析。

他们认为，一方面，从自然界演化的规律看，灾荒的发生往往具有一定的必然性。年成有饥荒、有丰收，这是天道运行的规律，"世之有饥穰，天之行也，禹汤被之矣"②。这种规律夏禹、商汤皆不能免。另一方面，则是富商大贾生活腐化，穷奢极欲，霸占和消耗了社会上的大量财富，使国家日益贫穷，抗御自然灾害的能力大大降低。他们认为，商贾"其男不耕耘，女不蚕织，衣必文采，食必粱肉；亡农夫之苦，有仟伯之得。因其富

---

① 李泽厚：《中国古代思想史论》，人民出版社，1986，第145~146页。
② 《汉书·食货志》。

厚，交通王侯，力过吏势，以利相倾；千里游敖，冠盖相望，乘坚策肥，履丝曳缟。此商人所以兼并农人，农人所以流亡者也"①。这里，贾谊和晁错把国家贫困、抗灾能力降低的原因归咎于富商大贾和官僚贵族的内外勾结、奢侈腐化，既体现了他们强烈的农本观念和对官僚富豪贪婪盘剥的憎恨，也表现出他们强烈的社会责任感和强烈的危机意识。

在对灾荒成因认识的基础上，贾谊和晁错从社会治乱安危的战略高度看待社会的积蓄问题，提出了"贵粟备荒论"。首先，他们强调了以粮食储备为核心内容的社会储备的重要性。认为要想"富安天下"，就必须有充足的粮食储备，这既可以备荒又可以备战，是国家的"大命"和根本。其次，要想使国家"粟多而财有余"，就必须要求农民全力从事农业生产，打击富商大贾的商业投机活动。此外，还可以通过"入粟以受爵"即富人可以"以粮捐官"、罪人可以"以粮赎罪"的办法来激发天下人从事农业生产的积极性。

2. 董仲舒的社会福利思想

董仲舒生活在西汉中期，当时正是汉王朝文治武功走向鼎盛的时期，但他敏锐地察觉到盛世背后潜藏着深刻的社会矛盾，其中最为严重的社会问题是贫富悬殊，使得富者骄奢淫侈，穷者则困苦无以为生，对封建统治产生了严重的威胁。他从维护西汉王朝统治的角度出发，提出了使贫者"足以养生"的社会福利思想。这一思想主要包括两个方面：一是以利养民，二是禁与民争利。

首先，以利养民。董仲舒从其"天人合一"的思想出发，指出："天之生人也，使之生义与利。利以养其体，义以养其心。心不得义不能乐，体不得利不能安。"② 他认为"利"是"养体"所必不可少的，而"体"是天生予人的，因此，百姓为生存而在一定程度上追求"利"，也是符合天意的。所以，他又说，"治民者先富之而后加教"③。而统治者"以利养民"，一定要把握好贫富之度，既不能出现"大富"，也不能出现"大贫"，对大富者要给予限制，对"大贫"者要给予救济，以"使富者足以示贵而不至

①　《汉书·食货志》。
②　《春秋繁露·身之养重于义》。
③　《春秋繁露·仁义法》。

于骄，贫者足以养生而不至于忧"①。

其次，禁与民争利。董仲舒认为，百姓贫穷空虚的原因虽然非常复杂，但官僚地主依仗特权"与民争利"是最主要的原因。他从"正其谊不谋其利"的原则出发，猛烈抨击封建权贵"与民争利"的可耻行为，认为这是违反天理的不义之举。董仲舒对封建权贵进行批判的目的虽然是维护封建统治，但他揭露了封建官僚制的贪婪、残暴，具有一定的人民性，还是值得肯定的。

董仲舒认为造成贫富分化的复杂原因中，除了封建官僚地主贪婪的"与民争利"外，还有一个更为深层的原因——土地兼并。为此，他提出了著名的"限民名田论"。董仲舒认为，土地兼并的根源在于土地私有制。秦朝采用商鞅的办法，改变古代帝王的制度，废除了井田制度，人们可以随便买卖土地，导致"富者田连阡陌，贫者亡立锥之地"②。董仲舒认为，土地兼并的直接后果就是使贫者与富者的对立尖锐化，极端贫困的农民"亡逃山林，转为盗贼"，严重地威胁着封建王朝的统治。要想使封建统治长治久安，必须首先解决土地兼并问题。

董仲舒在深入分析地主制下土地兼并的原因和危害的基础上，提出了他设计的解决土地兼并问题的方案："古井田法虽难卒行，宜少近古，限民名田，以澹不足，塞并兼之路。"③ 这句话的大意是，古代井田制度虽然一下子做不到，但应稍微接近古代井田制度要求，限制大地主占田地的数量，满足那些缺地农民的需求，堵塞兼并的路子。从中我们可以看出，董仲舒限田方案实际有两个基本特点：其一，董仲舒崇尚井田古制，但他终究是一位有较强现实感的思想家，他认为在汉代恢复井田制已不可能，只能力争使解决土地问题的方案合乎井田古意；其二，所谓"限民名田"，就是对私人占有土地的数量规定一个限度。从社会福利思想角度看，董仲舒"限民名田"主张的思想价值在于，它把贫苦百姓基本生活、生存权利的保障，与封建土地所有制的改造问题紧密联系在一起，达到了当时历史条件下所能达到的认识深度。

---

① 《春秋繁露·度制》。
② 《汉书·食货志》。
③ 《汉书·食货志》。

四　东汉时期王符的社会福利思想

东汉末年，由于外戚、宦官专权，使得王朝的政治越加腐败黑暗，政局动荡，民不聊生，社会矛盾空前激化。面对黑暗的社会现实，也有一些思想家从同情民生的角度，提出了带有"王道""仁政"色彩的富民思想，对统治者无止境的贪欲提出了尖锐的批判，王符及其所著《潜夫论》便是其中的杰出代表。在秦汉思想史上，王符虽然没有像董仲舒那样构建出一个庞大的思想理论体系，但其思想中的贵民论和使民"宽暇"思想，却成为这一时期最重要的社会福利主张。

1. "天以民为心"的贵民论

王符继承了先秦儒家的"民本"思想传统，把"天心"与"民心"统一起来，提出了"天以民为心"的贵民论，这构成了其社会福利思想的基本理论依据。

第一，王符以"天以民为心"为出发点，指出统治者在制定政策时，要以顺民心为本，采取敬民、利民政策。与董仲舒"天人合一""天人感应"思想相类似，王符也认为天人之际存在着某种必然联系。在他看来，"和阴阳"是最高的治国准则，而"和阴阳"的前提是"顺民心"，"天心顺则阴阳和，天心逆则阴阳乖"，而"天以民为心，民安乐则天心顺，民愁苦则天心逆"。① 由此可见，王符的思想逻辑是，民心顺则天心顺，天心顺则阴阳和。这实际上是把"天心"归结为"民心"，又把"民心"归结为"天意"，告诫统治者要实行使民安乐的政策，"以恤民为本"。

第二，王符认为国家的治乱与百姓安乐的决定因素是君主。他说："国之所以治者，君明也，其所以乱者，君暗也。"② "君之所以明者，兼听也，其所以暗者，偏信也。是故人君通必兼听，则圣日广矣；庸说偏信，则愚日甚矣。"③ 又说："人君身修正，赏罚明者，国治而民安。"④ 在王符看来，国家治乱的决定因素就在于君主的"明"与"暗"，只要国家有品德高尚、赏罚分明、尊贤任能的君主，就一定能够实现大治，百姓就一定能够享受

---

① 《潜夫论·本政》。
② 《潜夫论·明暗》。
③ 《潜夫论·明暗》。
④ 《潜夫论·巫列》。

安乐的生活。王符的"明君论",究其实质并不是要取消专制君主,而是渴望天降"明君",为民造福。这种把百姓基本社会福利的实现,寄托于"明君圣王"身上的思想充分体现了他的儒家本色。

第三,针对东汉社会王公贵族和豪强地主生活上的奢侈腐化和政治上的独断专横,王符提出了"遏利"的主张。他认为天下的"利物"都是"天之财",不可强取多得:"且夫利物莫不天下之财也。天之制此财也,犹国君之有府库也。赋赏夺与,各有众寡,民岂得强取多哉?故人有无德而富贵,是凶民之窃官位盗府库者也,终必觉,觉必诛矣。盗人必诛,况乃盗天乎?……自古于今,上以天子,下至庶人,蔑有好利而不亡者,好义而不彰者也。"① 这实际上是在警告偷盗上天财物的统治者,贪图财利迟早会使国家灭亡的。他将贪图财物比作"盗天"是不科学的,但从道义上鞭挞了剥削者,具有一定的人民性和进步性。

2. "爱日说"的使民"宽暇"思想

从"民心"即"天心"的理论模式出发,王符要求封建统治者对百姓施行"德政","为国者以富民为本"②,"为国者必先知民之所苦"③,采取"爱民""利民""惠民"政策,重视农业生产,给农民以土地,尤其要爱惜民力、民时。正是在上述思想认识的基础上,王符提出了他的"爱日说"。

第一,王符所谓的"爱日",就是指要珍惜老百姓的劳动时间。在《潜夫论》中,他这样写道:"国之所以为国者,以有民也;民之所以为民者,以有谷也;谷之所以丰殖者,以有人功也;功之所以能建者,以日力也。治国之日舒以长,故其民闲暇而力有余;乱国之日促以短,故其民困务而力不足。"④ 这里,我们看到了被墨翟所揭示、经管子进一步明确的关于劳动创造财富的可贵思想。王符完全继承了管子学说,并予以发展,推导出新的内涵。这一新的内涵就是强调人的劳动是一天一天积累起来的,或者说粮食生产量系由劳动时间所决定的。王符的思想逻辑是,国家之所以成为国家,就是因为有百姓;百姓之所以成为百姓,就是因为有五谷;五谷

---

① 《潜夫论·遏利》。
② 《潜夫论·务本》。
③ 《潜夫论·述赦》。
④ 《潜夫论·爱日》。

之所以能够生长并收获，就是因为有劳动时间。这一逻辑推理的直接结论就是统治者必须使百姓有劳动生产的时间，否则就会民不聊生、国将不国。

第二，滥用民力，巧取豪夺，必然导致民穷国乱的悲剧。他说："孔子称庶则富之，既富则教之。是故礼义生于富足，盗窃起于贫穷，富足生于宽暇，贫穷起于无日。圣人深知，力者乃民之本也，而国之基，故务省役而为民爱日。"[①] 这里所说的"宽暇"，是指有较多的生产劳动时间；而"无日"是指没有劳动时间。这样，王符便把贫穷和富有与劳动时间的长短联系在一起了。他认为东汉中期以来百姓之所以日趋贫穷，就是因为统治者滥用民力，盘剥百姓。他特以当时的民事诉讼问题为例，证明自己的看法。从王符所述的情况看，当时官府拖延诉讼决断和断案不公正的现象极为严重。劳动人民即使打小官司，也要被拖上一个月甚至几个月的时间。更有冤案不断发生，使得劳动人民往返上诉，不但田地荒芜，甚至多有耗财破产者。据王符估计，全国因诉讼而不能从事农业生产者，常年保持在30万人以上，以一人生产可提供的粮食数合计，则每年有300万人受饥。这也就是说，全国通年不能从事生产的农户在150万户左右。王符的估算肯定有夸大的成分，但也绝不会相差太多。由此可见，当时政治的黑暗程度何等惊人。王符对此深感痛心，大呼"今民力不暇，谷何以生？"所以，要想富民、爱民，就必须从"省役""爱日"开始。

把贫富严重分化问题归于劳动时间短，的确有些片面，因为人们的贫富主要取决于社会制度和复杂的社会关系。但如果把王符的"爱日说"放到东汉中后期特定的历史条件下去分析评价，就会看到，王符把"爱日"作为封建国家治乱的标准，要求统治阶级减轻对劳动人民的力役剥削，"与民休息"，具有一定的人民性和进步性，体现了他关心人民饥荒和发展经济的进步思想。同时，王符把保障百姓的劳动时间作为社会福利的一项重要内容，也是他在中国社会福利思想史上的一项独创。

第三节　魏晋南北朝时期：社会福利思想在曲折中的演进

从东汉献帝建安元年（196年）到隋文帝开皇九年（589年）共393年

---

① 《潜夫论·爱日》。

时间，是中国历史上的一个大分裂、大动荡的时代。先是在黄巾起义冲击下，东汉政权摇摇欲坠，地方军阀混战，导致三国鼎立，随后便是曹魏篡汉。有了曹魏的篡汉，就有司马氏的篡魏，并灭掉蜀、吴，建立西晋政权。有异姓间的"外篡"，父兄间的"内篡"也就不可避免，于是又有了"八王之乱"以及随后的"永嘉之乱"，结果导致北方边地民族的大举内迁和汉族人群的大规模迁移。从东晋开始，正式形成南北对峙局面。南朝继东晋之后，经历了宋、齐、梁、陈几个朝代的更替，而北朝在经过"五胡十六国"的混战后，也经历了北魏、东魏、西魏、北齐、北周等政权的演替。直至隋文帝杨坚于581年灭掉北方的北周，又挥师南下于589年灭掉南方的陈，才重新统一了天下。这一段300多年的历史，称为魏晋南北朝时期。

一 魏晋南北朝时期社会福利思想演变的时代背景

魏晋南北朝时期既是我国历史上长期分裂割据的时期，也是北方少数民族和汉族依次向南迁徙、大融合的时期。在此期间，北方的割据势力之间、民族之间，发生过频繁激烈的战争，长江以南则相对稳定，社会经济发展比北方快得多。曹魏时期，大力兴修水利，安定百姓生活，刘备入蜀后鼓励发展农业生产，西晋时期安置大量的流动人口进行生产，开垦荒地、兴修水利。《晋书·食货》记载，太康时期，"天下无事，赋税平均，人咸安其业而乐其事"①。而东晋、南朝时期的政治、经济制度是两汉政治、经济制度的继续和发展，农业技术和水利事业有了新的发展。及至刘宋，"江南之为国盛矣……地广野丰，民勤本业。一岁或稔，则数郡忘饥"②。而北方各国，为了稳定社会秩序，也制定了一系列政策、实行了一系列改革。

魏晋南北朝时期虽说在政治上处于四分五裂的割据状态，战争也比较多、比较频繁，但就全国范围来说，社会经济还是在缓慢地发展着。这一时期南方与北方的文化也有了新的发展。魏晋南北朝时期的文人墨客好谈玄学，如何晏、王弼以及稍晚于他们的竹林七贤③。与传统儒学的理论不同，玄学的特点在于"援道入儒"，将抽象的本体问题探索与人生意义的寻

---

① 《晋书·食货》。
② 《宋书·沈昙庆》。
③ 竹林七贤为阮籍、嵇康、山涛、向秀、刘伶、阮咸、王戎。

求结合起来，提出了许多发人深思的思想命题。他们大多崇尚自然，反对纲常名教，甚至提出了"无君""无臣"的思想。这一时期的佛教、道教也十分盛行，所以这一时期的思想包括社会福利思想似乎就多了更多的玄学和宗教意味。

在魏晋南北朝时期，秦汉以来的社会保障政策基本得到延续并得到部分的发展，如这一时期的社会保障开始对贫民划分等级，以便贩贷，还设义馆以养孤寡等。但该时期的社会福利思想的研究和发展处于相对低潮，除了阮籍的理想社会论、嵇康的养生论以及鲍敬言的"无君论"外，没有产生对后世有影响的社会福利思想和主张。

二　阮籍的理想社会论中的社会福利思想

阮籍（210~263 年），字嗣宗，魏晋时陈留郡（今属河南省）人，因其担任过晋朝的从事中郎、步兵校尉等职，世称"阮步兵"，与嵇康等人并称"竹林七贤"。《晋书·阮籍》说他"志气宏放，傲然独得，任性不羁，而喜怒不形于色。……博览群籍，尤好庄老"①。阮籍生逢乱世，对现实极为不满，但又不得不依附于当权的司马氏，以怪异的行为和谨慎的态度保全性命。

阮籍的社会福利思想是建立在他对现实社会的批判和对未来社会的憧憬的基础上的。他认为，现实社会的生活秩序发生了严重的失调和混乱，统治者为满足自己的欲望，"恶彼而好我，自是而非人，忿激以争求，贵志而贱身，伊禽生而兽死"②。互相残杀，使社会纷乱不已。他们这样做不是为百姓着想，完全是"竭天地万物之至，以奉声色"③。既然现实社会是纷乱的、丑恶的，我们就应设法摆脱社会的束缚，建立一个理想的社会。阮籍正是循着上述思路提出了他对理想社会的构想：

> 昔者天地开辟，万物并生；大者恬其性，细者静其形；阴藏其气，阳发其精；害无所避，利无所争；放之不失，收之不盈；亡不为夭，

---

① 《晋书·阮籍》。
② 《阮籍集·大人先生传》。
③ 《阮籍集·大人先生传》。

存不为寿；福无所得，祸无所咎；各从其命，以度相守。明者不以智胜，暗者不以愚败；弱者不以迫畏，强者不以力尽。盖无君而庶物定，无臣而万事理，保身修性，不违其纪；惟兹若然，故能长久。①

通过这段文字，可以发现阮籍构想的理想社会具有以下两个突出特点。

第一，这是一个无君无臣、万物自定自理的社会，人们都过着自由自在、各得其所的生活。阮籍认为君臣并非自古就有，在没有君臣的时代，万物自定，万事自理。而君主的出现却给社会带来了灾难。因此，人们要想过上稳定、幸福的生活，就必须建立一个"无君无臣"的理想社会。

第二，这是一个平等的、人际关系和谐的社会。虽然人们之间仍然存在智愚、强弱的差别，但人们之间的关系是平等的。阮籍认为，彻底消除人们之间的贵贱、贫富差别，是保障人们平等关系的基本前提。他说："夫无贵则贱者不怨，无富则贫者不争，各足于身而无所求也。恩泽无所归，则死败无所仇；奇声不作则耳不易听，淫色不显则目不改视。耳目不相易改，则无以乱其神矣。此先世之所至止也。"②

阮籍理想社会论的社会福利思想意义在于，他断定"有君有臣"的现实社会只能给人类带来灾难，而不能带来福祉，因此，人类只有返归那个自然、恬静、"无君无臣"的社会，才能彻底消除贫富、贵贱的差别，实现真正意义上的平等，享受真正的福利。阮籍虽然把他设计的理想社会寄托于过去，但这并不意味着他是一个复古主义者，而是表现了他对黑暗、动荡的现实社会的尖锐批判。

三 嵇康的养生论中的社会福利思想

嵇康（223~262年），字叔夜，魏晋时谯郡（今属安徽省）人，因其当过中散大夫，世称"嵇中散"，与阮籍等人并称"竹林七贤"。《晋书·嵇康》说他"恬静寡欲，含垢匿瑕，宽简有大量。学不师受，博览无不该通，长好老庄。……常修养性服食之事，弹琴咏诗，自足于怀"③。嵇康生活的

① 《阮籍集·大人先生传》。
② 《阮籍集·大人先生传》。
③ 《晋书·嵇康》。

时代，正是司马氏势力壮大，欲以强力取代曹魏之时，在统治集团内部争权夺利的激烈斗争中，由于嵇康站在曹魏一边，后被司马氏所杀。嵇康的社会思想主要保留在《嵇康集》中。

在魏晋玄学勃兴的初始阶段，其代表人物何晏、王弼率先提出"名教出于自然"的观点。所谓"名教"，就是指儒家倡导的一套封建道德礼教，他们认为名教与自然是一致的，借此为名教的合理性做辩护。嵇康则明确反对这一观点，提出了"越名教而任自然"的主张。所谓"越名教"，就是超越名教，不为礼法名教所束缚，同时也要摆脱种种物欲；而"任自然"，就是恢复人的自然本性，在"无为""法自然"中实现一种理想的人格和人生。嵇康的这一主张对儒家名教产生了极大的冲击。

正是在"越名教而任自然"主张的基础上，嵇康提出了他的"养生论"，着力探讨如何保持和延长生命的问题。

嵇康认为，"养生"之道的根本在于洞悉生命的目的，做到"形神相亲，表里俱济"①。在嵇康看来，现实社会生活中的人们"感而思室，饥而求食，自然之理也"②。也就是说，人们的某些基本欲望是合理的，是养生必备的基本前提条件。但是，如果人们的欲望过多，"惟五谷是见，声色是耽，目惑玄黄，耳务淫哇，滋味煎其府藏，醴醪煮其肠胃，香芳腐其骨髓，喜怒悖其正气，思虑销其精神，哀乐殃其平粹"③，就会陷入物欲和争夺的旋涡，造成毁灭性的结果。因此，理想的做法是采用"收"和"纠"的办法，把欲望控制在有利于养生的范围内。所谓"收"，就是"收之以恬"，收拾自己的内心，进行硬性的克制；所谓"纠"，就是"纠之以和"，杜绝外部的诱惑。嵇康认为，当前的统治者醉心于名利声色、相争不已的生活，是与保持和延续生命的要求根本不相容的。

嵇康认为，"养生"的另一根本在于"知足"。他说："故世之难得者，非财也，非荣也，患意之不足耳！……然则足者不须外，不足者无外之不须也。无不须，故无往而不乏。无所须，故无适而不足。"④ 在他看来，"意足"者不须向外界追求，也就能无适而不足，"不足"者对外界追求无止

---

① 《嵇康集·答难养生论》。
② 《嵇康集·答难养生论》。
③ 《嵇康集·答难养生论》。
④ 《嵇康集·答难养生论》。

境，结果是无往而不乏，永远不能得到真正的满足。由此，他反对统治者"劝百姓之尊己，割天下以自私"的贪欲，要求"君臣相忘于上，蒸民家足于下"，实现理想的至世。

嵇康的"养生论"产生于充满战乱、争斗和仇杀的魏晋时代，当时的情形是"出门无所见，白骨蔽平原"，百姓的生命如同草芥。在这一历史背景下，嵇康提出"养生论"的社会福利思想意义在于，反对统治者残害生命，要求统治者节制贪欲，减轻剥削，给人民以维持和延续生命的权利，这在当时还是有积极进步意义的。

四　鲍敬言的无君论中的社会福利思想

鲍敬言的生平著作均已不可考，但根据葛洪的《抱朴子外篇·诘鲍》可以推断，他与葛洪应该是同时代人，即主要活动于东晋时期，因为两人曾围绕"有君好还是无君好"的问题展开过多次论战。鲍敬言的著作也早已亡佚，其思想只能从葛洪的《抱朴子外篇·诘鲍》来略窥一二。

鲍敬言社会福利思想的核心论点是"无君论"，他揭露了"君"给人类社会带来的无穷苦难，为人们描绘出一幅无君社会的理想图景。

鲍敬言认为，君臣不是历来就有的，儒者描述的"天生蒸民而树之君"的"君权神授"论是谎言。君臣、国家的起源实际上是强凌弱、智诈愚的结果。自从君主出现后，人类便开始陷入困苦和灾难之中。他指出："君臣既立，而变化遂滋。夫獭多则鱼扰，鹰众则鸟乱；有司设则百姓困，奉上厚则下民贫。雍崇宝货，饰玩台榭。食则方丈，衣则龙章。内聚旷女，外多鳏男。采难得之宝，贵奇怪之物；造无益之器，恣不已之欲。非鬼非神，财力安出哉？"[1] 这里，鲍敬言把封建统治者比作吃鱼的獭、吃鸟的鹰，认为统治者非鬼非神，其挥霍的财富都是从百姓那里掠夺而来。而贫苦百姓原本就衣食不足，现在还要奉养君主和百官，只能越发的贫穷。

鲍敬言对统治阶级对百姓的"赈济"活动也进行了尖锐的批判，认为统治阶级给予百姓的"赈济"物本来就是从百姓身上搜刮来的。统治者拿出一点点剥削聚敛来的钱财，来赈济饥寒交迫中的百姓，就好像强盗少抢了一点，根本不是发善心。鲍敬言的这种批判应该说还是很深刻的，他已

---

[1] 《抱朴子外篇·诘鲍》。

朦胧地意识到，在君主专制剥削制度的条件下，劳动人民不可能摆脱贫困，享受真正的社会福利。

鲍敬言反对君主的思想是非常彻底的，他不仅反对暴君污吏，还反对儒者所称道的那些所谓"圣君贤主"，他认为即使有圣明的贤主，也不如"无君无主"。

鲍敬言在猛烈抨击当时社会现实的基础上，构想出了一个"无君无臣"的理想社会。他说：

> 曩（音 nang，三声，从前、过去——编者注）古之世，无君无臣，穿井而饮，耕田而食，日出而作，日入而息。泛然不系，恢尔自得，不竞不营，无荣无辱。山无蹊径，泽无舟梁。川谷不通，则不相并兼；士众不聚，则不相攻伐。是高巢不探，深渊不漉（音 lu，四声，液体慢慢向下渗透——编者注），凤鸾栖息于庭宇，龙鳞群游于园池，饥虎可履，虺（音 hui，三声，毒蛇——编者注）蛇可执，涉泽而鸥鸟不飞，入林而狐兔不惊。势利不萌，祸乱不作。干戈不用，城池不设。万物玄同，相望于道。疾疠（音 li，四声，瘟疫一类的传染病——编者注）不流，民获考终。纯白在胸，机心不生。含餔而熙，鼓腹而游。其言不华，其行不饰。安得聚敛以夺民财，安得严刑以为坑阱？[①]

从这段文字中可以看出，鲍敬言构想的理想社会类似于远古时代，这个社会有如下几个特点。

第一，这个社会没有国家，没有君臣等统治者，没有军队，没有刑法，没有城池，由此这个社会也就是一个没有剥削、没有压迫、没有争夺的宁静的社会。

第二，由于这个社会"无君无臣"，自然也就没有封建的徭役和赋税剥削。用鲍敬言的话说就是："身无在公之役，家无输调之费，安土乐业，顺天分地，内足衣食之用，外无势利之争，操杖攻劫，非人情也。"[②]

第三，这是一个封闭的、和谐的社会，不仅人与自然的关系和谐，而

---

① 《抱朴子外篇·诘鲍》。
② 《抱朴子外篇·诘鲍》。

且人与人之间的关系也非常和谐，"士众不聚""不相攻伐""势利不萌，祸乱不作"，人人都可以过上安定的、老有所终的生活。

从鲍敬言对理想社会的描述里，我们还可以看出，他的理想社会不过是借鉴了老庄的"小国寡民"和"至德之世"设计而成的。它虽然披上了"远古之世"的外衣，但还不能据此视鲍敬言为一个复古主义者，而应该看到他的这一主张代表了生活在黑暗苦难中百姓愤怒抗争的心声，反映了贫苦劳动者对于过上美好幸福生活的真切渴望。

第四节　隋唐宋元：王朝统治成熟时期的社会福利思想

581 年，杨坚夺取北方的北周政权，建立隋王朝（581～618 年），589 年又灭掉南方的陈政权，结束了 300 余年的南北分裂，重建了统一的封建帝制国家。经过隋末的农民大起义，来自北方的李渊父子夺取了农民起义的胜利果实，灭掉隋而建立起了唐王朝的统治（618～907 年）。王朝政治在唐代达到了鼎盛，然后又迅速走向中衰。经过唐末的黄巢大起义后，至 907 年，朱全忠夺取了唐政权而分裂为五代十国。五代为后梁、后唐、后晋、后汉、后周 5 个在 50 余年间连续更替的朝代，统治范围约在今黄河中下游一带。十国约分布在长江中下游以至岭南一带地区，是先后并列的十个封建割据国家。五代中的后周，被赵匡胤陈桥兵变夺取了帝位，十国中剩下的国家也陆续为赵匡胤所统一，于 960 年建立了宋王朝，定都开封，历史上称为北宋（960～1127 年）。后来由于受金人势力的压迫，赵构逃跑到临安，建立偏安政权，历史上称为南宋（1127～1279 年）。两宋政权共延续了 310 多年。1271 年，忽必烈建立元朝（1271～1368 年）。1279 年，灭掉南宋。元朝统治中国 90 多年，阶级压迫和民族压迫都发展到极致，最终被农民起义推翻。隋唐宋元时期共历时 700 多年。

一　隋唐宋元时期社会福利思想演进的时代背景

隋唐宋元时期，既是我国封建社会的又一个大发展时期，也是中国封建社会的鼎盛及向后期转变的时期。

从政治上看，隋朝综合汉魏官制创建了一套相对成熟的政治制度，这套制度在唐朝和两宋得到延续和补充。它们在中央实行三省六部制。三省即中书省（隋称内史省）、门下省、尚书省。中书省负责诏书起草，是决策机构；门下省执掌封驳，为审议机构；尚书省负责政策执行，属行政机构；尚书省下设六部，即吏部、户部（隋称民部）、礼部、兵部、刑部、工部，各部长官称尚书。三省长官共议国政，同执宰相之职。在地方实行州、县两级制，整肃了魏晋以来地方行政机构的混乱局面。另一项事关中国社会后期发展的新制是科举制的创立。科举制度创始于隋而大兴于唐宋，其最大的优越之处便是公平，读书人都可以通过科举考试进入官僚阶层，而不是像过去那样取决于出身门第。因此，这项制度一直延续到晚清。元朝实行行省制，即在中央设中书省，在地方设行省，作为中书省的派出机构，省下还有路、府、州、县各级行政机构，进一步加强了中央集权。同时，元朝政治还带有明显的民族压迫性质。元朝把其统治下的人民分为四等分别对待。一等人是蒙古人，他们是征服者，是主人；二等人是色目人，包括西北人、西域人乃至欧洲人，他们归顺蒙古人最早，地位仅次于蒙古人；三等人是汉人，包括汉族人和原来辽国、金国的契丹人、女真人及高丽人等，他们是被征服者，蒙古杀死他们中的人员可以不偿命；四等人是南人，即南方最后被征服的汉族和其他民族，是地位最低下的。这样对待统治下的臣民在中国历史上是空前绝后的，显示了这个入主中原的统治势力缺乏政治经验和文化基础。

从经济方面看，隋唐宋元的统治者，都积极地发展经济，解决民生问题。唐初继承北魏的均田制，并实施租庸调制，其精神仍然是秦汉以来重小农的经济制度的变种。到唐德宗建中元年（780年），朝廷采纳杨炎的建议，颁布实行"两税法"，对赋役制度进行全面改革。两税法以夏、秋两次征税而得名，其核心内容是以一个家庭的财产状况和田亩数量为依据征收赋税。这是一种与传统重农主义大不相同的国家治理观念，对以后中国社会、经济、文化各方面的变化都影响至深。安史之乱以后，经济重心开始向东南方转移，特别是长江中下游流域进入全面开发耕地的时期，显示了实行新税法对农业开发的刺激作用。到两宋，经济的高涨又进一步带动了商业贸易和都市文明的发展。元朝虽然政治昏暗，但在经济发展方面还是有一些积极的作为。蒙古人是在南方经济持续高涨的情况下入主中原的，元朝的统治伤害了这一发展势头。元朝在经济方面的积极作用表现在北方生产的恢复，其恢复的办法是广开牧场，实施屯田。因为元朝的财富来源在南方，所以为了恢复北方经济疏通了大运河。

隋唐至两宋时期，也是我国古代社会保障大发展时期，各项政策得到进一步发展，日趋成熟。具体表现在以下几个方面。第一，救济如恤孤养疾方面，有居养、葬死、赎子、贩粥等，其中居养和葬死在唐宋时期的发展较为突出。史载，唐开元二十二年（734年）开始设置病坊收容贫民和乞丐。宋朝时，"京师旧置东西福田院，以凛老、疾、孤、穷、丐者。……英宗命增置南北福田院"①。第二，仓储制度发展迅速。各种名目的粮仓如义仓、社仓、广惠仓等纷纷建立。这些仓储制度的建立与完善，为社会保障政策的实施提供了物质条件。第三，社会救济措施渐成定制。从唐宋时起，一些救济措施开始有向制度化发展的趋向，如居养之法。宋朝政府设立福田院、安济坊、漏泽园，并且制定了相应的法规。宋宣和二年（1120年），宋徽宗下诏："应居养人日给粳米或粟米一升，钱十文省，十一月至正月加柴炭，五文省，小儿减半。安济坊钱米依居养法，医药如旧制。漏泽园除葬埋见行条法外，应资给若斋醮等事悉罢。"② 这些法规对于保证居养者受到一定的生活照顾是起了一定的积极作用的。从元朝开始，社会保障制度在继承前代成果的基础上继续发展，并渐趋完备。其发展过程是递进的，元不及明，明逊于清。元代主要是在惠民药局和养济院上有所建树，其他方面建树很少。

从社会福利思想方面看，在隋唐时期，虽然封建经济发展高度繁盛，但并未产生高层次的思想大师，在社会福利思想领域里，也只有唐太宗李世民的"恤民养民"等政策措施值得我们特别关注。这是继汉初地主阶级总结秦亡教训以来，统治者围绕统治策略而进行的又一次深刻反思。在宋代，随着理学的勃兴，张载、朱熹等理学家就"宗族保障模式"问题进行了新的探讨。此外，北宋李觏的"富国论"、南宋董煟的救荒论以及元代邓牧的社会福利思想都是这一时期值得我们特别分析的社会福利思想。

二　唐代李世民的社会福利思想

李世民（599~649年），陇西狄道（今甘肃省临洮县）人，既是唐王朝

---

① 《宋史·食货志》。
② 《宋史·食货志》。

的实际创建者，也是中国历史上一个具有雄才大略的封建帝王。从 627 年（唐贞观元年）到 649 年，是唐太宗李世民统治的贞观时期，在这短短的 20 余年时间里，李世民在魏徵等名臣辅佐下，吸取隋朝灭亡的教训，在政治上举贤纳谏，励精图治，使得贞观年间的政治极为清明。在经济上，实行均田制和租庸调制，革新除弊，发展生产，在较短时间内便恢复了因隋末战乱而残破不堪的经济。在文化方面，推行科举制，提倡儒学，奖掖文士，增强与周边民族和亚洲各国的文化交往，使得大唐文化走向空前的繁盛。这便是史家所称的"贞观之治"。

唐太宗李世民既是一代杰出的帝王，也是一个在维护封建统治方面有着独特理解和认识的思想家，他所提出的"君民相依"理论和推行的与民休息、改善民生的社会福利主张，在中国社会福利思想史上占有重要地位。

李世民首先继承了儒家传统的"民水君舟"的重民思想，又从隋王朝的快速灭亡中吸取了深刻的教训，形成了一套系统的重民思想。他把重民问题提到了"君道"的高度来加以强调。他说："舟所以比人君，水所以比黎庶，水能载舟，亦能覆舟。尔方为人主，可不畏惧！"① 又说："天子者，有道则人推而为主，无道则人弃而不用，诚可畏也。"② 这里的"有道"，就是指君主以宽政惠民，这样便会得到百姓的拥戴；而"无道"，则是指君主暴虐无道，残害百姓，民众当然就会将其推翻，重新拥立"有道"之君。

在此基础上，李世民还深入探讨了君民关系，提出了他的"君民相依"理论。他说："君依于国，国依于民。刻民以奉君，犹割肉以充腹，腹饱而身毙，君富而国亡。故人君之患，不自外来，常由身出。夫欲盛则费广，费广则赋重，赋重则民愁，民愁则国危，国危则君丧矣。"③ 这就是说，君与民以国为中介，是一种相互依存的关系，从本质上看，君与民是一体的。过度剥削搜刮老百姓，就像割自己腿上的肉充饥一样，肚子虽然吃饱了，却已命丧黄泉。所以，为君之道，必须先存百姓，百姓存而天下安，自己的统治才能稳固。

既然君民相依，那么就不能在登高位后就忘乎所以，而应该重民保民，

---

① 《贞观政要·教戒太子诸王》。
② 《贞观政要·政体》。
③ 《资治通鉴·唐纪》。

与民休息，使老百姓能安居乐业。他曾把治国比作养病，"治国与养病无异也。病人觉愈，弥须将护，若有触犯，必致殒命。治国亦然，天下稍安，尤须兢慎，若便骄逸，必至丧败"①。正是在这种如履薄冰的危机意识驱使下，唐太宗李世民即位后，颁布实行了一系列带有社会福利色彩的"与民休息""恤民养民"的政策措施。

第一，恤鳏寡孤独。唐政权建立后，既沿袭了前代的均田制，又将前代的租调制改为"租庸调制"。无论是均田令还是租庸调制，都对鳏寡孤独及废疾者有特殊的照顾。均田制明确规定："凡给田之制有差，丁男、中男以一顷；老男、笃疾、废疾以四十亩；寡妻妾以三十亩，若为户者则减丁之半。"② 而在租庸调制中也规定：老男、废疾、妻妾、部曲、客女、奴婢皆为不课户。也就是说，这些需要特殊抚恤的对象，不负担租庸调，这种减免显然带有社会救济的色彩。

第二，减免赋役。除对鳏寡孤独废疾者的特殊抚恤之外，唐太宗还主张从"宽民"的角度，在特殊条件下对一般百姓的赋役负担给予减免，如对田地过少者应免其赋役，遇到水、旱、虫、霜等灾害的荒年，则根据其受灾程度实行赋役减免。唐太宗之所以重视减免赋役，是因为他认为农业为国家之本，如果赋役过重，势必导致人力竭、农桑废等严重问题，最终引起天下大乱。他说："凡事皆须务本，国以人为本，人以衣食为本。凡营衣食，以不失时为本。夫不失时者，在人君简静乃可致耳。若兵戈屡动，土木不息，而欲不夺农时，其可得乎！"③

第三，建社仓。隋唐时期，统治者在总结前代抗灾救灾经验教训的基础上，在乡村普遍设立义仓，储备粮食，以备饥荒。因义仓建设在乡村，故又名社仓。隋文帝时，各地义仓建设得十分规范，在救济灾民方面发挥了一定的作用，但到隋炀帝时逐渐废弛，致使水旱灾害发生时，因社仓无粮而无法开仓赈荒，激化了社会矛盾。唐太宗吸取隋亡教训，对赈荒事务非常重视。贞观初年，他接受尚书左丞戴胄的建议，在乡村中普遍恢复设立社仓，每当有灾荒饥馑发生，都开仓赈济。

---

① 《贞观政要·政体》。
② 《唐六典·户部郎中·员外郎》。根据《唐律疏议》的解释，废疾是指一条腿的人；笃疾，是指双目失明，两肢都残疾者；寡妻妾是指无夫之人。
③ 《贞观政要·务农》。

第四，恤刑慎罚、重视教化。唐太宗非常注意利用儒学来加强教化，安定人心。他笃信儒学，而对佛教、道教、阴阳灾异之学则不大感兴趣。由此，他在贞观年间，大力提倡儒学。他认为，古来帝王凡是以仁义治国的，国家就能持久，凡是用法令来统治百姓的，虽然在短时间内可以起作用，但其败亡也是瞬间的事情。在重教化的同时，李世民还主张恤刑慎罚，他认为：百姓之所以成为盗贼，是因为赋役繁重，官吏贪求，导致饥寒至身，不得不铤而走险。如果为人君者能去奢省费，轻徭薄赋，选用廉洁的官吏，使百姓衣食丰足，那么百姓自然就不会入山林为盗，严刑峻法又有何用呢？

综上，作为一代有所作为的帝王，李世民以隋朝亡国为鉴，继承儒家传统的重民思想和"王道""仁政"主张，提出以"恤民养民"为核心的社会福利主张，推行"与民休息"、改善民生的政策措施，其结果是缓和了社会矛盾，促进了社会安定和国家富强，这是值得肯定的。

三　北宋李觏、张载的社会福利思想

在中国历史上，北宋是一个"积贫积弱"的王朝，对外靠纳岁币苟存，国内的社会矛盾也极度激化，农民起义接连不断。面对日益严重的政治危机和社会危机，北宋的思想界兴起了一股强劲的"富国强兵"思潮，探讨国家富强之道。以王安石为首的"新党"的变法改革便是其中的代表。但王安石的变法遭到了来自以司马光为首的"旧党"的抵制和反对。新党和旧党是北宋士大夫文人中出现的类似于后世"党派"的政治群体，试图以种种新的政治举措改变王朝"积贫积弱"局面的属于新党，而以"扰民""生事""与民争利"为理由反对这种变法的为旧党。新党代表了士大夫积极有为的精神，但也不能简单地把反对新党的旧党视为"反动派"。两派的分歧产生于对现实的不同理解。旧党认为，现有政治体制及种种政策本身并无问题，问题出在官员们不能正确执行上，而且与其像新法那样向民众开财源，不如从皇帝及朝廷的节约做起。同时旧党中的许多人更敏锐地注意到了"吏治"问题，即王朝各级行政官僚、胥吏实际存在的依循及弄权舞弊的问题。新法必须由人去执行，但有这样一批官僚实际操作，再好的办法也得变质。新党则更多从应当如何实施变法方面去思考问题，王安石所设计的变法方案，如果真正被实行，也的确能起到改善社会的作用。然

而问题是他遇到了旧党的阻力，此外也正如旧党所说，官僚胥吏们在执行新法时的上下其手产生的副作用极大。众多官员不同意变法，王安石就用能迎合他的人，变法中徇私舞弊现象越发严重。王安石的变法一时间起到了一定作用，有的措施也是行之有效的，但总的来说却是失败的。

这种政治上的党争也影响到北宋社会福利思想的发展。北宋社会福利思想发展中的代表人物就是李觏和张载。李觏的社会福利思想接近新党的主张，带有强烈的功利主义倾向，他把"衣食""宫室""器皿"等物质生活资料纳入了儒家的"仁""礼"等核心范畴之内，力倡"食不足，心不常"的功利主义，在他的"富国论"中，百姓的衣食寝居等基本的社会生活和社会福利的保障，占据着突出重要的位置；而张载则反对王安石的变法，坚守儒家的"仁政""王道"理论，企图以恢复"井田模式"来解决社会上存在的贫富分化悬殊的现象，并把社会控制与社会福利保障融为一体，提出了他的理想的宗族保障模式。

1. 李觏的"礼论"及其社会福利主张

李觏（1009～1059年），字泰伯，建昌军南城（今属江西省南城县）人。李觏生活的时代，正值北宋王朝社会危机严重之时，当时的土地占有关系极为紧张，无地或少地的农民纷纷铤而走险，发动起义。李觏目睹危机四伏的北宋社会，非常焦急，他大声疾呼："法制不立，土田不均，富者日长，贫者日削，虽有耒（音 lei，三声，一种翻土的农具——编者注）耜（音 si，四声，亦是指翻土的农具。耒耜合用时，耒是指耒耜的柄，耜是指耒耜下端的起土部分——编者注），谷不可得而食也。食不足，心不常，虽有礼义，民不可得而教也。"① 因此，他主张使民"足食"，平均土地，均役薄税。李觏的这些社会福利主张是在为王安石发起的新政制造舆论，其目的是稳定社会，摆脱国家"积贫积弱"的处境，以富国强兵。

如果从社会福利思想角度概括李觏的思想体系，可称之为"生民论"，因为其是为了实现"制夫田以饱之，任妇功以暖之，轻税敛以富之，恤刑罚以生之"② 的理想社会。而李觏的"生民论"主张，又是以他的"礼论"为理论前提和思想依据建立起来的。在李觏的学术著作中，有《礼论》7

① 《李觏集·平土书》。
② 《李觏集·删定易图序论·论五》。

篇、《礼论后语》1篇，系统阐述了他对儒家的"礼"的颇具新意的理解。

第一，从"礼"的构成看，李觏认为"礼"作为人类社会物质生活和精神生活的最高准则，是由多方面内容构成的。他说："饮食，衣服，宫室，器皿，夫妇，父子，长幼，君臣，上下，师友，宾客，死丧，祭祀，礼之本也。曰乐，曰政，曰刑，礼之支也。而刑者，又政之属矣。曰仁，曰义，曰智，曰信，礼之别名也。是七者，盖皆礼矣。"①这里，李觏实际上是把社会的物质文明、制度文明、精神文明都看作"礼"，并且认为"礼"具有不同的层次结构，它们在"礼"的体系中所占有的地位也是不同的。其中，饮食衣服、宫室器皿、夫妇父子长幼、君臣上下、师友宾客、死丧祭祀等物质生活资料及社会规范、习俗仪式是"礼之本"，起着决定性作用；而乐、政、刑这些社会的政治制度是由"礼之本"所派生出来的，是"礼"的分支，是起辅助作用的；仁、义、智、信这些道德规范是"礼之别名"，是礼的精神实质。李觏对"礼"的层次结构的分析，已很接近今天社会学所采用的社会结构分析方法，说明其认识已达到一定的深度。特别是他把包括饮食衣服、宫室器皿在内的物质生活资料视为"礼"的根本，这就为封建统治者"厚爱民生"，为百姓提供基本的生活保障，提供了理论依据。

第二，从"礼"的起源看，李觏认为"礼"不是从来就有的，而是在社会发展到一定阶段，由"圣王"根据人们对于物质生活的需要和情欲的自然要求，为了建立稳定的社会秩序而制定出来的。他说："夫礼之初，顺人之性欲而为之节文者也。"②也就是说，"礼"是顺应人的物质生活欲望而产生的。他指出，在人类由野蛮向文明的进化过程中，形成了家庭，有了国家，出现了夫妇、父子、君臣等社会关系，"礼"就是"圣王"为调整这些关系而制定出来的。这里，李觏实际上就把"礼"从抽象神秘的思想体系中解放出来了，把它与人类真切的物质生活和社会发展进程结合起来了。这样，人们的物质欲望也就不是违背礼法的而是"礼之本"，因而统治者就不应对其进行压制，相反应设法予以满足。

第三，从"礼"的社会功能看，李觏认为其最大的作用就在于保障百

① 《李觏集·礼论第一》。
② 《李觏集·礼论第一》。

姓的生活，为此他驳斥了儒者传统的"礼不下庶人"的观点。他说："故知礼者，生民之大也……庶人之所以保其生，无一物而不以礼也。"① 又说："夺其常产，废其农时，重其赋税，以至饥寒憔悴，而时赐米帛以为哀人之困；宪章烦密，官吏枉酷，杀戮无数，而时发赦宥以为爱人之命；军旅屡动，流血满野，民人疲极，不知丧葬，而收敛骸骨以为惠及死者，若是类者，非礼之仁也。"② 这里，李觏就从正反两个方面强调了"礼"的作用是保障人民的生活。

第四，从"礼"与"利"的关系看，李觏认为，"利"就是情欲，是自然合理的，是"礼"的基础；但对"利欲"也应加以限制，使之符合"礼"的要求。首先，就国家而言，财利是立国之根基。儒生们动辄言道德教化，耻于言利，"然《洪范》八政，'一曰食，二曰货'。孔子曰：'足食，足兵，民信之矣。'是则治国之实，必本于财用"③。治国之本在于对具体物质利益的满足。其次，就个人而言，谈"利欲"也是人之常情，不应该把利欲与仁义对立起来。他说："利可言乎？曰：人非利不生，曷（通何——编者注）为不可言？欲可言乎？曰：欲者人之情，曷为不可言？"④ 谈"利欲"只要不违背"礼"就是合理的、允许的。

从李觏上述四个方面的论述可知，其"礼论"中已自然蕴含"生民论"，这就为其社会福利思想主张的提出，确立了理论依据。

李觏在以其"礼论"和"生民论"为准则去分析研究社会现实时，发现了社会上存在的大量令人触目惊心的贫富不均现象，出于对下层百姓疾苦的同情，他产生了激进的社会批判思想。

首先，李觏揭露了当时社会上严重的贫富不均的现实情况。他说："贫民无立锥之地，而富者田连阡陌。富人虽有丁强，而乘坚驱良，食有粱肉，其势不能以力耕也，专以其财役使贫民而已。"⑤ 李觏这里把贫富分化的原因归咎于富人对贫民的役使和剥削，其认识还是颇具深度的。

其次，李觏还进一步分析了农民饥寒冻馁的根本原因是土地占有不均。

① 《李觏集·礼论第六》。
② 《李觏集·礼论第四》。
③ 《李觏集·富国策第一》。
④ 《李觏集·原文》。
⑤ 《李觏集·富国策第二》。

他说："吾民之饥，不耕乎？曰：天下无废田。吾民之寒，不蚕乎？曰：柔桑满野，女手尽之。然则如之何其饥且寒也？曰：耕不免饥，蚕不得衣；不耕不蚕，其利自至。耕不免饥，土非其有也；蚕不得衣，口腹夺之也。……巨产宿财之家，谷陈而帛腐。佣饥之男，婢寒之女，所售弗过升斗尺寸。呜呼！吾乃今知井地之法，生民之权衡乎！井地立则田均，田均则耕者得食，食足则蚕者得衣；不耕不蚕，不饥寒者希矣。"① 这里，李觏明确指出，农民整日披星戴月地辛苦耕织劳动，仍处于饥寒交迫的悲惨境地，最根本的原因在于没有土地；而富人之所以能不劳而获，关键在于他们控制着大片土地。因此，要想真正解决贫富分化悬殊的问题，就必须采用井地之法，使土地占有走向均平。李觏把富人对穷人的剥削归因于富人对生产资料——土地的占有，在当时的历史条件下，应该说其认识还是相当深刻的。

最后，李觏还认为，封建统治者侵夺剥削人民的劳动时间，施行繁重的徭役和兵役，夺其常产，废其农时，也是劳动人民走向赤贫化的重要原因。

在对黑暗的现实进行猛烈批判的基础上，李觏力主社会改革。他以《周礼》为依据，虚构了一个理想社会的图景。在这一理想社会中，百姓无饥寒冻馁之忧，统治者必须保障人民基本的生活条件和社会福利。其具体的主张包括以下四个。

第一，均平土地。李觏认为，理想社会首先应该解决贫富不均问题，而解决的方法就是均平土地。李觏根据《周礼》的田制，提出了均平土地的蓝图，认为应按周朝的制度，即一夫百亩，定其居处，从事农业生产。他强调，"百亩之田，不夺其时，而民不饥矣。五亩之宅，树之以桑，而民不寒矣"②。可见，李觏是把《周礼》中有关田制的规定与孟子的井地思想杂糅在一起来提出自己的土地方案的。李觏把均平土地看作治国平天下的最高理想，但他实际上也清楚地认识到，在"富者田连阡陌"的形势下，均平土地的理想方案是不可能实现的，于是，他又提出限田主张，建议对王室、贵族和官吏占田均应规定限额，企图通过"损上益下"的办法来使

---

①　《李觏集·潜书卷一》。
②　《李觏集·礼论第三》。

农民能安居乐业。事实上，在李觏提出限田主张之前，北宋王朝即已实行过限田政策，但因"任事者终以限田不便，未几即废"①。这说明，在封建制度下，任何想通过触动地主土地私有制的办法来实现社会改革的方案都是行不通的。但李觏的均平土地思想，把解决土地问题作为消除社会贫富严重分化对立的主要手段，还是触及了问题的实质，具有一定的人民性和进步性。

第二，"家道正"。李觏根据《周礼》的相关规定，构想了以"家道正"为主要特征的理想社会。"家道正"也就是要正家道。所谓"家道"，指的是夫妇关系。他主张"昏（婚）姻之礼，要在及时"，"有夫有妇，然后为家，上得以养父母，下得以育子孙。生民之本，于是乎在"。② 他设计的这个"家道正"的理想社会，是一个温情的宗法家族组织，是养生丧死、安老怀少等社会福利指标得以实现的保证。

第三，"薄税敛"。李觏认为，百姓辛苦耕织却衣食不足，统治者的横征暴敛是一个非常重要的原因。他说："一夫之耕，食有余也；一妇之蚕，衣有余也。衣食且有余而家不以富者，内以给吉凶之用，外以奉公上之求也。而况用之无节，求之无艺，则死于冻馁者，固其势然也。"③ 正是统治者毫无节制的赋役剥削，才使得老百姓陷于饥寒交迫之中，难以自存。为此，他主张"均赋役"。其具体做法是："君子之于人，裁其劳逸而用之，可不谓义乎？世有仕学之乡，或舍役者半，农其间者不亦难乎？而上弗之恤，悖矣！贵者有爵命，服公事者有功劳，诚不可役，然复其身而已。世有一户皆免之，若是则老者，疾者亦可以阖门不使耶！"④ 也就是说，主张统治特权阶级的免役权，应该仅限于本人，而不包括其全家，这样便可做到赋役相对公平。

第四，恢复和改造义仓制度。鉴于唐代向义仓纳粟的都不是贫民，富民只有入粟的义务而没有接受救济的权利，使得义仓对于他们来说只是一种征敛，而没有其他意义，自然就没有积极性，所以李觏主张改革义仓制度，建议将征收来的义仓粮食改为案留，当灾荒发生时，下户乏粮者可以

① 《宋史·食货志》。
② 《李觏集·内治第七》。
③ 《李觏集·国用第八》。
④ 《李觏集·国用第十五》。

收回自己寄存的粮食，上户寄存的粮食用于赈济贫民，但上户纳粮数量要留有记录，达到一定数量后，可以拜爵，这样富人纳粟的积极性便被调动起来了，使富者贫民都能各受其益，各得其所。

总之，李觏以其独具特色的"礼论"为依据，系统阐述了"富国富民"理论，并试图通过"复井地""正家道""薄赋敛""复义仓"等手段，来保障生民的基本生存权利，并以此为基础达到富国强兵的目的。他的这些观点和主张虽然有些迂阔而在当时难以实现，但显然还是具有一定的人民性和进步意义的。

2. 张载的"民吾同胞"说及其社会福利思想

在宋明理学的整体发展进程中，张载与程颐、程颢并称为理学的奠基人物。他的突出贡献在于，深入地探讨了"天"（宇宙）"人"（伦理）合一的关系，将人性与"天地之性"浑然一体，使儒家君臣、父子、夫妻、长幼、兄弟间的伦理学获得本体论的论证。张载上述理论的社会学意义在于，他从本体论的高度论证了"尊高年""慈孤弱""恤残疾""济贫困"等带有社会救济和社会福利色彩的社会行为的合理性，深化了儒学的"仁政"、"王道"和"大同"理论。同时，他还企图以"井田模式"来解决社会上存在的贫富分化悬殊的现象，对宋代以后中国传统社会福利思想的发展演进也产生了十分重要的影响。

张载（1020~1078年），字子厚，祖籍大梁（今属河南省开封市），后移居凤翔郿县横渠镇（今属陕西省眉县），后人称其为"横渠先生"。曾先后任祁州司法参军、云岩县令、著作佐郎、签书渭州军事判官、崇文院校书等职，因与王安石政见不合，告病还乡。张载是北宋理学家，关学创始人。在北宋的儒学复兴思潮中，张载高举辟佛排老的旗帜，以"太虚即气"的气本论来论证儒家道德的合理性，从而为他的一套尊老爱幼、慈孤恤贫的社会福利思想提供理论依据。

张载首先建立了一套气本论的宇宙本体论。其基本观点就是把"气"作为宇宙的本体，认为一切存在的个体都是由气所形成的，有了气就有了种种的物象，人也不例外。在气本论基础上，他把"天"与"人"也巧妙地联系起来了。他认为，既然包括人在内的世界上的一切事物都是由气所形成，则天地万物与人都同出一源。万物与人未形聚之前，它们有一个共同的本性，叫作"天地之性"；而当万物与人形成之后，由于禀气的不同，就发生了很大的差别。就人而言，禀受清气者是圣人君子；禀受浊气者是凡人；禀受更浊之气者则是恶人。人们在后天因禀气不同而产生的善恶智愚的差别，就叫作"气质之性"。凡人和恶人要想变化"气质"，就必须学习封建礼教，加强自身的修养。这样，张载便通过其"气论"实现了天与人的沟通，从而推论人类社会现象也是由于气质使然，从本体论高度论证了封建制度及其道德的合理性。

既然人与天地万物都由气所形成，都同出一源，天、地、人三者混然共处于宇宙之中，那么，天为父，地为母，一切人就都是我的兄弟姐妹，一切物就都是我们的同伴。这就是张载的"民吾同胞"说。他在他的代表作《正蒙·乾称》中指出："乾称父，坤称母；予兹藐焉，乃混然中处。故天地之塞，吾其体；天地之帅，吾其性。民吾同胞，物吾与也。"① 就是说，天地构成我们的身体，天地统帅我们的本性，一切人就都是我的兄弟姐妹，一切物就都是我们的同伴。因此，人人同等，万物同性，就应该普爱终身，泛爱万物。

当然，张载的"民吾同胞"，并不意味着人们之间就是平等的关系。他又说："大君者，吾父母宗子；其大臣，宗子之家相也。"② 帝王君主是我父母的长子，大臣是帮助长子的管家。可见，天地万物和人类社会都有着严格的界限和等级，这种界限和等级的产生是先天的、合理的、不可改变的。

既然天地万物和人类社会的等级差别是天然合理的，人们就应该无条件地承认和遵循它。表现在道德上，就是要求人们恪守孝道，在下者要敬上，人与人之间要相互爱护。所以张载又说："尊高年，所以长其长；慈孤弱，所以幼其幼。圣其合德，贤其秀也。凡天下疲癃残疾、茕（孤单，孤独——编者注）独鳏寡，皆吾兄弟之颠连而无告者也。于时保之，子之翼也；乐且不忧，纯乎孝者也。"③ 也就是说，尊敬老人就是尊敬兄长，慈爱孤儿小孩就是慈爱幼弟。天下所有的衰疲、残病、鳏寡之人都是我的可怜无告的兄弟，都应该加以切实保护。

通过上面的推导论证，张载就把君臣、君民关系说成了家庭里的兄长

① 《正蒙·乾称》。
② 《正蒙·乾称》。
③ 《正蒙·乾称》。

与幼弟的关系，企图给封建国家的压迫与被压迫关系蒙上伦理"兼爱"的面纱，同时也论证了封建等级差别的合理性。这是张载"民吾同胞"思想对封建统治有利的一面。但从社会福利思想角度看，张载强调人人平等、万物共性，主张人们之间应该尊老爱幼，照顾鳏寡孤独，应该普爱众生，泛爱万物，这也就为封建时代种种社会救济和社会福利行为提供了理论上的根据。

张载从其"民吾同胞"的道德论出发，进一步把社会控制与社会福利保障融为一体，提出了他的理想的宗族保障模式。这一模式的主要特点如下。

第一，在经济结构方面，恢复井田制。张载主张通过"夺富人之田"的办法来恢复井田制，即夺取一部分占地过多的地主的土地，按照一夫应得亩数划定为若干方块，再以城镇为中心逐渐向外扩展，或九家，或五家、七家不等，形成若干个"井"。而被"夺田"的地主，虽然失去了部分土地，却按其土地的多寡，封为田官，负责管理百姓，使其终身不失为富有。田官一般以 20 年为单位进行更换。

第二，在政治结构方面，恢复封建制。所谓封建制，就是君主专制制度下的分封制。他认为，井田制与分封制是不可分割的。而封建制之所以必须恢复，是因为："所以必要封建者，天下之事，分得简则治之精，不简则不精，故圣人必以天下分之于人，则事无不治者。圣人立法，必计后世子孙，使周公当轴，虽揽天下之政，治之必精，后世安得如此！"[①] 可见，张载是把封建制作为解决君主专制集权体制下"冗费"和"冗员"的手段而提出的，他是企图以分封制来解决中央集权的弊害。

第三，恢复井田制和分封制，又必须与宗法制相结合。他认为，宗法制的好处在于，宗法立，则人人知其来处，公卿各保其家。既保其家，便有忠义，保家卫国，即"管摄天下人心，收宗族，厚风俗，使人不忘本"[②]。

从上述可见，张载将"井田论""封建论""宗法论"三者结合起来构建其理想社会模式，实际上是借用儒家的"井田""封建"等传统方案，勾画了一个理想的宗族保障模式。这一模式的福利保障的具体内容包括尊高

① 《经学理窟·周礼》。
② 《经学理窟·宗法》。

年、敦风俗。张载早年在云岩任职县令时，就曾每个月具酒食，召集乡中的高年者在县庭中聚会，使人知养老问题的重要性。同时，在张载设想的井田制下，能够免除赋役的，也只有老者、疾者、贤者、能者和服公事者，除此以外，即便是"世禄之家"，也不能减免。此外，井田制、宗法制下的宗族群体，同时也是救灾恤患的单位。

综上所述，张载从其"气本论"出发，提出了"民吾同胞"的恤民论和井田、封建、宗法合一的宗族保障模式，虽然其动机是为了巩固封建统治，但在当时的历史条件下仍具有积极意义。

四 南宋朱熹和董煟的社会福利思想

继北宋之后，南宋王朝更加内外交困，危机四伏。首先是金人的大举南侵，导致北宋灭亡，赵构（宋高宗）逃到南方建立南宋政权，开始了南宋与金相对峙的局面，反映在南宋政权内部，就是投降派与主战派的激烈斗争，但南宋王朝最后还是选择了屈辱投降，偏安东南一隅，使得民族矛盾十分尖锐。其次是南宋统治者奢侈腐化，醉生梦死，苛税繁多，土地兼并严重，导致社会危机日益加深，阶级矛盾十分尖锐。最后是南宋时期灾荒频仍，饥民遍野，农民起义不断。在南宋初年就爆发了钟相、杨么等一系列农民起义，提出"等贵贱，均贫富"的口号，后来起义虽然被镇压，但社会矛盾仍然十分尖锐。面对严峻的社会形势，作为一代大儒的朱熹站在维护封建统治阶级整体利益的立场上，遵循儒家的正统观点，主张调和阶级矛盾，既反对佃户"侵犯田主"，也反对田主"挠虐佃户"，认为"二者相须，方能存立"①。在抗金问题上，他虽主张抵抗，却又缺乏信心，退而求其次于儒家"王道"，以为"振三纲，明五常，正朝廷，励风俗"，"是乃中国治夷狄之道"②，这实为迂腐之见，然而这也正是朱熹对自己学术宗旨的剖白。也正是基于这样的立场，朱熹意识到贫富分化过于悬殊，对于封建统治来说是不利的，进而提出"民富则君不贫""足赈说""社仓论"等惠民、利民的社会福利思想，成为南宋时期社会福利思想发展中的主要代表。此外，南宋的另一位思想家董煟，则聚焦于灾荒问题，对宋以前历

---

① 《全宋文·劝农文》。
② 《全宋文·答汪尚书》。

代封建王朝的救荒思想及政策的得失教训进行了系统总结，他的《救荒活民书》成为中国救荒史上的一部集大成的著作。

1. 朱熹的社会福利思想

朱熹（1130~1200 年），字元晦，徽州婺源（今属江西省）人，因长期寄居福建，其学派被称为"闽学"。朱熹是中国封建社会开始向后期转变时期思想界最为关键的人物，他以儒家思想为核心，糅合佛、道，构建了一个庞大的具有客观唯心主义性质的理学体系，成为理学的集大成者。他的理学思想实际上是适应宋代中央集权制度"一学术""一道德"的需要而提出的，由此，"三纲五常""存天理，灭人欲"很自然地成为朱熹理学的核心思想。朱熹理学理论体系的最高范畴就是"理"，这个"理"在逻辑上先于并高于万事万物的现象世界，是万物的本体存在，"宇宙之间，一理而已，天得之而为天，地得之而为地，而凡生于天地之间者，又各得之以为性"①。人世间的伦理纲常也是"理"的具象化。这样，朱熹便把他的宇宙论与社会的人伦关系沟通起来了，从而建立起了一个以人的伦常秩序为核心的新的儒学体系。而朱熹的社会福利思想便是由这一体系引申出来的。

朱熹生活的时代，社会上的贫富分化极为严重，阶级矛盾日趋激化，南宋初年的农民起义已经喊出了"等贵贱，均贫富"的口号，这自然令朱熹感到十分震憾。为此，朱熹提出了他的解决贫富差距问题的贫富论。

朱熹的贫富论思想本身就是自相矛盾的。一方面，朱熹从其理学体系出发，在大谈"天命之性"与"气质之性"时，对贫富问题所持的是"贫富命定论"，他把人的贫富看作命中注定的。他说："人之生，适遇其气，有得清者，有得浊者"，所以，"人之禀气，富贵、贫贱、长短，皆有定数寓其中"②。也就是说，人的贫富贵贱都是由天命气数所决定的，生而禀得清气丰厚者，便有富贵，而禀得衰颓薄浊之气者，便贫贱，所以人生来就有贫富贵贱的区别。既然人的贫富贵贱是为气数所定，那么，人无论处于什么境遇，均应安乐处之。这实际上就是要贫苦百姓安于贫贱，不要铤而走险，犯上作乱。但另一方面，在面对社会现实问题时，朱熹又恢复了儒家的理性，提出贪官污吏的盘剥是百姓穷困的重要原因。他说："后世不复

① 《全宋文·读大纪》。
② 《朱子语类·人物之性气质之性》。

知洁矩之义，惟务竭民财以自丰利，自一孔以上，官皆取之，故上愈富而下愈贫。夫以四海而奉一人，不为不厚矣。使在上者常有厚民之心而推与共之，犹虑有不获者，况皆不恤，而惟自丰殖，则民安得不困极乎？"① 在此基础上，朱熹还探讨了"民富"与"君富"的关系，提出了"民富则君不贫"的观点。他说："民富，则君不至独贫；民贫，则君不能独富。有若深言君民一体之意，以止公之厚敛，为人上者所宜深念也。"② 朱熹的这一认识，实际上是对孔子"百姓足则君足"思想的深化和发展。他主张国君的富足要建立在百姓富足的基础上，百姓富足了，君主也不会贫困。这种对"民富"与"君富"相互依赖关系的阐述，对以后历代统治阶级轻徭薄赋、救济救灾都产生了重要的影响。

南宋时期灾荒频仍，饥民遍野，小规模的农民起义接连发生。朱熹认为："自古国家倾覆之由，何尝不起于盗贼？盗贼窃发之端，何尝不生于饥饿？"③ 他把饥饿视为百姓造反的根本原因。为了缓和阶级矛盾，使百姓不至于因为饥寒而造反，朱熹认为政府必须采取一系列赈荒政策，以帮助灾民渡过生活难关。为此，他提出了一系列赈灾救济的具体主张。

第一，足赈说。朱熹认为，赈济灾民是关系到封建王朝统治存亡的大事，因而，赈济一定要足量，否则赈济就起不到应有的作用。他说："尝谓为政者当顺五行，修五事，以安百姓。若曰赈济于凶荒之余，纵饶措置得善，所惠者浅，终不济事。"④

第二，社仓论。朱熹主张设"社仓"来解决饥民的粮食问题，他本人还亲自参与创立社仓制度，认为社仓在两个方面优于传统的义仓和常平仓：其一，义仓、常平仓的粮食藏在州县，只能使市民受益，至于深山之农民，则根本不能受益；其二，由于法令细密，守仓官吏"避事畏法"，往往是眼看饥民饿死也不肯发放粮食。而社仓设在乡社，救济方便，且社仓米多为富人自愿出借，日后都要归还，每年五月出借，十一月收回。"愿贷者出息什二……岁或不幸小饥，则弛半息；大侵则尽蠲之，于以惠活鳏寡，塞祸

---

① 《朱子语类·传十章释治国平天下》。
② 《四书章句集注·颜渊》。
③ 《全宋文·上宰相书》。
④ 《朱子语类·论民》。

乱原，甚大惠也。"① 也就是说，出借社仓的粮食收息二分，小饥之年利息减半，大饥之年则全免。这样可以避免富豪趁灾荒放高利贷和兼并土地，而对于无劳力的鳏寡，也可免除利息，使其得到实惠。

第三。以工代赈。朱熹认为"以工代赈"是解决饥民粮食问题的重要手段。1179 年，他上书请求政府拨钱米修筑沿长江的石堤，以工代赈。他认为，通过这些工程，可以"使饥民就役，不致缺食"②，是"公私久远利济之惠"③。

第四，蠲减税钱。朱熹认为："天下国家之大务莫大于恤民，而恤民之实在于省赋。"④ 在他看来，国家赋役过重是百姓贫困的重要原因。收成好时，百姓还能勉强度日，一遇水旱灾荒，百姓便不堪重负，四散奔逃。因此，国家必须蠲减税钱，才能使天下稳定，统治长久。

第五，地主佃户相依论。朱熹认为地主和佃户是相互依存的关系，佃户不可侵犯田主，田主也不能虐待佃户，二者只有相互照顾，才能共渡难关。为此，他专门写了一篇《劝农文》，来强调地主和佃户之间是"二者相须，方能存立"的相互依赖关系："乡村小民，其间多是无田之家，须就田主计田耕作。……佃户既赖田主给佃生借以养活家口，田主亦借佃客耕田纳租以供赡家计，二者相须，方能存立。今仰人户递相告戒，佃户不可侵犯田主，田主不可挠虐佃户。"⑤ 这是试图将地主与佃农联合为一个互助群体，以抗御灾荒，保证社会安定。当然，应该指出的是，这种主观臆想的协调方案在阶级社会是不可能实现的，但作为一种统治策略，其还是符合地主阶级长远利益的。

2. 董煟的救荒论的社会福利思想

宋代以前的中国封建社会，关于救荒问题极有影响的思想言论，主要集中在《周礼》及范蠡、李悝、耿寿昌等人的著述之中，此外再无有影响、有新意的创见。到南宋时这种情形开始有了变化，其标志便是董煟《救荒活民书》的问世。董煟在中国救荒思想史上的贡献，主要是总结了宋以前

① 《全宋文·建宁府崇安县五夫社仓记》。
② 《全宋文·乞支钱米修筑石堤札子》。
③ 《全宋文·乞催修石堤札子》。
④ 《全宋文·庚子应诏封事》。
⑤ 《全宋文·劝农文》。

历代封建王朝救荒思想及政策的得失教训，同时也提出了一些自己的看法，对后世影响极大。

董煟，字季兴，南宋德兴（今属江西省）人，生年不详，南宋绍熙五年（1194 年）进士，约卒于 1217 年。曾任瑞安县知县，任职期间，正值饥荒大起，他参与制定救荒策，赈济灾民。他撰写了《救荒活民书》，系统总结了宋以前历代救荒策的得失教训，提出了自己的一些新的看法。他将该书进呈宋宁宗，颇受赞赏。宋宁宗下令颁行天下各州县，影响极大。

《救荒活民书》共分三卷，卷一主要摘引宋以前的救荒议论及史料，并附有董煟自己的评议；卷二集中阐述董煟个人对救荒问题的看法，提出了包括常平、义仓、劝分、禁遏籴、不抑价、检旱、减租、贷种、弛禁、鬻（卖，出售——编者注）爵、存恤流民等救荒策；卷三是宋代学者的救荒言论集粹。可以说，《救荒活民书》是中国救荒史上的一部集大成式的著作。

董煟的救荒思想有两个明显的特点。其一是系统性。他将宋以前历代的救荒策概括为 20 余种，并做了系统的总结和分类。他的上述做法，开救荒史研究之新风。自董氏之后，又陆续有一些救荒著述问世。其二是反思特性。在对宋以前历代的救荒策进行系统整理研究的基础上，对中国传统的救荒策的地位和作用给予了充分肯定，同时又深刻分析了其存在的弊端，如对常平、义仓之弊，闭粜之弊，劝分之弊以及救灾过程中的弊端等，都进行了深刻的反思，并提出了相应的解决办法。

董煟救荒论的主要目的是维护封建统治秩序，他认为：“自古盗贼之起，未尝不始于饥馑。上之人不惜财用，知所以赈救之，则庶几其少安。不然，鲜有不殃及社稷者。”① 但另一方面，作为一位正直的封建官僚，其救荒策也表现出对人民的深切同情。

五　元朝初年邓牧的社会福利思想

在中国思想史上，每逢民生维艰的动荡战乱时代，一般都会出现激进的异端思想家，他们往往都会把其思想批判的矛头指向封建剥削制度，或直接指向封建君主，并在批判现实的基础上，提出带有乌托邦色彩的社会改造方案。这实际上代表的是下层劳动者和正直的士大夫的理想追求。邓

---

① 《救荒活民书·拾遗》。

牧就是这样的思想家。

邓牧（1247~1306年），字牧心，浙江钱塘（今属浙江省杭州市）人。他自称"三教外人"，以表明他的异端个性。他生活在南宋末年到元朝初年之间，这一时期的中国社会，民族矛盾和阶级矛盾交织在一起，战争频仍，社会动荡不已。南宋的灭亡和元朝统治者的残暴无道，使他对当时的社会现实极度失望，也使他的思想带有强烈的批判色彩。反映邓牧社会思想的代表作是他的《伯牙琴》。

作为异端思想家，邓牧首先把批判矛头指向了封建君主。他认为，封建君主是造成暴政的原因，是百姓的压迫者，根本不可能给人民带来社会福利。他指出，自秦统一天下后，皇帝便成为一切灾难、祸害的根源，皇帝不是民生福利的创造者，而是最大的剥削者。他说："天生民而立之君，非为君也，奈何以四海之广，足一夫之用邪？"① 又说："所谓君者……状貌咸与人同，则夫人固可为也。今夺人之所好，聚人之所争，慢藏海盗，冶容诲淫，欲长治久安得乎？"②

邓牧还深入批判了封建官僚政治。他指出，封建官吏作为皇帝的鹰犬，如同虎狼一般地对百姓进行敲诈勒索，剥夺了人民生活的基本权利，势必引起人民的反抗。他说："夫夺其食，不得不怒，竭其力，不得不怨。人之乱也，由夺其食；人之危也，由夺其力。而号为理民者，竭之而使危，夺之而使乱。"③ 这些儒者所谓的"父母官"，实为夺民食、竭民力的盗贼，人民的起义反抗就既具有正义性又具有合理性。邓牧还编造了一个"越人遇狗"的寓言，来讽刺元朝的统治者："越人道上遇狗，狗下首摇尾人言曰：'我善猎，与若中分。'越人喜，引而俱归，食以粱肉，待之礼以人。狗得盛礼，日益倨；猎得兽，必尽啖乃已。……越人悟，因与分肉，多自与。狗怒，啮其首，断领足，走而去之。夫以家人豢狗，而与狗争食，几何不败也！"④ 这是把元朝统治者喻作贪残成性、恩将仇报的狗，告诫百姓不要指望统治者能发善心行仁政，施行生活福利政策。

既然以皇帝和官吏为代表的统治者不能给百姓提供可靠的社会保障，

① 《伯牙琴·君道》。
② 《伯牙琴·君道》。
③ 《伯牙琴·吏道》。
④ 《伯牙琴·越人遇狗》。

也不能给人民带来真正的福利，于是，邓牧把目光投向了远古时代，他以尧、舜古代禅让故事和老子"小国寡民"说为素材，设想出一个理想的社会模式。他说："古有圣人，作君作师。忧民之溺，由己之溺；忧民之饥，由己之饥。"① 又说："生民之初，固无乐乎为君，不幸为天下所归，而不可得拒者，天下有求于我，我无求于天下也。……尧让许由，而许由逃；舜让石户之农，而石户之农入海，终身不反，其位未尊也。夫然，故天下乐戴而不厌，惟恐其一日释位而莫之肯继也。"② 从这两段材料可以看出，邓牧设想的理想社会模式具有以下三个特点。

首先，在这个理想社会中，仍有"君"存在，这个"君"把理想的道德与人格集于一身，体恤百姓，堪称"圣人"，具有"忧民之溺""忧民之饥"的美德，君民关系是平等的、亲密的。同时，君主是百姓推举出来的，必须全力为百姓服务。可见，在这种具有"圣人品格"的君主领导下，百姓是可以得到应有的社会福利保障的。

其次，在这个理想社会中，也有官吏，不过，官吏的德行非常高尚，他们人数不多，是贤明君主的得力助手，而不是特权阶层。

最后，在这个理想社会中，人们虽有不同分工，但都必须参加劳动，都依靠自己的劳动生活。人们之间没有剥削和掠夺行为，彼此尊重，"道高而愈谦，德尊而愈恭"，"其于人也，遏恶而扬善"，"不幸闻人之过，则亦含容覆护"。③ 总之，在这个理想社会里，从君主到人民都能各安其位、各尽其能、和谐相处，这个理想社会没有剥削、没有压迫、没有战争。百姓生活在这样的社会里，是可以得到基本的社会福利保障的。

第五节 明清时期：中国社会衰变时期的社会福利思想

明清时期是我国封建社会走向衰落的时期。这一时期，随着西方世界的崛起，中国已经被带入世界格局之中。但由于这两代狭隘的立国观念，以及"天朝"观念下的故步自封，统治者依然在自给自足的经济体制中自

---

① 《伯牙琴·见尧赋》。
② 《伯牙琴·君道》。
③ 《伯牙琴·名说》。

得其乐，对外面的世界也采取抵制的态度，中国错失了发展的良机，并为以后的被动挨打埋下了祸根。不过，这一时期的社会保障制度还是得到了进一步的完善，社会福利思想也在继续向前发展。

一　明清时期社会福利思想发展的时代背景

蒙古人建立的元朝统治中原 90 多年，由于其严重的阶级压迫和民族压迫，终于在农民大起义中被推翻。1368 年，朱元璋在消灭了群雄势力之后，建立了明朝政权（1368~1644 年）。这位农民出身的皇帝，在缔造他的新王朝的政治规制时，可能受到两个方面的深刻影响：一是蒙古贵族的政治混乱给他的教训；二是他贫苦乡村生活所经历和见闻的官吏鱼肉小民之事给他造成的心理影响。前者使他极度专权，后者则使他对官僚阶层极度不信任。同时，他是一个农民意识强烈的皇帝，替农民做主是贯穿朱元璋 30 余年皇帝生涯的主导倾向。这直接影响了整个明朝乃至清朝的政治。

有鉴于元朝宰相的专权，朱元璋废除了丞相和元以来的中书省，由皇帝直接领导吏、户、礼、兵、刑、工六部。为了防止在朝官员和地方官员贪赃枉法，朱元璋设十三道监察御史百余人；为了防止六部官员违法乱纪，又设六科给事中。两者合称科道两衙门。除上述安排外，朱元璋还怕受官员们的合伙欺骗，于是实行特务制，设立锦衣卫以监视大小衙门，锦衣卫有自己的监狱，可以凭圣旨直接抓人，用刑尤为残酷。在地方上，则重用乡绅以限制府、县官员，并利用乡绅建立里甲组织，其重要职责就是监督检举官吏、土豪及顽民。朱元璋最痛恨贪官，不惜以扒人皮来进行惩治，据记载，仅其在位期间，就有上万的大小官僚死于该项罪名。上述制度的设置，让明王朝在权力上的控制密不透风。但最后的结果是，不仅皇朝要保护的小民没有真正得到保护而是大受其害，而且也极不利于社会的进步。

明朝的政治制度，在清朝不仅被全盘继承，而且还添加了不少更加狭隘的内容。明朝虽然废除了宰相，但还有一个内阁班子以皇帝秘书的身份行宰相之权。清朝连这一点也不要了，一切大权归军机处，这是一个在当时为政治保密而设立的机构。六部没有向下属部门直接下达指示的权力，必经奏可而后行。清朝政治的狭隘，比明朝还多了一个满汉之分，即对汉族官员的猜忌，许多官职汉人是不能问津的。明清两代还有一个共同特点，就是不少皇帝都是泛道德主义者，一般的文教政策是重儒教，表现在地方上就是特别注意将民间宗族组织与政权相结合，结果是专制精神彻底贯彻到社会的每一个角落。

在经济方面，明清两代都推行重农主义的基本国策。重农主义在汉代盛行一时，到唐宋之际因两税法的实施，已无法再当作基本国策；元朝来了一个掠夺性的重商，奸商遍地加速了元朝的灭亡。朱元璋既是一个农民皇帝，也是一个极端的重农主义者，因为他认为国家财政来源主要出自农业。这样的认识不光是明朝也是清朝皇帝的国家意识。明清皇帝们对重农主义的老调重弹其实也有其现实的必然性。因为中国政治在明清时期必须接受一种积久而成的历史结果，那就是南北日益加大的发展差异。国家之所以要以小农为先，是因为广大的北方地区在经历了辽、金、元的战乱之后，已经变得十分荒凉。而这一地区又是明清两朝的政治中心（明朝虽然先在南京建都，但不久就迁都北京），其经济水准当然是首先需要加以解决的问题。应该说，明清两代在恢复发展农业经济方面还是做得相当成功的，它们兴修水利，鼓励开荒，提出农作物的多种经营，两代还都曾蠲免农民的赋税。中国农业在以前连 1 亿人口也无法养活，到清朝"康乾盛世"时期已能养活 4 亿人口。

重农就意味着抑商。唐宋以来持续高涨的南方经济特别是工商经济在明清两代极端重农主义的国策下遭到压抑并构成极大伤害。习惯于小农思维的明清王朝提不出更高明的国家政策来保护南方经济的高涨势头，相反是在政策层面去迫害它，并以自身的腐败来敲剥它。具体表现就是国家商税的不断加重，明朝时是"百里之内，辖者三关"，清朝更是"处处皆关，关关有税"，此外还有上至皇帝下到底下官僚五花八门的巧取豪夺。现代学者常以"资本主义萌芽"来指谓这一时期南方的经济发展。的确，那里有发达的农业和手工业，大城市之外还发展出不少工商城镇，徽商、晋商、右江（江西）商等蔚然成群，钱庄、票号到处可见，但不能天真地以为它们可以自然发展为中国的资本主义。因为当时的社会环境太不利于它们的继续发展，而是只能逐渐走向萎缩。由此，面对西方世界的崛起，中国失去了一个与西方竞强的机会。实际上，直到 19 世纪前期，中国仍然没有失掉世界经济中心的地位，但中国的国力正在走向衰落。

明清时期随着战乱的减少，人民生活渐趋稳定，社会经济得到了一定程度的发展，相应的各项社会保障制度也得到了恢复和进一步发展。这一时期各种社会保障措施逐渐制度化，同时还发展了一些以往不受重视的制度，特别是发展了一直不受重视的民间慈善事业，为以后慈善事业的繁荣奠定了基础。明代社会保障政策主要包括荒政、养老、存恤孤贫以及优抚军人等，对当时社会稳定产生了一定的影响。到清代，民间慈善事业已很发达，各类善堂、善会遍及全国。

明清时期的社会福利思想也得到进一步发展。当时伴随着资本主义萌芽的产生以及市民的活跃，出现了一批带有"异端"色彩的思想家，主要以王艮、李贽、唐甄等为代表，他们把封建道学家视为万恶之源的"人欲"看作自然的、合理的，大胆地向封建理学发出挑战，提出了"百姓日用即是道""穿衣吃饭，即是人伦物理""富国必先富民"等主张，对人的自然之性进行热烈的赞颂，实际上也就为百姓基本的社会福利保障提供了理论依据。同时，以明代的朱元璋（明太祖）和清代的爱新觉罗·玄烨（清圣祖）为代表的封建政治家，为了维护封建统治，稳定社会秩序，也提出了蠲免赋税、赈灾救荒、尊老养幼、救困济贫等带有社会福利色彩的主张，这实际上是继汉初、唐初之后，封建政治家在新的历史条件下，围绕如何巩固和加强封建统治而进行的新探索。

二 明初朱元璋的社会福利思想

朱元璋（1328～1398 年），字国瑞，原名朱重八、朱兴宗，濠州（今属安徽省凤阳县）人。他 25 岁时参加郭子兴领导的红巾军反抗元朝，后陆续灭掉陈友谅、张士诚等割据势力。1368 年，朱元璋在"驱除胡虏，恢复中华"和"立纲陈纪，救济斯民"的口号声中，攻占大都，结束了元朝的统治，建立明朝政权，改元洪武，是为明太祖，其在位时间为 1368～1398 年。

朱元璋即位之初所面临的社会政治、经济形势都十分严峻，元末长期的战乱，造成大片耕地荒芜，人口锐减，社会经济已处于崩溃的境地。同时，蒙古残余势力遁入漠北后，仍环顾北边随时准备反扑，使得明初的政治局面也不甚稳定。在这种百废待兴的形势下，朱元璋采取了"与民休息"政策以恢复和发展经济，同时以整顿吏治为突破口加强统治，迅速稳定了局面。作为明朝的开国之君以及农民皇帝，朱元璋十分注意通过制定、推行一系列社会福利政策来安定社会、笼络人心、缓和阶级矛盾。

朱元璋社会福利思想的理论基础是中国儒家传统的重民思想。他经常向大臣们重复荀子的"民水君舟"的格言，强调"居上之道，正当用宽"①，主张"民为国本"。他说："凡为治，以安民为本，民安则国安。"②"国以民为本，民以食为天，此有国家者，所以厚民生而重民命也。"③ 他清楚地认识到，民不安，自己的统治也不能稳固，因而，治国首在安民，而安民的根本又在于富民、养民、教民，以使百姓的生活有一个基本的保障。

朱元璋从其系统的重民思想出发，在其统治期间实行了一系列的"安养生息"的恤民政策，主要有以下五个方面。

第一，令民归耕。元末农民战争的冲击，造成大片耕地荒芜，也使得土地占有关系大大缓和。朱元璋自洪武元年（1368 年）就下令农民归耕，实际是承认已被农民耕垦或即将开垦的土地都归农民所有，并分别免除三年徭役或赋税；次年，又下令将北方荒闲土地分给无地者耕种，每人十五亩，另给茶地两亩；洪武二十七年（1394 年），又颁布"额外垦荒者永不起科"的诏令。

第二，减免赋税。从明初开始，田赋的减免主要有所谓"恩蠲"和"灾蠲"两种。恩蠲是特殊减免，是基于某种原因而临时下诏实行的减免。而灾蠲是指因灾歉而进行的常例性减免。朱元璋为实行"安养生息"政策，对受灾百姓不仅减免夏秋税收，还贷谷米进行赈济，甚至直接赐米，以收拢人心。

第三，救荒赈灾。朱元璋经常敦促地方官员对各地发生的灾荒要及时上报，以便根据灾情迅速进行救济，对于隐灾不报或拖延时间的地方官吏予以惩处。《明史·食货二》统计，朱元璋"在位三十余年，赐予布钞数百万，米百余万，所蠲租税无数"。关于朱元璋对隐灾不报或拖延时间的地方官吏的惩处也多有记载，如"荆、蕲水灾，命户部主事赵乾往振，迁延半载，怒而诛之。青州旱蝗，有司不以闻，逮治其官吏。旱伤州县，有司不奏，许耆民申诉，处以极刑"④。这说明朱元璋对救灾赈荒，不仅有言论，而且有实际的行动。

第四，养老济困。明朝初年，朱元璋在总结历代尊老养老制度的基础

① 《大明实录》卷三十八。
② 《大明实录》卷一百十三。
③ 《大明实录》卷七十六。
④ 《明史·食货二》。

上，提出了一些具体的"尊高年"的规定，如免除老人及其供养亲属的徭役、救济贫苦无依靠的老人、制定乡饮酒礼的敬老的规定等。在朱元璋看来，鳏、寡、孤、独及残疾人等不能自理自存的群体，也应是政府重点救助的对象，并制定了具体的措施。此外，朱元璋还在洪武初年诏令天下，设立"养济院"以收养孤贫残疾者。

第五，救济流民。明初，因战乱而造成的流民问题也比较严重，为此，朱元璋主张通过推行赈济和优惠政策，使流民返乡安居，反对采取强制措施。在对流民采取"宽抚"政策的同时，朱元璋还主张对流民采取积极救济政策，他在洪武二十七年下诏发天下预备仓（预备仓也是朱元璋所创，其职能类似常平仓）谷，贷给贫困流民。

从以上几方面措施可以看出，作为明朝的开国之君，朱元璋以史为鉴，吸取元末社会大动荡的历史教训，在建立王朝之初便积极采取"安养生息"的政策，提出"民安则国安"的口号，积极采取救荒赈灾、养老救困等带有社会福利色彩的行动，其结果是使社会矛盾大大缓和，社会秩序逐渐稳定，推进了社会的发展演化。

三　明朝中后期王艮、李贽的社会福利思想

在宋明道学家那里，最可怕的概念是"人欲"，因为人的物质欲望和功利追求一旦被认为是自然合理的，那么其主体意识就会觉醒，就不会再盲目地屈从权威甘做顺民了，所以他们才要"存天理，灭人欲"。但在明代中后期的思想界，王艮和李贽不畏权威，提出了"百姓日用即是道"和"穿衣吃饭，即是人伦物理"两个离经叛道的思想命题，把理学家视为万般邪恶的"人欲"看作"道"，肯定了"人欲"的合理性。从社会福利思想角度看，王艮、李贽的思想命题实际上是在告诉世人，百姓的基本生活欲求是自然的、合理的，并不违反"天道"，统治者必须予以满足，从而为中国封建时代的福利和保障提供了有力的理论依据。

1. 王艮的"百姓日用即是道"

王艮（1483~1541 年），字汝止，号心斋，泰州安丰场（今属江苏省东台县）人，幼年因家贫辍学，靠自修《大学》《论语》等经典，并多有自己的独到见解，后来竟成为"泰州学派"的创始人。在学术思想方面，王艮深受王阳明的影响，但又不拘泥于王学。所以在王阳明死后，他自立门户，

创立泰州学派。王艮思想最突出的特点，是蔑视宋明道学推崇的"圣人之道"，认为真正的圣人之学就是"百姓日用之学"，圣人之道就是"百姓日用之道"，其目的是要使日益脱离民众生活实践的道学回到民众的生活实践中。从社会福利思想角度看，上述观点就是要求统治阶级必须满足人民的基本生活需要，为百姓提供必要的社会福利保障。

首先，王艮对王学的"天地万物为一体"的论点进行了创造性的改造，赋予王学具有伦理特性的"心"以一种自然本质。他说："父母生我，形气俱全。形属乎地，气本乎图，中涵太极，号人之天。此人之天，即天之天。此天不昧，万理森然，动则俱动，静则同焉。天人感应，因体自然。天人一理，无大小焉。"① 这就是说，天地、万物、人都是自然，由于天人同体，所以天人感应，人之天即天之天，天人一理。王艮这里强调的是人的自然纯真本性，他是想以此来对抗宋明道学家的仁义道德的天理。

根据对王阳明"天地万物为一体"的新理解，王艮提出了中国社会福利思想史上著名的命题——"百姓日用即是道"。他说："圣人之道，无异于百姓日用。凡有异者，皆是异端。"② 所谓"百姓日用"，就是老百姓的家常事，也就是劳动人民的生产活动和日常生活，包含了老百姓日常生活的物质和精神需要。他把"百姓日用"作为"圣人之道"，而把正统的"圣人之道"视为异端，对宋明道学造成了极大冲击，因为在理学家看来，百姓的日常需要属于"人欲"，是需要灭掉的，而在王艮这里却成了天经地义的"道"。毫无疑问，这一认识具有反封建意义。

王艮"百姓日用即是道"的观点，在中国社会福利思想史上的特殊价值主要表现在，他根据"天地万物为一体"原则，提出了"安身立本"论，认为"身也者，天地万物之本也"③，强调身为家、国的根本，这实际上突出了个人的利益和尊严。而"安身立本"的最核心内容是保身，不知保身，又怎么能保天下国家呢？从"安身立本"的伦理道德出发，实际上论证了统治阶级满足人民基本生活要求的合理性。

2. 李贽的"童心说"和"穿衣吃饭，即是人伦物理"

李贽（1527～1602 年），号卓吾，泉州晋江（今属福建省泉州市）人，

---

① 《王心斋先生全集·语录》。
② 《王心斋先生全集·语录》。
③ 《王心斋先生全集·语录》。

曾拜王艮之子王襞为师，受泰州学派影响极深，并成为泰州学派的传人。李贽公开以"异端"自居，反对以孔子之是非为是非，否定儒家的独尊地位，并提出人性自私、讲求功利和要求个性解放的观点，使得封建统治者非常恐惧，明万历三十年（1602 年），76 岁高龄的李贽被明王朝以"敢倡乱道，惑世诬民"①的罪名逮捕入狱，在狱中自杀而死。李贽一生著作甚丰，其代表作主要有《焚书》《续焚书》《藏书》《续藏书》等。李贽思想的核心，仍然是对宋明理学"存天理，灭人欲"的禁欲主义思想进行尖锐批判，以及对"自然人性"的热烈肯定。其主要观点有"童心说"和"穿衣吃饭，即是人伦物理"。

李贽的"童心说"就是认为，人都有一颗"童心"。对于所谓的"童心"，他具体解释道："夫童心者，真心也。……夫童心者，绝假纯真，最初一念之本心也。若失却童心，便失却真心；失却真心，便失却真人。人而非真，全不复有初矣。"②"童心"就是人的"最初一念之本心"，即人生之初绝假纯真的本心。而人们之所以会随着年龄增长失却童心，主要是由于环境的影响及人们掩丑扬美的心理作怪。童心的丧失，就意味着人的自然本性的丧失，就会使人变得虚伪、浮华。

可见，李贽所说的"童心"，实际上就是"人欲"。为此，他批判了儒家的圣人"无私"论，认为私利是人的基本属性，是人们从事一切经济和政治活动的原动力，这就肯定了个人欲求的合理性。所以他又指出："夫私者，人之心也。人必有私，而后其心乃见。若无私则无心矣。如服田者，私有秋之获，而后治田必力；居家者，私积仓之获，而后治家必力。……故官人而不私以禄，则虽召之，必不来矣；苟无高爵，则虽劝之，必不至矣。"③ 显然，这是典型的人性自私论。在李贽看来，人们的一切活动，均为各种自私利己的动机所支配，而且人们所具有的这种私心是天然合理的。

正是在"童心说"的基础上，李贽进一步发展了王艮"百姓日用即是道"的观点，提出了他的"穿衣吃饭，即是人伦物理"的观点。他说："穿衣吃饭，即是人伦物理；除却穿衣吃饭，无伦物矣。世间种种皆衣与饭类

---

① 《大明实录》卷三百六十九。
② 《焚书·童心说》。
③ 《藏书·德业儒臣后论》。

耳，故举衣与饭而世间种种自然在其中，非衣饭之外更有所谓种种绝与百姓不相同者也。"① 这里，李贽从人的自然欲求出发，把儒家倡导的仁、义、礼、智等伦理道德观念与人们日常的穿衣吃饭联系起来，甚至完全将其等同起来。这实际上是向世人宣告，世间的万物人伦之理，既不是陆王心学的所谓"良知"，也不是程朱理学的所谓"天理"，而是人们的穿衣吃饭，即对物质生活资料实实在在的追求。这种对"私心""物欲"的公开张扬，对封建理学的震撼和冲击是可想而知的。

既然人的穿衣吃饭是一种自然的、合理的欲求，那么，判断一个政府、政权好坏的标准就不是抽象的而是具体的，即只能以"安民""养民"的实际功效为标准。李贽在评价五代时期曾历经四朝、事奉五姓的冯道时说："夫社者，所以安民也，稷者，所以养民也。民得安养而后君臣之责始塞。君不能安养斯民，而后臣独为之安养斯民，而后冯道之责始尽。今观五季相禅，潜移默夺，纵有兵革，不闻争城。五十年间，虽经历四姓，事一十二君并耶律契丹等，而百姓卒免锋镝之苦者，（冯）道务安养之力也。"② 李贽对冯道的评价是别具特色的。因为传统儒士一般都认为冯道历经四朝、事奉五姓显然有悖君臣大义，所以对其持否定态度，而李贽则把"民利"放在了第一位，认为"民利"高于"君利"，"安民""养民"才是最高的道德境界，所以给冯道以正面的评价。

应该指出，王艮和李贽之所以能在明代中后期提出上述带有强烈叛逆色彩的学术观点，是与这一时期封建经济结构中新的经济因素的潜滋暗长和新的社会力量呼之欲出的历史大背景有着密切关联的。他们以"人欲"和"私利"抗拒"天理"，提出"百姓日用即是道"和"穿衣吃饭，即是人伦物理"这样离经叛道的思想命题，直接向封建正统的理学宣战，在明清思想史上书写了光辉的一页。

四 明清之际唐甄的社会福利思想

唐甄（1630~1704 年），原名大陶，后更名为甄，字铸万，号圃亭，四川达州人。他与王夫之、黄宗羲、顾炎武并称明末清初"四大著名启蒙思

① 《焚书·答邓石阳》。
② 《藏书·冯道》。

想家"。在明清之际启蒙思想家的群体中，唐甄鲜明的个性特点在于激烈地反对宋明道学的空谈义理心性，而强调"经世致用"，主张以实际事功为衡量事物的价值标准，从而开了明清启蒙思潮之先河。唐甄的代表作是《潜书》，分上下两篇。唐甄在社会福利思想领域的突出贡献在于，他提出了两个核心主张：其一，"不能救民者，不如无贤"；共二，"夫治国之道，先必富民"。也就是"救民爱人"的济世论和他的"富民"理论。

1. "救民爱人"的济世论

与空谈心性、耻谈事功的道学家不同，唐甄认为，一个真正的贤者，必须以"救民爱人"为职志，判断一个人的贤愚，不是依据抽象的道德原则，而是看他的行动是否对社会做出了实际贡献。

首先，唐甄批驳了宋明道学家"儒者不言事功"的谬说。他认为，古代的圣王如尧、舜、禹、汤、文武等都是定乱除暴、拯斯民于水火的英雄人物。如果这些人没有"救民爱人"的事迹，也就不会被后世尊为圣贤。他说："儒者不言事功，以为外务。海内之兄弟，死于饥馑，死于兵革，死于虐政，死于外暴，死于内残，祸及君父，破灭国家。当是之时，束身锢心，自谓圣贤。世既多难，己安能独贤！"① 这是强调真正的儒者应该把个人的价值追求与整个国家、民族和社会的荣辱兴衰联系起来。

其次，唐甄在批判宋明道学的基础上，提出了要以"救民爱人"为衡量儒者的最高道德标准。他认为人类的社会活动都应具有明确的、实用性的目的追求。在评价儒者推崇的仁、义、礼、智等道德准则时，唐甄认为必须把这些道德准则的实际功用考虑进去，欲穷天下理，必尽天下之事。他说："我尽仁，必能育天下；我尽义，必能裁天下；我尽礼，必能匡天下；我尽智，必能照天下。四德无功，必其才不充；才不充，必其性未尽。"② 也就是说，儒者的"性"，必须通过"才"即实际办事能力方能表现出来，没有"育天下""裁天下""匡天下""照天下"的大才，就不是真正的儒者。而儒者的"才"是否值得赞誉褒扬，又主要看其是否符合民众的利益，是否符合"救民爱人"的标准。唐甄认为，在国家治理中，民才是最根本的，"国无民，岂有四政！封疆，民固之；府库，民充之；朝

---

① 《潜书·良功》。
② 《潜书·性才》。

廷，民尊之；官职，民养之，奈何见政不见民也"①。

从社会福利思想的角度看，唐甄的"救民爱人"说，实际上是在劝诫统治阶级实施善政，把剥削控制在一定限度内。很显然，唐甄已经意识到，在专制主义中央集权的国家里，统治者应是实施社会福利政策的主体。不说动官僚、士大夫，使其树立"救民爱人"的信念，任何有利于民众的社会福利政策都是难以推行的。唐甄的上述设想虽然在当时的历史条件下不可能成为现实，但其主张以"爱民利民"为核心，显然还是具有一定的人民性和进步意义的。

2. 富民理论

由于政治上的失意和生活上的潦倒，唐甄有机会接触现实的社会生活，他对社会上严重的贫富分化现象非常不满，认为贫富差别是违背天道的，如不及时加以解决，会导致"倾天下"之祸。为此，他提出了一套系统的富民理论。

首先，唐甄把"富民"提到"立国之道"的高度上来认识，认为"富国"的核心内容就是"富民"，如果民贫，即便是国家府库中财富堆积如山，也只能算作"贫国"。他指出："立国之道无他，惟在于富。自古未有国贫而可以为国者。夫富在编户，不在府库。若编户空虚，虽府库之财积如丘山，实为贫国，不可以为国矣。"②

其次，唐甄还通过总结和研究历史上"富民养民"政策的得失，来说明富民的重要性。为此，他把目光投向了过去，他发现，历史上凡实行富民政策的时段，往往都能"三年可就，五年可足，十年可富"③。说明实施富民政策的效果是明显的。但是，自满清入主中原以来的民生状况却是截然相反的："清兴五十余年矣，四海之内，日益困穷，农空，工空，市空，仕空。谷贱而艰于食，布帛贱而艰于衣，舟转市集而货折资，居官者去官而无以为家，是四空也。"④ 而与此同时，"国家五十年以来，为政者无一人以富民为事，上言者无一人以富民为言。至于为家，则营田园，计子孙，

---

① 《潜书·明鉴》。
② 《潜书·存言》。
③ 《潜书·存言》。
④ 《潜书·存言》。

莫不求富而忧贫。何其明于家而昧于国也"①。这里，唐甄把清初 50 余年的经济发展称为农、工、市、仕"四空"，并言统治者"无一人以富民为事"，"无一人以富民为言"，这显然有些偏激和片面，但反映出他同情百姓疾苦和期望民富的迫切心情，也表现了他强烈的现实批判精神。

最后，唐甄还认为，统治者的掠取是百姓陷于贫困的重要原因。值得注意的是，唐甄在分析官吏掠取百姓问题时，并不是泛泛而谈，而是把民间经济作为一个经济系统来看待。这样，官吏虽然掠取的是"一室""一户"，但殃及的却是百家百室。他举例指出，在潞安州有一苗姓人家，以冶铁为业，生意颇为兴隆，靠其谋生的就有百余人之多，但后被官吏诬陷为盗，冶铁作坊被查封。从表面上看，只有苗姓一家被毁，而事实上，赖苗姓作坊为生的百余人也都因此成为流民。唐甄把民间经济作为一个系统来分析，在当时的历史条件下是难能可贵的，体现了他分析问题的独特视角和深度。唐甄称此类现象是"虐取者，取之一金，丧其百金；取之一室，丧其百室。"②

五　康熙的社会福利思想

清王朝是中国封建社会的最后一个王朝。清王朝在政治上把封建专制集权发挥到了极致，在文化上也实行高压政策，在这种封闭沉闷的统治氛围下，思想界失去了以往的活力，没能出现有影响的思想家。不过清朝统治者与同样来自北方边地民族的元朝统治者也有一个重要的不同之处，就是他们比较清楚地知道要维护自己的统治，就必须学习中原文化，不能成为汉文化正统的代表就难以笼络人心。清朝前期的康熙、雍正、乾隆等几位皇帝都是这方面的热衷者，他们继承、总结了中国传统的封建统治思想，励精图治，创造了不亚于汉、唐的封建盛世，史称"康乾盛世"。他们虽然不是思想家，但他们治国安邦、稳定社会、体恤百姓的言论和政策，也构成了中国社会福利思想的重要内容。下面仅就康熙的社会福利思想做一概述。

康熙是清世祖的第三子，1662~1722 年在位。

---

① 《潜书·存言》。
② 《潜书·富民》。

康熙继承了儒家传统的"民本"思想，又总结了明亡的教训，从而提出了一套以"爱民""利民""恤民""息民""安民"为主要内容的民本思想。

康熙把"爱民"视为君道的核心内容，也是他考察官吏的基本项目。他认为，帝王治理天下的根本"惟在修德安民。民心悦，则邦本得"①。他指出，秦王朝之所以快速灭亡，汉高祖刘邦之所以能在大乱中取得天下，根本的原因就在于民心的向背："久乱之民思治。秦民日在汤火之中，沛公入关首行宽大之政，与父老约法三章，民心既归，王业根本已定于此。"②

得民心者得天下，而治天下则必使"民安"。康熙把"民安"也作为考察官吏是否称职的作用标准，"吏苟廉矣，则奉法以利民，不枉法以侵民；守官以勤民，不败官以残民。民安而吏称其职矣，吏称其职而天下治矣"③。

康熙还指出，保民也是国君的重要德行。作为统治者，要在经济上给百姓留一条生路，在政治上也不要施行暴政。他还经常告诫大臣们，不要好大喜功，劳民伤财，要注意"与民休息"，给百姓留活路。他说："从来与民休息，道在不扰。与其多一事，不如省一事。朕观前代君臣，每多好大喜功，劳民伤财……虚耗元气，上下讧嚣，民生日蹙，深可为鉴。"④

从"民为邦本""君道爱民"的民本思想出发，康熙认为，要想把社会矛盾控制在秩序的范围内，不至于把百姓逼上"斩木揭竿"的造反之路，必须注意"恤民养民"，实施社会救济。康熙所实行的救济措施主要有以下四个。

第一，体察民情，勤求民瘼。康熙几乎年年出巡，视察南方、西北和东北，在巡视过程中，他经常与百姓直接接触，体察民情。巡察中如果发现某地百姓生计艰难，他都会下令免征该地租税，以表示对百姓的体恤，同时对发现的贪腐官员给予惩处。

第二，救灾赈饥。康熙年间，灾荒频仍，康熙非常重视赈灾事务。他说："朕自幼读书，无一时不以民间疾苦为念。巡抚乃专任封疆之大吏，理

---

① 《圣祖仁皇帝圣训》卷七。
② 《圣祖仁皇帝御制文集》第一集卷二十七。
③ 《圣祖仁皇帝御制文集》第二集卷三十。
④ 《圣祖仁皇帝圣训》卷六。

应实心为民，勤求乐利。"① 对地方督抚赈灾不力予以批评惩治。康熙还多次亲自指挥抗灾赈饥。康熙年间，还形成了严格的报灾制度，规定灾害发生后，各级地方官必须据实逐级上报，作为灾情的原始依据。报灾有期限，逾期不报或迟报，都要受到降职或罚俸处分。②

第三，蠲免赋税。蠲免赋税是中国历代统治者缓和社会矛盾，营造"盛世"气氛，收买人心的一种常用手段，康熙也不例外。他认为蠲免赋税是"恤民""养民"的实际内容，不可忽视。

第四，救济旗人。清朝入主中原后，为了维持统治，采取民族压迫政策，将旗人（满族人和蒙古人）视为清政府的立国基础，享受种种政治、经济特权。所以对于旗人的贫穷问题，清政府不惜动用国库，采取各种救济措施，以巩固其统治基础。除直接赈济外，康熙还经常以偿借、给地的形式，帮助旗人偿还债务，赐予土地。

综上所述，康熙的社会福利思想还是十分丰富的，他在继承传统民本思想的基础上，把"爱民勤民""恤民养民"作为其社会福利思想的主要内容，对于缓和社会矛盾、安定社会还是具有一定的积极作用的。但是应该看到，康熙社会福利主张提出的目的在于维护清王朝的统治，因而它的种种带有社会福利色彩的主张，从本质上看都是为了维护其政治统治，因而不可能得到真正、彻底的实行。

第六节　近代时期：新旧交替中社会福利思想的演变

从 1840 年鸦片战争爆发，到 1919 年五四运动，是中国历史上的近代时期。在这近 80 年的时间中，中国经历了空前的民族灾难和巨大的社会变革，逐步由"民族历史"阶段进入"世界历史"阶段，由封建社会逐渐沦为半殖民地半封建社会。就其主流和本质来说，这段历史是一代又一代的中国人为救亡图存和实现中华民族伟大复兴而英勇奋斗、艰苦探索的历史。这一时期的社会福利思想也呈现出古今贯通、中西汇聚的历史特色。在探讨社会福利问题时，人们仍然使用"仁政""大同""常平"等传统概念和术

① 《圣祖仁皇帝圣训》卷四十六。
② 参见《清圣祖实录》卷二二四。

语，但值得注意的是，西方社会福利事业的基本政策在该时期也经先进知识分子之手传播进来，成为近代中国思想家和政治家解决社会福利问题时的基本依据和参照，标志着中国社会福利思想的发展演进逐渐向制度化和近代化迈进。

一 近代社会福利思想演变的时代背景

1840 年爆发的鸦片战争是中国历史进入近代的标志性事件。鸦片战争以前，中国社会处于封建时代，总体上是一个闭关自守的农业国家。鸦片战争以后，中国变成了西方资本主义列强欺辱和掠夺的对象，一个在历史上曾创造了辉煌成就的伟大民族，陷入了困苦和屈辱，经历着"数千年未有之大变局"。中国社会由此发生了巨大变化，主要体现在以下三个方面。

第一，在与世界的关系上，从闭关锁国状态演变为被迫卷入"世界历史"的发展进程。16 世纪到 19 世纪初，当中国还滞留于封建社会晚期（明末到清朝时期）的兴衰更替之时，西方资本主义已经产生并发展起来，近代国家制度也逐渐趋于成熟并开始向全球扩张。鸦片战争爆发后，西方列强用坚船利炮轰开了古老中国关闭的大门，中国被迫卷入资本主义世界体系和世界市场。在外国资本主义势力与本国封建主义势力的双重压迫下，中国人民陷入深重的苦难之中。与此同时，一些先进的中国知识分子开始反省自身的传统文化，并开启了向西方学习的历史进程，这种学习包括器物、制度、精神的各个层面。到了 20 世纪初，马克思主义进入中国，开启了与中国实际相结合的历史进程。

第二，在国家主权和世界地位上，经历了一个由主权独立而沦为主权严重丧失的半殖民地半封建国家的过程。鸦片战争后，中国成为西方列强瓜分的对象，面临灭国亡种的危机。许多志士仁人怀着强烈的爱国意识和民族意识，积极探索挽救中华民族危亡的道路。在经历了太平天国运动、洋务运动、戊戌变法等一系列救亡图存的运动之后，辛亥革命终于推翻了清王朝的君主专制统治，建立了中华民国，但这并未从根本上改变中国被西方列强奴役和瓜分的历史命运。直到五四运动以后，随着中国工人阶级登上历史舞台，作为中国工人阶级和中华民族先锋队的中国共产党，明确提出反帝反封建的历史任务，领导人民进行争取民族独立和人民解放的斗争，中国革命的面貌焕然一新。

第三，在经济基础和社会状况上，经历了一个由封建自然经济体系逐渐瓦解而转为半殖民地半封建社会经济的过程。鸦片战争后，西方列强用坚船利炮打开了中国的国门，在外国资本与商品的强势冲击下，中国传统的封建自然经济体系开始瓦解，建立在自然经济基础上的社会经济结构发生了动摇。这种畸形的经济体制也刺激了一部分商人、地主和官僚开始投资于近代工商业，踏上艰难发展的近代工商业的道路。19世纪60年代到90年代的洋务运动，通过发展实业求强、求富，成为中国发展近代工商业的历史起点，促成了中国民族工商业的兴起。19世纪末到20世纪初，中国民族资本主义经济虽然得到了一定发展，但仍然没能实现工业化并建立起比较完备的国民经济体系，封建自然经济仍然是国家经济的基础，没有从根本上改变半殖民地半封建社会经济的性质。

中国社会空前未有之变局，一方面使中华民族面临深重的生存危机，另一方面也为中国社会的新生提供了契机。它向中国近代思想界提出了时代的重大课题：中国向何处去？如何才能摆脱深陷半殖民地半封建社会的悲惨命运而获得民族的独立和人民的解放？围绕这个主题，很多先进的思想家、政治家提出了种种的救国救民方案，不断推动思想的革新和政治的变革。随着近代民主革命和中西文化交会的历史进程的推进，中国近代也产生了多样的社会思想体系。从思想发展进程看，这一历史时期虽然短暂，但也大致经历了这样几个阶段或出现了这样几股思潮。

其一是在鸦片战争前后，以龚自珍、魏源为代表的一批思想家，率先打破"汉学"和"宋学"的束缚，依托今文经学，重提"经世致用"，主张"更法""变古"，肯定民众的作用。但他们始终未能超出"器可变，道不可变"的传统观念的束缚，没有确立起系统的近代意识。

其二是代表农民阶级利益的太平天国运动的领袖人物洪秀全、洪仁玕，他们把西方基督教思想和中国传统的"大同"思想结合起来，以神学形式提出了农民变革思想。但最终流于空想，并归于失败。

其三是到了19世纪60年代兴起的洋务运动，主张学习西方科学技术，开办近代工商业以挽救清王朝。与之相应，出现了一些具有近代资本主义倾向的早期改良派思想家，如冯桂芬、王韬、郑观应等，他们以"道器""本末""体用""主辅"等范畴来论述中学与西学的关系，这些主张后来被概括为"中学为体、西学为用"而流行于世。尽管洋务运动的根本目的仍在于维护封建制度及其意识形态，但也体现了向西方学习的价值取向，并为西学的引入打开了通道。

其四是戊戌变法时期资产阶级维新派的维新思潮。维新派的思想以西方的进化论为依据，逐渐脱掉了经学的外衣而形成了近代的形式。例如，康有为把公羊三世说与进化论结合起来，而严复则直接将进化论作为世界观。这种"天道尚变""物竞天择"的思想，有力冲击了"天不变，道亦不变"的思想藩篱，为变法维新提供了强大的理论武器。

其五是辛亥革命时期资产阶级革命派的革命思潮。随着资产阶级革命运动的兴起，孙中山、章太炎等思想家将"革命"观念纳入进化论，突出了革命在社会进化中的意义，反对维新派只言"渐进"而不言"骤变"，并为辛亥革命推翻清王朝做了思想准备。

其六是新文化运动和五四运动时期，思想家真正以前所未有的力度和深度批评了以正统儒学为主导的封建传统思想，特别是马克思主义在与各派学说的思想论战中显示出了理论上的巨大优势，并开始在中国迅速传播和发展。

在这样的历史大背景下，近代的社会福利思想也在新旧碰撞、中西交会中进入了一个新的发展阶段。其中，作为封建时代最后一位和近代时期第一位思想家，龚自珍希望采取"农宗"的宗族福利保障模式来解决社会上的贫富分化问题和流民问题，实现所谓"宗族社会福利"。而洪秀全作为农民起义领袖，在以暴力武器批判旧世界的同时，也依据中国儒家传统的"大同"思想和基督教平等思想，构建了"有田同耕，有饭同食，有衣同穿，有钱同使"的理想的社会福利保障模式。在太平天国起义的后期，洪仁玕则根据其独特的西洋经历，在《资政新篇》中描述了近代社会福利事业的美好前景，成为近代中国第一位介绍西方社会福利制度的思想家。到戊戌变法时期，作为维新派的精神领袖，康有为把"恤穷"作为富国强民的第一要政来看待，提出了移民垦荒、劝工警惰、恤鳏寡孤独等"恤穷"措施，同时还在《大同书》中批判了传统"宗族福利保障模式"的弊端，构想了"公养""公教""公恤"的社会福利体制，将中国古代的"大同"思想推向了新的发展高峰。中国资产阶级民主革命的先行者孙中山在其"三民主义"的理论体系中也集中阐述了以"民生论"为基础的社会福利主张，他认为国家应该充分运用其自身的力量来保障工农基本的社会福利，还设计了义务教育制度和养老制度，企图建立"国利民福"的现代福利社会。

二　封建时代与近代交替时期龚自珍的社会福利思想

龚自珍（1792~1841年），字璱人，号定盦，浙江仁和（今浙江省杭州市）人。他出身于官僚世家，一生历乾隆、嘉庆、道光三朝，被称为封建时代最后一位和近代时期第一位思想家。作为封建末期的思想家，龚自珍已经意识到中国社会正处于"日之将夕，悲风骤至"的危机前夜，内心充满了危机和惶恐；而作为近代中国的第一位智者，他却没有确立起全新的近代意识，引导中国走向近代化。在这一意义上，龚自珍仍是一个传统色彩浓厚的思想家。龚自珍在社会福利思想方面的贡献主要表现在，他对封建末期现实社会存在的悬殊的贫富分化问题有较深刻的领悟和体验，同时提出了"农宗论"，试图以宗法家族关系来解决社会上严重的流民问题，实现所谓"宗族社会福利保障"。

作为开创一代新风的思想大师，龚自珍已经意识到封建王朝的统治正面临空前的经济危机和政治危机，他抱着匡时济世的愿望，指陈时弊，系统提出了他的社会批判思想。他根据《公羊春秋》的"三世说"，把历史的发展分为治世、乱世、衰世三个阶段，断言清政府的统治表面上歌舞升平，实际上已是危机四伏、大乱将至的衰世。他对封建末期现实存在的悬殊的贫富分化问题有较深刻的领悟和体验，他所阐发的"贫富论"，已经触及了中国封建社会的根本问题。

首先，龚自珍揭露了社会中的贫富不均、两极分化现象，认为这是社会大动荡前夜的主要征兆。他在《西域置行省议》中指出："自京师始，概乎四方，大抵富户变贫户，贫户变饿者，四民之首，奔走下贱。各省大局，岌岌乎皆不可以支月日，奚暇问年岁？"① 他还指出，当前社会最为突出的不平现象是"贫相轧，富相耀；贫者阽（音dian，四声，临近边缘，一般就险境而言——编者注），富者安；贫者日愈倾，富者日愈壅"②。龚自珍认为，社会上赤贫阶层的出现已经使清王朝的统治根基发生动摇，如果不及时

---

① 《皇朝经世文编·西域置行省议》。
② 《皇朝经世文编·平均篇》。

"更法"，改变贫富相倾的局面，清王朝的统治秩序必将发生难以遏制的混乱。

其次，龚自珍把贫富不齐问题与封建社会的盛衰直接联系起来，认为贫富不齐的程度是决定历代王朝存亡兴废的普遍规律。他指出："其始，不过贫富不相齐之为之尔；小不相齐，渐至大不相齐；大不相齐，即至丧天下。"① 这就是说，"小不相齐"虽然也会影响封建秩序的稳定，但尚不会影响大局，如果"小不相齐"演变至"大不相齐"，就会导致亡国、丧天下的悲剧。这里，龚自珍实际上已经隐约地意识到了中国封建社会周期性盛衰的规律，在当时条件下，应该说其认识已经达到了相当的深度。

再次，龚自珍还借夏、商、周三代财富平均分配的故事，来影射批判现实社会的不平。他认为，社会财富就好比一池水，如果有人舀多了，就会有人舀不到，就会干渴而死。因此他认为应该是君取一石，臣取一勺，民只能取一小杯。如果臣侵取民的，民又侵取君的，就会造成大不平。龚自珍这里并未指责君取过度，而只谈臣民的多取造成了贫富不齐。可以看出，他既反对上层等级地位的人"下侵"，也反对下层等级地位的人"上侵"，而推崇的是三代时"君取盂焉，臣取勺焉，民取卮（音 zhi，一声，古代盛酒的器皿——编者注）焉"② 的等级分配制。

最后，龚自珍还认为造成这种贫富大不齐的原因主要是官吏的贪污中饱和商人的兼并。他指出："然而五家之堡必有肆，十家之村必有贾，三十家之城必有商。……肆有魁，贾有枭，商有贤桀，其心皆欲并十家、五家之财而有之，其智力虽不逮，其号既然矣。"③ 这里，龚自珍把商贾都看成贪欲膨胀、道德败坏者，他们是一种兼并社会财富、破坏社会秩序稳定的恶势力，正是商人的兼并导致了社会贫富的大不齐。

显然，龚自珍关于贫富不齐的原因的分析是片面的，他没有谈及地主的土地兼并和剥削，以及统治者的贪婪盘剥，而是把罪责全部推到商人兼并的身上，这仍然是中国传统的重农抑商观念的翻版，没有触及问题的实质。即便如此，龚自珍在中国即将步入近代社会的前夜，全面系统地分析了社会上存在的严重的贫富分化现象，还是具有积极意义的，表现了他对

---

① 《皇朝经世文编·平均篇》。
② 《皇朝经世文编·平均篇》。
③ 《皇朝经世文编·平均篇》。

劳动人民的深切同情。他是希望现实社会能恢复到三代那样理想的均平社会，给下层老百姓以基本的生活保障。

　　龚自珍除了关注严重的贫富不齐问题外，还关注当时严重的流民问题。贫富差距的拉大，以及灾害频仍和战乱，造成了大量的流民，这些流民"不士、不农、不工、不商"，完全失去了生活的来源，他们不是铤而走险入山林发动反清武装起义，就是因饥饿冻馁而死，给封建统治造成了严重的威胁。龚自珍察觉到了流民问题的严重性，他认为解决流民问题最主要的方法是设法使流民回到土地上去，参加农业生产。为此，他在作《平均篇》试图解决贫富问题后，又作了《农宗》一书，把注意力转移到土地问题上。

　　自孟子提出以"井田模式"营造一个"乡田同井，出入相友，守望相助，疾病相扶持，则百姓亲睦"的理想的宗族保障设想以来，历代思想家在谈及贫富问题的解决方案时，往往都就孟子的井田模式加以发挥，希望借传统的宗法制度来解决中国社会严重的贫富分化问题。龚自珍也不例外，他在《农宗》里就设想了一个类似于井田模式的"农宗方案"，即将一个农宗中的全体社会成员按宗法关系分为大宗、小宗、群宗、闲民四个等级，并提出一个相应的土地分配方案，其内容如下。

　　大宗——子甲即长子，受田百亩，各代大宗的长子世为大宗，在父亲60岁时继承土地；子乙，即立次子为小宗，另请受田25亩；子丙、子丁，即立三、四子为群宗，也可受田25亩，小宗和群宗又可称为余夫；子戊，即五子或五子以下定为闲民，不能受田。

　　小宗——子甲，即长子可以在其父亲60岁时，继承小宗的25亩土地；子乙，即立次子为群宗，另受田25亩；子丙，即三子或三子以下定为闲民，不能受田。

　　群宗——子甲，即长子可以在其父亲60岁时继承25亩土地；子乙，即次子或次子以下定为闲民，不能受田。

　　可见，龚自珍这一农宗方案就是他设计的一个以宗法嫡长子继承制为基础的土地占有关系的理想蓝图。之所以要实行长子土地继承制，龚自珍认为只有这样土地才不至于分散，以大宗为主干的家业才能得以传承；而之所以要划出一个闲民等级，主要是考虑到土地有限，人人均有土地是不可能的。闲民实际上就是雇农，他们只能取受雇耕种大宗和余夫的土地。

龚自珍小心翼翼地编制出来的这个农宗方案，实际上就是主张在农村中建立一种以血缘关系为纽带的宗法关系，并以此来确定土地占有和组织农业生产，这是一个典型的"宗族社会福利保障模式"。在中华民族面临"数千年未有之大变局"的历史大时代，龚自珍未能提出推进社会发展的新方案，在封建主义制度日趋没落的时候，他仍然醉心封建宗法关系，企图用宗法关系来拯救清王朝的严重的社会危机，其思想显然是迂腐的和行不通的。

三 太平天国运动时期洪秀全和洪仁玕的社会福利思想

在西方资本主义列强以坚船利炮打开中国大门后不久，中国大地上便兴起了农民起义运动的风暴，以洪秀全为代表的农民势力在主张以暴力武器推翻不平等的旧世界的同时，也从思想上展开了对旧世界的批判，并勾勒了农民的理想社会图景。在这样的理想社会里，"有田同耕，有饭同食，有衣同穿，有钱同使"，人们的生活消费俱由国库提供，鳏寡孤独废疾者皆有所养，天下丰荒相通，没有饥民，劳动者实现了真正的平等。他们设计的这个带有乌托邦色彩的理想的福利保障社会，虽然没有在现实社会中真正得到实现，但在中国社会福利思想史上仍占有特殊的历史地位。

1. 洪秀全的"天国模式"的社会福利思想

洪秀全（1814~1864年），原名火秀，广东花县（今属广东省广州市花都区）人。他出身于农民家庭，因多次参加科举考试均名落孙山而与科举仕途决裂。他痛恨清王朝的政治腐败、科场黑暗。1843年，洪秀全因阅读宣传基督教的小册子《劝世良言》而开始信教，并创立拜上帝教，后逐渐由传教者转变为农民领袖。1851年，他发动金田起义，挥师北上，屡败清军，在南京建立了与清王朝对峙的太平天国政权。后又进行北伐和东征，沉重打击了清王朝的统治。1864年，洪秀全在天京病逝，他所领导的太平天国运动也在中外反动势力联合镇压下失败。

洪秀全既是一个农民革命家，同时也是近代颇具影响的思想家。他将基督教的平等思想与中国儒家传统的"大同"思想、仁政思想巧妙地结合在一起，提出了别具特色的社会平等论和理想社会论，在他主持制定的《天朝田亩制度》中构建了"有田同耕，有饭同食，有衣同穿，有钱同使"的理想的福利保障模式，产生了巨大的社会影响。他的思想和言论主要体现在他的《原道救世歌》、《原道醒世训》和《原道觉世训》等早期著作中。

洪秀全社会福利思想提出的理论依据，是基督教在上帝面前人人平等和中国儒家传统的"大同"思想，并从中形成了他的"普天之下皆兄弟"的人人平等论。

首先，洪秀全从基督教的基本教义中摘取出"在上帝面前人人平等"的思想，指出人间所有不平等的政治和经济的等级划分都是不合理的，人人在上帝面前都是平等的。他说："天父上帝人人共，天下一家自古传……上帝当拜，人人所同。"①

其次，从基督教平等思想出发，洪秀全认为，在上帝主宰之下的人与人之间的关系，是兄弟姐妹间的关系，应该相亲相爱，而不应该彼此争斗甚至是互相残杀。他说："天下凡间，分言之则有万国，统言之则实一家。……天下多男人，尽是兄弟之辈，天下多女子，尽是姊妹之群。何得存此疆彼界之私，何可起尔吞我并之念！"②

值得注意的是，洪秀全还把基督教的平等、相爱思想与中国古代的"有无相恤，患难相救""天下为公"的"大同"思想相联系，进一步强调了"天下一家"的道理："天下总一家，凡间皆兄弟，何也？自人肉身论，各有父母姓氏，似有此疆彼界之分，而万姓同出一姓，一姓同出一祖，其原亦未始不同。若自人灵魂论，其各灵魂从何以生，从何以出，皆禀上帝一元之气以出，所谓一本散为万殊，万殊总为一本。"③

可见，洪秀全是从基督教教义中借来"上帝"一词，并结合中国古代哲学中的"元气"说，来证明万姓之人类都是"禀上帝一元之气"生出来的，万殊归一本，万姓同出一姓，因此，人人平等。洪秀全的平等论虽然外表染上了一层浓重的宗教色彩，但透过其表层，窥视其实质，会发现其平等思想与中国古代"天下为公"的"大同"思想和历代农民起义提出的"均贫富"思想是血脉相通的。洪秀全的平等论直接为太平天国时期农民政权的各种带有社会福利色彩的方案和政策措施，提供了理论依据。

洪秀全还借助基督教的"在上帝面前人人平等"思想，打破了封建"夫权"的枷锁，提出了一系列带有男女平等色彩的主张和措施。在他看

---

① 《原道救世歌》，参《中国哲学史教学资料选辑》下册，中华书局，1982，第 414 页。
② 《原道醒世训》，参《中国哲学史教学资料选辑》下册，中华书局，1982，第 405 页。
③ 《原道觉世训》，参《中国哲学史教学资料选辑》下册，中华书局，1982，第 407 页。

来，无论男女，在上帝面前都是平等的，因为"天下多男人，尽是兄弟之辈，天下多女子，尽是姊妹之群"，兄弟姐妹同出一姓，大家都是平等的，这就打破了男尊女卑的传统观念。所以，在由他主持制定的《天朝田亩制度》的土地分配方案中，就蕴藏着男女平等分配土地的思想："凡分田，照人口，不论男妇，算其家口多寡，人多则分多，人寡则分寡。"他还主张实行自愿婚姻，"凡天下婚姻不论财"。同时还允许女子参加考试，命令女子放足。

1853 年太平天国定都天京后，洪秀全主持颁布了《天朝田亩制度》，这是公认的太平天国的总纲领。这一纲领以土地问题的解决方案为核心，提出了一整套的社会治理方案，其目的就是要在中国大地上建立一个理想的"天国"。其中，与社会福利有关联的社会思想主要表现在以下几方面。

首先，洪秀全设想的理想天国的基本原则可以用"四有二无"来加以概括，即《天朝田亩制度》中规定的"务使天下共享天父上主皇上帝大福，有田同耕，有饭同食，有衣同穿，有钱同使，无处不均匀，无人不饱暖也"。这显然是继承了历代农民起义都追求的"等贵贱，均贫富"的理想。如果"有田同耕，有饭同食，有衣同穿，有钱同使"能够真正得到实现，那当然是一个有切实的福利保障的社会。

其次，要想实现"四有二无"的理想社会，就必须实现土地公有，将一切土地按平均主义原则分配给各户农民耕种。所以，《天朝田亩制度》中又规定"凡分田，照人口，不论男妇，算其家口多寡，人多则分多，人寡则分寡"。"凡天下田，天下人同耕，此处不足，则迁彼处，彼处不足，则迁此处。凡天下田，丰荒相通，此处荒，则移彼丰处以赈此荒处，彼处荒，则移此丰处以赈彼荒处。"可见，在其分田方法中，还蕴含着赈饥救荒的社会福利思想，即饥荒地和丰收地之间相互周济，使天下"丰荒相通"，永无饥民，这是中国古代所有的救荒思想家所不敢预想的。

最后，还规定取消对产品的私有，按平均主义原则统一分配。农民的收入，除留下自己的口粮外，一律上交国库，由太平天国统一支配。这样做的依据便是"盖天下皆天父上主皇上帝一大家，天下人人不受私物，物归上主，则主有所运用，天下大家处处平均，人人饱暖矣"。

综上所述，洪秀全在太平天国起义时期，不仅取得军事上的胜绩，而且在思想上把基督教"在上帝面前人人平等"思想，同中国古代的"大同"

思想和《周礼》中关于理想社会的具体设计杂糅在一起，提出了他的理想社会论。在他设计出的理想的"天国"里，劳动人民拥有平等的生活权和生存权，而且还有国库作为百姓福利保障的物质基础。因而可以说，洪秀全的"天国"模式代表了劳动者追求幸福自由生活的美好理想，是值得肯定的。但他的绝对平均主义理想实际上反映的仍是小生产落后的一面，这是他无法摆脱的历史局限，并且，他的这种理想也是不可能真正变为现实的。

2. 洪仁玕的具有近代意义的社会福利思想

洪仁玕（1822~1864年），字益谦，号吉甫，广东花县人，是洪秀全的族弟。1843年洪秀全创立拜上帝教时，他是最早的参加者之一。1851年金田起义爆发后，因朝廷通缉洪氏家族成员，他在追赶太平军途中遇阻，于次年逃往香港。在香港居留期间，他目睹了西方资本主义入侵后香港所发生的变化，开始努力学习西方的天文、地理、医学等知识，眼界大开，成为近代最早积极向西方寻求真理的代表性人物。1858年秋，洪仁玕离开香港，于次年到达天京随即被洪秀全封为军师、干王，总理朝政。就任不久，便向洪秀全提出《资政新篇》，建议借鉴西方资本主义发展的经验，学习西方技艺，全面改革朝政。洪仁玕希望依靠自己的才能和见识为太平天国创建一个新天地和新世界，但因太平天国后期官员腐化堕落，洪秀全也失去了早年的英锐之气，致使他的很多主张无法实现。1864年天京陷落，洪仁玕被俘，在南昌慷慨就义。

作为太平天国后期重要的建国纲领，《资政新篇》的基本思想是在中国建立和发展资本主义，实现资本主义近代化。洪仁玕认为，"治国必先立政，而为政必有取资"。他所说的"取资"，就是要审时度势，根据世界文明发展的大势和天京事变后天国形势逆转的现实，向西方学习，改革成法，以达到"与番人并雄"的目的。为此，洪仁玕以实现近代化为核心，在政治、经济、文化、外交等领域，提出了一整套具有资本主义色彩的改革方案。在改革方案中，洪仁玕还积极主张学习西方资本主义国家的社会福利制度，在中国社会福利思想史上第一个提出了具有近代意义的社会福利思想。

第一，洪仁玕提出太平天国应该模仿西方资本主义社会，在举办资本主义工商业的同时，兴办社会福利事业。他设计规划兴建医院、引进西医来解决老百姓的疾病之苦；兴建"跛盲聋哑院"作为残疾人的教育机构，使他们不至于因丧失劳动能力和生活能力而被社会抛弃；同时还要兴建"鳏寡孤独院"，以使那些无依无靠的贫苦百姓能老有所归，少有所养、所教。

第二，与《天朝田亩制度》中提出的"鳏寡孤独废疾者"都由国库抚恤养助不同，洪仁玕认为，医院、"跛盲聋哑院"、"鳏寡孤独院"等社会福利机构不是靠国家出钱来办，而是由私人捐献施舍来兴办。显然，这些都是以西方资本主义社会的慈善事业为蓝本而提出来的。

第三，洪仁玕还介绍了西方负责监督社会福利执行情况的机构——"士民公会"的职能。他认为，为保证社会慈善福利捐款不被滥用，也为了避免那些"一味忘恩，不自食其力"的游手好闲之徒冒领社会福利捐款，应设立"士民公会"以监督社会福利事业的正常运行。

第四，洪仁玕还特别强调社会教化在国家近代化进程中的作用。他认为，移风易俗，改变人们的传统观念，主要有两个办法：一是统治者发挥表率作用，只要统治者带头抵制不良风俗、风气，百姓就会自然地效法，社会风气就会自然地好转；二是百姓中如有捐资修建医院、学馆、养病院等福利设施的，统治者应该亲临现场褒奖善举，这有助于良好社会风气的形成。

此外，洪仁玕还认为"设学馆"也是改革旧观念和旧习俗、革新思想的根本途径，通过学馆的教育可以"拯民于迷昧之途，入于光明之途也"。

从《资政新篇》的整个体系和内容看，它所涉及的社会福利方面的内容并不很多，但它却是中国社会福利思想史上第一次介绍了西方社会福利事业的基本情况，并主张在中国大力实施。他认为社会福利事业是一个国家实现近代化不可缺少的内容，必须予以高度重视。洪仁玕的上述主张代表了历史前进的方向，是爱国的、进步的，值得我们给以高度评价。但同时也要看到，由于时代和阶级的局限，也由于连年的征战，使得《资政新篇》所描绘的蓝图没能在太平天国真正付诸实践。

四　维新派的代表康有为的社会福利思想

康有为（1858～1927 年），又名祖诒，字广厦，自号长素，广东南海县（今属广东省佛山市）人。他出身于官僚地主家庭，自幼便接受严格的传统学术教育。年轻时曾游历香港，"始知西人治国有法度，不得以古旧之夷狄视之"[①]，

---

① 《康南海自编年谱》，载中国史学会主编《戊戌变法》（四），神州国光社，1953，第 115 页。

开始留心西学著作。1888 年，他赴北京参加乡试，欲上书光绪皇帝，提出他的变法主张，但朝中没人肯替他转递。甲午战争后，其与弟子梁启超一道发动"公车上书"，提出拒和、迁都、变法的主张。以此为开端，掀起维新变法高潮。1898 年戊戌政变后，康有为流亡海外，继续从事保皇和君主立宪运动。康有为晚年在政治上渐趋保守，参与张勋复辟活动，鼓吹孔教救国论，1927 年病逝于青岛。

作为 19 世纪末 20 世纪初中国思想界的风云人物，康有为在其变法富国论和理想社会论中，都系统地展开了其社会福利主张。在"公车上书"中，他将"恤穷"与务农、劝工、惠商并列为救国的四大要政，提出救国要从"扶贫济弱"开始，他坚信只有国民走出"穷弱"，国家才能变得强大起来。在《大同书》中，他更在批判现实社会的基础上，指出中国传统的宗族社会福利保障模式的狭隘性，认为只有将生育、教养、老病、死丧等事都归于社会公共福利事业，建立"公养""公教""公恤"的福利保障制度，人类才能真正走向"大同"。

康有为在戊戌变法前的社会福利思想，以其"公车上书"中所阐述的"恤穷"论最具代表性。所谓"恤穷"，即扶贫济弱以固民心。康有为认为中国之大，人口之众，反受列强欺侮，其根源在于国家贫弱和民穷财尽。因此，要想救国家，必须从"扶贫济弱"开始。他认为，在中国这样幅员辽阔、人口众多的国家里进行扶贫济弱的工作，应该从以下三方面入手。一是移民垦荒。中国的东北三省、西北诸省等地地广人稀，急需开发。如果国家组织百姓向这些地区移民垦荒，既可开发边疆，又可恤养贫民，还能充实国防。二是劝工警惰，即令州县设立警惰院，收留无业游民和有劳动能力的乞丐进行职业教育，教会其基本生活技艺，使之能自食其力。穷者得食，社会自然走向安定。三是恤鳏寡孤独，即各州县市镇都应筹措款项，对社会上的鳏寡孤独等生活困难群体实施救助。在康有为看来，只要国民能走出穷弱，国势自然能变得强大起来。

康有为还把中国传统儒家思想中的"仁"与西方的人道主义思想结合在一起，提出了他的颇具中国特色的"仁道论"。他认为，"人之所以为人者，仁也，舍仁不得为人"。仁是人的本质，人与人之间唯有相爱相亲，才能达到"仁道"的理想境界。在其"仁道论"中，康有为还把"人欲"置于宋明理学的"天理"之上，充分肯定了人的欲望的合理性。他指出，"民之欲"都是"欲富而恶贫""欲乐而恶劳"的，因此，对老百姓的这种欲望就应该予以保障，并尽量去满足之。这实际上是为其"大同世界"的福利论提供了理论依据。

从"仁道论"出发，康有为还系统地展开了他的社会批判论。他把现实世界描绘成一个无处不苦、无人不苦的大苦海。他指出，人类面临的苦难有38种之多，包括"人生之苦七""天灾之苦八""人道之苦五""人治之苦五""人情之苦八""人所尊尚之苦五"。上述的种种苦难，实际上是揭露控诉封建社会的种种不合理现象。他这样描述封建剥削压迫下的农民之苦："农民穷苦，胼胝手足以经营之，而终岁之勤，一粒无获，宜其怨苍苍之大憾，而嗟上帝之不仁也！"①

康有为还将其社会批判指向了中国传统的宗族社会福利保障模式。他认为，中国传统的宗族社会福利保障模式固然有其温情的一面，但也有其狭隘性的一面。他从中西比较角度入手，探讨了中西社会福利的不同特点。他认为，中国人重宗族而轻国家，而欧美人则相反，是重国家而轻宗族。正因为欧美人重国家轻宗族，所以他们才会捐款建立学校、医院、养老院等社会福利机构，使整个国家中的贫穷者受益。而由于中国人重宗族而轻国家，其社会福利善举只局限于捐祖堂、义田、义庄以恤贫兴学，只是荫其宗族而他族难受其惠，抚恤对象是宗族而不是国人。这种宗族社会福利保障模式的直接流弊，便是中国人手足不能相救，造成了中国社会的贫弱。正是基于这样的认识，康有为批评了中国传统宗族社会福利保障模式的狭隘性，认为其行"仁爱"不够广博，只是限于"自亲其亲"的范围内，在这一意义上，我们应该向西方学习。

在激烈批判现实社会苦乐不均、贫富悬殊等不平等现象的基础上，康有为认为，只有去国、去种、去家、去产，将完全自由自主的个人作为社会的基本构成单位，将生育、教养、老病、死丧等事都归于社会公共福利事业，才能达到"大同"的理想社会。为此，他设计了一个带有空想社会主义性质的"大同世界"方案。在这一理想的"大同世界"中，所有的社会福利事业都由公共机构来承担，主要包括"公养""公教""公恤"三个方面。

① 康有为：《大同书》，周振甫、方渊校点，中华书局，2012，第18页。

第一，公养机构。康有为设想，"大同世界"里的成年男女，实行自由婚姻，定期同居，届时需易人。妇女怀孕后入公立政府组建的"人本院"赡养，实施胎教。婴儿出生后一律由公立的"育婴院""慈幼院"抚养。

第二，公教机构。在"大同世界"，儿童6岁入"小学院"，11岁入"中学院"，16岁入"大学院"，20岁毕业。这样经过长达14年的义务教育，使每一个青年人都能得到良好的教育和专门的技术训练，可以凭借其专长去为社会服务。

第三，公恤机构。人如果患病或因工作受伤致残，可以进入社会举办的"医疾院"，得到精心、高超的治疗。人到了晚年，则可以进入社会举办的"养老院""恤贫院"，受到"公恤"，在这里，老人可以欢乐地安度晚年。人死了，还可以进入"化人院"火化，火葬场的旁边是肥料工厂。

通过上述"公养""公教""公恤"等社会福利机构，人类社会便可以达到孔子所描述的"老有所终，壮有所用，幼有所长，矜寡孤独废疾者皆有所养"的幸福快乐的"大同"之世。

康有为对"大同世界"理想的社会福利制度的设计，在中国社会福利思想史上占有重要的历史地位。它反映了中国先进知识分子和中国人民对幸福生活的渴望和对剥削压迫的憎恨。它将古代"大同"理想与发达的现代文明巧妙地结合在一起，昭示了中国社会的发展趋向，奏响了中国社会走向光明未来的欢乐颂歌。虽然他设计的"公养""公教""公恤"的社会福利制度带有空想色彩，但仍体现了激进的反封建战斗精神，为后世中国有识之士改造中国传统福利制度，提供了宝贵的思想材料。

五 资产阶级革命派的代表孙中山的社会福利思想

孙中山（1866~1925年），名文，字载之，广东香山（今属广东省中山市）人。因甲午战争后在日本从事反清革命活动时曾化名"中山樵"，故后名中山。孙中山是中国资产阶级革命派的精神领袖，他的历史贡献不仅在于领导辛亥革命推翻了清王朝的统治，还在于他提出了系统的资产阶级革命理论——三民主义，反映和概括了当时时代的要求和历史的发展趋向，成为20世纪中国最有影响的理论体系之一。而孙中山三民主义中的"民生主义"又是其最具特色的部分，并构成了他全部社会福利思想主张的理论基石。

　　孙中山对作为其社会福利思想提出的理论依据的"民生主义"，或叫民生论做了集中阐释。孙中山说："民生就是政治的中心，就是经济的中心和种种历史活动的中心。"① "所以民生问题才可说是社会进化的原动力"②，即历史的重心是民生，不是物质。他又说："民生就是人民的生活——社会的生存、国民的生计、群众的生命便是。……故民生主义就是社会主义，又名共产主义，即是大同主义。"③ 可见，孙中山的所谓"民生"，就是国民的生计，即是要改善人民的物质生活，满足人民的穿衣、吃饭和其他生活需要。民生问题既是社会进化的原动力，也是人类历史活动的中心。

　　从孙中山对"民生主义"的解释中也可以看出，其思想来源极为复杂。一方面，他的民生论深受中国古代的"大同"思想和"均平"思想的影响。孙中山曾经多次说过，真正的民生主义就是孔子所希望的"大同世界"，世界"总有大同之一日，此吾人无穷之希望，最伟大之思想"④。他也多次指出，民生主义的事实，最要紧的就是均贫富，因为社会革命的发生，便是由于社会上贫富太不均，民生主义就是贫富均等，不能以富者压制贫者，"诸君或者还有不明白民生主义是什么东西的。不知道中国几千年以前，便老早有行过了这项主义的。像周朝所行的井田制度，汉朝王莽想行井田方法，宋朝王安石所行的新法，都是民生主义的事实"⑤。另一方面，他的民生论则是借鉴了欧美各种流派的非科学社会主义思想。在辛亥革命前后，孙中山在周游世界的过程中，曾深入地考察过欧美的各种社会思潮，其中美国经济学家亨利·乔治的"单税社会主义"、普鲁士王国"铁血宰相"俾斯麦的"国家社会主义"、英国的"费边社会主义"等思想对他影响极大。从孙中山民生主义的实际内容看，他所提倡的"平均地权"实际上就是亨利·乔治的"单税社会主义"的翻版；而他以国家权力限制大资本家的垄断、救济穷苦的思想，则是受俾斯麦的"国家社会主义"的影响，他自己也曾说："民生主义非均贫富之社会主义，乃以国家之力，发达天然实利，防资本家之专制。德国俾士麦反对社会主义，提倡国家社会主义，十年以

---

① 《孙中山选集》下卷，人民出版社，2011，第856页。
② 《孙中山选集》下卷，人民出版社，2011，第849页。
③ 《孙中山选集》下卷，人民出版社，2011，第832页。
④ 《孙中山全集》第3卷，中华书局，1984，第25页。
⑤ 《孙中山全集》第3卷，中华书局，1984，第472页。

来，举世风靡。……中国十年以后，必至有十万人以上之大资本家，此时杜渐防微，惟有提倡国家社会主义，此则兄弟提倡国家社会主义之微意也。"[1]

辛亥革命失败后，尤其是国民党一大前后，随着孙中山对西方资本主义制度弊端认识的加深，他进一步把其民生理想与打破资本主义制度联系起来，明确提出我们的"民生主义，以养民为目标，不以赚钱为目标"[2]，还提出了"节制私人资本""耕者有其田"等口号，以保障劳动者的基本生活和社会福利。

可见，孙中山的民生论始终是以保障和改善人民的基本生活、以"养民济穷"为宗旨的，这就为他提出系统的社会福利思想奠定了思想基础。

孙中山从其"养民济穷"的民生论出发，提出了很多颇具新意的社会福利主张，成为近代中国社会福利思想发展史上的集大成者。其主要的社会福利主张有以下三个。

第一，救济工农。作为革命上升时期资产阶级革命派的领袖人物，孙中山非常同情工农劳动大众的苦难境况，主张消灭"贫富阶级"，实现"真自由平等博爱"。而在理想的博爱社会建立之前，应该采取社会救济措施，改善工人农民的生活。1924年1月，在《中国国民党第一次全国代表大会宣言》中，孙中山首先就强调了对农民的救济政策："中国以农立国，而全国各阶级所受痛苦，以农民为尤甚。国民党之主张，则以为农民之缺乏田地沦为佃户者，国家当给以土地，资其耕作，并为之整顿水利，移殖荒徼，以均地力。农民之缺乏资本至于高利借贷以负债终身者，国家为之筹设调剂机关，如农民银行等，然后农民得享人生应有之乐。"[3] 该宣言针对工人的救济政策也特别指出："中国工人之生活绝无保障，国民党之主张，则以为工人之失业者，国家当为之谋救济之道，尤当为之制定劳工法，以改良工人之生活。"[4]

第二，安老怀少。孙中山继承了中国古代"安老怀少"的社会福利思想，并将其进一步深化。他认为，《礼记·礼运》中所描述的"不独亲其

---

① 《孙中山全集》第2卷，中华书局，1982，第441~442页。
② 《孙中山选集》下卷，人民出版社，2011，第893页。
③ 《孙中山选集》下卷，人民出版社，2011，第616页。
④ 《孙中山选集》下卷，人民出版社，2011，第616~617页。

亲，不独子其子"的"大同世界"，不仅是人类"高尚的思想"，而且是人类进化的目的。他还把"安老怀少"作为理想社会的重要标志来看待，说："实现社会主义之日，即我民幼有所教，老有所养，分业操作，各得其所。"① 孙中山还把儿童福利和老人福利看作社会福利的核心内容，主张使其制度化、规范化。为此，他设计出了一套具体的制度规范："法定男子五六岁入小学堂，以后由国家教之养之，至二十岁为止，视为中国国民之一种权利。学校之中备各种学问，务令学成以后可独立为一国民，可有参政、自由、平等诸权。二十以后，自食其力，幸者为望人为富翁，可不须他人之照顾。设有不幸者半途蹉跎，则五十以后，由国家给与养老金。此制英国亦已行之，人约年给七八百元，中国则可给数千元。如生子多，凡无力养之者，亦可由国家资养。此时家给人乐，中国之文明不止与欧美并驾齐驱而已！"② 这里，孙中山实际上设计了义务教育制度、养老金制度等社会福利制度，他认为只要我们运用国家的力量强力推行上述社会福利政策，使社会不受阶级压迫之痛苦，就会建成"国利民福"的福利社会。

第三，通过"平均地权"建立理想的福利保障社会。孙中山认为，在民族革命和政治革命成功的同时，革命党人还应该致力于以"平均地权"为核心内容的"社会革命"，以建立"家给人足，四海之内无一夫不获其所"③ 的福利保障社会。而孙中山提出这一福利保障社会的理论依据则是美国学者亨利·乔治的"单税社会主义"学说。该学说认为，土地的垄断是造成贫穷困苦的唯一原因，因此医治它们的药剂就是把土地交给整个社会。但亨利·乔治不主张强制没收私人土地，认为只需通过征收单一地价税把地租转化为国赋就算是实现了土地的国有，资本主义贫富分化悬殊的弊端就自然会得到解决。孙中山接受了亨利·乔治的理论，认为"平均地权"是实现福利保障社会的最主要途径。他还对"平均地权"的方法做了具体的解释和规定："文明之福祉，国民平等以享之。当改良社会经济组织，核定天下地价。其现有之地价，仍属原主所有；其革命后社会改良进步之增价，则归于国家，为国民所共享。"④ 孙中山的"平均地权"的具体实施步

---

① 《孙中山全集》第 2 卷，中华书局，1982，第 523 页。
② 《孙中山选集》上卷，人民出版社，2011，第 104 页。
③ 《孙中山选集》上卷，人民出版社，2011，第 82 页。
④ 《孙中山选集》上卷，人民出版社，2011，第 82 页。

骤分为四步。第一步是核定地价，即在国民政府建立后，在换发地契时，令人民自报地价，政府将地主自报之地价写入地契。第二步是照价收税，即把从量地税（按面积纳税）改为从价地税（按地价纳税），贵地收税多，贱地收税少。因为"贵地必在繁盛之处，其地多为富人所有，多取之而不为虐；贱地必在穷乡僻壤，多为贫人所有，故非轻取不可"①。第三步是照价收买，即在核定天下地价时就明确规定，国家有需要时，可随时照地契之价收买。第四步是涨价归公，即自报地价之后，如果因社会发展进步而导致地价上涨，则所涨之价归为公有，为国民所共享。通过以上四个步骤，"平均地权"目标就得以实现，同时还实现了土地国有化，消灭了贫富分化。由于革命成功和社会不断进步，地价会不断上涨，涨价部分全部归国家所有，为国民所共享，这样就可以废除一切捐税，只保留地租一项，百姓就已经用之不竭了。所以，孙中山认为，实行单一税的国家就是高度的福利保障国家。

由此可见，继洪秀全的《天朝田亩制度》和康有为的《大同书》之后，孙中山借鉴亨利·乔治的"单税社会主义"学说构想的"家给人足，四海之内无一夫不获其所"的理想的带有乌托邦色彩的福利保障社会，既反映了中国人对没有剥削没有压迫的理想社会和大同世界的强烈渴望，也代表了先进中国人对资本主义剥削制度的尖锐批判，在中国社会思想史上占有极其重要的地位。

---

① 《孙中山选集》上卷，人民出版社，2011，第100页。

第三章　中国传统的救灾救荒思想

救灾救荒工作属于社会救济范畴，是指对发生重大的自然灾害如水灾、旱灾、虫灾、地震、台风以及战争、暴动等人祸造成的灾民、难民的生活救济。中国古代社会的农业属于靠天吃饭的雨水农业，受自然灾害的影响较大。加之战争的频繁，农民起义接连不断，社会的稳定性机制较差，农民随时都有可能沦为灾民和难民，社会也会陷入动荡和混乱之中，因而早在春秋战国时期，一些思想家就把"备荒赈饥"问题作为社会福利的重要内容进行专门研究，提出了"平粜救荒论""赈灾备荒论"等颇具影响的观点。到汉代又形成了著名的"常平仓"制度，唐宋时期发展出社仓、义仓等制度，对中国封建社会产生了深远的影响。南宋的董煟和明代的林希元对传统的救灾救荒思想进行了系统的总结，成为中国救灾救荒思想史上的集大成的人物。

第一节　平粜救荒思想

春秋战国时期，战争频繁，灾荒不断，统治者受传统观念影响，往往视灾荒为政治昏暗和上天降罚。所以，在灾荒发生后，统治者一般都会紧急策划赈救，当时最常用的手段就是散财发粟。但因政府救灾能力有限，难以承受长时期无条件的赈助，于是，平粜的做法应运而生。对于这种救助百姓的良法，范蠡和李悝先后从理论上加以概括，提出了著名的平粜救荒论，在中国救荒史上产生了重大的影响。在汉代，还依据平粜的做法，形成了著名的"常平仓"制度，这项制度及其衍生出的社仓、义仓等制度，就成为以后历代救灾救荒的常设制度。

一　范蠡、李悝的平粜救荒论

范蠡（前536~前448年），字少伯，春秋末年楚国宛地（今属河南省南阳市）人。春秋末期政治家、军事家、经济学家。司马迁《史记·货殖列传》记载，"昔者越王勾践困于会稽之上"走投无路之际，得到范蠡的辅佐，于是，范蠡辅佐越王勾践重兴越国，并在吴越争霸战中，经过"十年生聚，十年教训"，最后灭掉吴国，一雪会稽之耻，成就霸业，称霸中原。范蠡也被封为越国相国、上将军。但随后范蠡即辞别勾践，转而经商，累财巨万，自称陶朱公。作为春秋末期著名的政治家和思想家，范蠡以农作物收获循环论为依据，提出了谷物平粜思想，成为中国救荒史上平粜理论的鼻祖。

李悝（前455~前395年），又称李克，出身于魏国贵族家庭，是战国初年著名的政治家、法学家和改革家，早期法家的代表人物，曾受业于子夏弟子曾申，做过中山相和上地守，后被魏文侯重用，主持变法。李悝在政治上的主要建树，是在任魏相期间，在政治、经济、军事方面进行了大刀阔斧的改革，厉行法制，使魏国日趋富强。李悝在社会福利思想史上的贡献在于，他把范蠡提出的平粜之法进一步深化，将其与维护农民的利益、维持国家统治的稳定联系起来，并直接为汉代耿寿昌创立的"常平仓"制度奠定了理论基础。

所谓"平粜"，又称平籴，就是封建国家在丰年征购粮食存储起来，以待荒年发放给灾民、难民以稳定民食的措施。在平粜救荒理论的发展史上，范蠡是首倡者，李悝是发展者，经过两人的努力，平粜终于成为中国古代封建官府赈荒的一个重要手段。

关于范蠡的"平粜论"，可以从以下两个方面加以理解。

首先，范蠡的"平粜论"提出的依据是农作物收获循环论。他说："故岁在金，穰；水，毁；木，饥；火，旱……六岁穰，六岁旱，十二岁一大饥。"[①] 可见，范蠡是采用金、木、水、火、土五行相生相克的演化周期来推论农业灾荒年和丰收年的周期性规律的。他断言：谷物丰收的规律是，每六年会有一大丰收年，每六年又会有一大旱年，每十二年则会有一大饥荒年。范蠡的这种推论显然是没有科学依据的，但它却告诉人们，农业收成的丰歉是经常变动的，而且，随着收成丰歉的变动，谷物的价格也是会发生变化的。由此，为避免因谷价波动而使整个社会经济发生困难，国家

---

① 《史记·货殖列传》。

和政府就应对谷物的价格进行控制，这便为平粜理论提供了依据。

其次，根据农作物收获循环论，范蠡提出"平粜论"的基本思想：

> 夫粜，二十病农，九十病末。末病则财不出，农病则草不辟矣。
> 上不过八十，下不减三十，则农末俱利，平粜齐物，关市不乏，治国
> 之道也。①

这段文字的大致意思是，斗谷售出的价格低到二十钱时，就会伤害农民，而到九十钱时，又会伤害末即工商业者。工商业者的利益受到损害，会减少社会财富，而农民的利益受到损害，他们就不愿意努力生产。这就需要国家和政府出面，将谷价控制在斗谷八十钱至三十钱之间，既不能高于八十钱，也不能低于三十钱，这样对于农民和工商业者都是有利的。办法就是平粜，即遇到灾年谷价过高时，官府以低于市场的价格出售粮食；而在丰年谷价过低时，官府以高于市场的价格大量购买粮食并储藏起来。这样就使得谷价趋于平稳，使农末俱利，从而稳定和搞活市场。并且范蠡还将这种平粜之法提到了"治国之道"的高度。

范蠡的"平粜论"，从政府调节谷价入手，打击了囤积居奇的投机商人。在中国历史上，他第一个喊出了"谷贱伤农"的口号，表现出对农民的深切同情。不过，需要注意的是，范蠡的"平粜论"主要是从"农"和"商"之间的利益关系出发的，企图取得"农末俱利"的结果，这种情形到了李悝时有了较大的变化。

战国初年，李悝继承了范蠡的平粜思想。《汉书·食货志》对李悝在魏国推行的"平籴"政策，有一段详细的记载：

> 又曰籴甚贵伤民，甚贱伤农；民伤则离散，农伤则国贫。故甚贵
> 与甚贱，其伤一也。善为国者，使民无伤而农益劝。……是故善平籴
> 者必谨观岁，有上中下熟。上熟其收自四，余四百石；中熟自三，余
> 三百石；下熟自倍，余百石。小饥则收百石，中饥七十石，大饥三十
> 石。故大熟则上籴，三而舍一，中熟则籴二，下熟则籴一，使民适足，

---

① 《史记·货殖列传》。

贾平则止。小饥则发小熟之所敛，中饥则发中熟之所敛，大饥则发大熟之所敛，而粜之。故虽遇饥馑水旱，籴不贵而民不散，取有余以补不足也。行之魏国，国以富强。[①]

从这一大段文字可以看出，李悝的"平籴论"基本上与范蠡的"平粜"论相同，他把丰年分为上熟、中熟、下熟三等，把歉年也相应地分为大饥、中饥、小饥三等。遇到丰年，上熟年份平均每百亩收购余粮三百石，中熟收购两百石，下熟收购一百石，以稳定粮价，防止谷贱伤民。遇到灾年时，则将丰年所收购的粮食粜出，小饥年份粜出小熟年份所籴之粮，中饥年份粜出中熟年份所籴之粮，大饥年份粜出大熟年份所籴之粮。这样即使遇到灾荒饥馑，由于国家有粮食储备，粮价平稳，也不会出现饥民外出逃荒的混乱局面。

将范蠡和李悝的"平粜论"与"平籴论"相比较，会发现一些颇值得认真分析的异同点。

二者的不同点主要有两个。第一，范蠡"平粜论"的目的是要使农民和工商业者都受到恩惠，即所谓"农末俱利"，而李悝谈平粜或平籴的目的则是"民农不伤"，即农业生产者和消费者都从中得到好处。第二，范蠡的"平粜论"重在使价格在允许的范围内上下浮动，而李悝则把学说的重点放在丰年收购和歉年抛售这一环节上。

二者的相同点则表现为，两人平粜或平籴的基本思路相同，都是把粮食平粜问题提高到治国根本方略的高度来认识。从历史影响角度看，两人所阐述的平粜论，对于靠天吃饭，收成无保证的农民来说是有利的。这对抑制投机商人的高利贷剥削和兼并活动、防止农民破产也起到了一定的作用，对此后中国历代的社会救济和救荒都产生了巨大而深远的影响。

二　耿寿昌创立的"常平仓"制度

耿寿昌的生平，史书上记载得极为简略，已无从考究。从《汉书·食货志》的简短记载，可知他主要活动于汉宣帝时期，"宣帝即位，用吏多选

---

① 《汉书·食货志》。

贤良","时大司农中丞耿寿昌以善为算,能商功利,得幸于上"①。作为受汉宣帝信任重用的大司农中丞,耿寿昌颇具影响的活动有三件事:一是改革漕运制度;二是增加海租以增加政府的财政收入;三是创立常平仓制度。其中又以常平仓制度对后世的影响最大。

关于"常平仓"制度创立的过程,班固在《汉书·食货志》中做了如下记述:

> 宣帝即位,用吏多选贤良,百姓安土,岁数丰穰,谷至石五钱,农人少利。时大司农中丞耿寿昌以善为算,能商功利,得幸于上,五凤中奏言:"故事,岁漕关东谷四百万斛以给京师,用卒六万人。宜籴三辅、弘农、河东、上党、太原郡谷足供京师,可以省关东漕卒过半。"又白增海租三倍,天子皆从其计。御史大夫萧望之奏言:"故御史属徐宫家在东莱,言往年加海租,鱼不出。长老皆言武帝时县官尝自渔,海鱼不出,后复予民,鱼乃出。夫阴阳之感,物类相应,万事尽然。今寿昌欲近籴漕关内之谷,筑仓治船,费直二万万余,有动众之功,恐生旱气,民被其灾。寿昌习于商功分铢之事,其深计远虑,诚未足任,宜且如故。"上不听。漕事果便,寿昌遂白令边郡皆筑仓,以谷贱时增其贾而籴,以利农,谷贵时减贾而粜,名曰常平仓。民便之。②

上面这段文字,实际上涉及了两个问题:一个是漕粮制度改革问题,另一个是常平仓设立问题。在耿寿昌建议汉宣帝改革漕粮制度时,有人提出反对意见,但汉宣帝坚持信任耿寿昌。漕粮制度改革获得成功之后,耿寿昌的威望大大提高,这就为他创立常平仓制度提供了条件。

对于耿寿昌常平仓制度,我们结合《汉书·食货志》的相关记载,可以从以下几方面理解。

第一,常平仓制度的核心内容是"谷贱时增其贾而籴","谷贵时减贾而粜",这实际上是封建国家利用农产品丰歉时的差价,买卖粮食,以稳定

---

① 《汉书·食货志》。
② 《汉书·食货志》。

市场，防止谷贱伤农和投机商人对农民的盘剥的一种做法。虽然平粜思想早在春秋战国时期即由范蠡和李悝等人提出，并在部分诸侯国得以实施，但耿寿昌的贡献在于，他将平粜思想具体化为了一种政策和制度，成为中国古代社会最重要的赈荒手段，是对先秦平粜思想的制度化总结，其影响不可低估。

第二，值得特别提出的是，耿寿昌创立的常平仓制度，主要是着眼于边地设防的实际需要而提出的，具有国防战略意义。对于迁居边境、生活异常艰苦的移民来说，更是身受其惠。

第三，常平仓制度实施十年后，由于"天下大水，在位诸儒多言盐铁及常平仓可罢，毋与民争利"[①]，这项制度在汉元帝元年（公元前48年）被废除。直到东汉明帝永平五年（公元62年）才又恢复。在此后的历代封建王朝，常平仓制度虽然时立时废，却始终是封建社会一项基本的救荒良政。当然，常平仓制度也有其弊端，东汉初期的刘般就曾指出"常平仓外有利民之名，而内实侵刻百姓。豪右因缘为奸，小民不能得其平，置之不便"[②]，即官吏与豪强地主内外勾结，利用常平仓的买与卖，大肆剥削百姓，这大概是耿寿昌创立常平仓制度时所没有想到的。

由于常平仓是官府设立的，粮食多储存在州县，但灾民却多集中在农村，使得真正需要赈济的乡村饥民难以得到及时的救助。为克服常平仓制度的弊端，从唐代开始，又发展出社仓、义仓等制度，这些制度实际上仍然是平粜思想的贯彻和运用。

第二节 备荒赈饥思想

中国是一个传统的农业大国，幅员辽阔，自然灾害也是频频发生，而古代社会的农业属于靠天吃饭的雨水农业，受自然灾害的影响较大，加之中国历史上战争频繁，农民起义接连不断，使得社会的稳定机制较差，广大农民随时都有可能沦为灾民和难民，社会也极易陷入动荡和混乱之中。因而早在春秋战国时期，一些思想家就把"备荒赈饥"问题作为社会福利

---

① 《西汉会要·常平仓》。
② 《后汉书·刘般》。

的重要内容进行专门研究，如代表小生产者利益的墨子，就十分关注灾荒问题，提出了独具特色的赈灾备荒论；而成书于战国时期的《周礼》，也形成了一套包括灾前备荒和灾后救济措施在内的系统的备荒赈饥思想。到了汉代，贾谊和晁错将自然因素与社会因素结合起来考虑，对灾荒的成因进行了深入的分析，提出了他们著名的"贵粟备荒论"，汉代还建立了著名的"常平仓"制度，对以后的中国封建社会产生了深远的影响。以后的唐、宋及明、清各代，都十分重视救灾救荒工作。

一 墨子的赈灾备荒论

墨子（前 468~前 376 年），名翟，鲁国人，主要活动于春秋末年和战国初期。墨子出身贫贱，自称"贱人"①，曾做过木工，技艺超群，做过守城器械。相传他曾与当时著名工匠公输班斗法并获胜。墨子早年曾受过儒家的教育，"学儒者之业，受孔子之术"，但后来"以为其礼烦扰而不说，厚葬靡财而贫民，服伤生而害事，故背周道而用夏政"②，转而抛弃儒家，创立了与儒家并称"显学"的墨家学派，"从属弥众，弟子弥丰，充满天下"③。

墨翟是小生产者阶层利益的代表者，据记载，他裘褐衣，日夜不休，以自苦为极。其门徒多出身游侠，共同组成了一个严密的团体，有严格的纪律。"墨子服役者百八十人，皆可使赴火蹈刃，死不旋踵，化之所致也。"④ 其首领称巨子，具有至高无上的权威。著名学者冯友兰在比较儒、墨两个学派的不同特点时说："孔子是古代文化的辩护者，辩护它是合理的、正当的，墨子则是它的批判者。孔子是文雅的君子，墨子是战斗的传教士。"⑤ 应该说，这是对墨子学派特征深刻的概括。

墨子思想体系的核心是其"兼爱说"，他认为人与人、家与家、国与国之间都应该无条件地彼此相爱，这实际上反映了小生产者要求平等互爱的善良愿望。从"兼相爱""交相利"这一根本原则出发，墨子对处于饥寒交

---

① 《墨子·贵义》。
② 《淮南子·要略》。
③ 《吕氏春秋·当染》。
④ 《淮南子·泰族训》。
⑤ 冯友兰：《中国哲学简史》，北京大学出版社，1996，第 44 页。

迫中的广大劳动者表现出深切的同情，主张要给广大劳动人民以实际的"衣食生利"，以使饥者能得食、寒者能得衣、劳者能得息。针对当时严重的灾荒情况，他提出了别具特色的赈灾备荒论。墨子的赈灾备荒论，概括起来，主要有以下三方面内容。

第一，墨子分析了春秋战国时期老百姓饥寒交迫、多灾多难的原因。他认为，当时灾荒产生的原因主要有两个：一是自然界的变化造成的；二是统治者的横征暴敛、奢侈浪费、发动战争造成的。他在《七患》中抨击了统治阶级的骄奢淫逸："以其极赏，以赐无功；虚其府库，以备车马衣裘……苦其役徒，以治宫室观乐；死又厚为棺椁，多为衣裘；生时治台榭，死又修坟墓，故民苦于外，府库单于内。上不厌其乐，下不堪其苦，故国离寇敌则伤，民见凶饥则亡。"① 在《非攻》中，他又揭露了诸侯争霸战争的罪恶，攻城野战，"杀人多必数于万，寡必数于千"，而百姓"饥寒冻馁疾病而转死沟壑中者，不可胜计也"②。可见，统治阶级的腐败奢侈和野蛮战争，是人民最大的灾难祸害，也是造成灾荒的主要原因。

第二，墨子还探讨了灾荒的程度鉴定问题及其社会影响。古代种谷，一般都杂种五谷以备灾害，就每种谷的丰歉程度可以断定荒灾的严重程度："一谷不收谓之馑，二谷不收谓之旱，三谷不收谓之凶，四谷不收谓之馈，五谷不收谓之饥。"③ 探讨灾荒程度问题的意义在于，政府可根据荒灾的情况，制定出相应的赈灾措施，以把灾荒带来的损害降到最低。

第三，归纳总结了赈荒抗灾的主要措施。概括起来说，他提出的主要措施有以下三个。

（1）积粟备荒。墨子认为，如果国家仓无备粟，随时随地都可能面临凶饥的危险。他引用《周书》的话说："国无三年之食者，国非其国也；家无三年之食者，子非其子也。"④ 主张无论是国家还是家庭，都应积粟以备饥荒。

（2）节用抗灾。墨子主张各级贵族的俸禄要根据灾情减少，以便通过"节用"来抵御灾害。他说："岁馑则仕者大夫以下皆损禄五分之一，旱则

① 《墨子·七患》。
② 《墨子·非攻》。
③ 《墨子·七患》。
④ 《墨子·七患》。

损五分之二，凶则损五分之三，馈则损五分之四，饥则尽无禄，禀食而已矣。"① 墨子的上述减俸节用的设想，不仅体现了节约国家财政开支的原则，而且蕴含着官民同甘共苦的思想，具有一定的人民性。

（3）足财抗灾。所谓"足财"，就是通过发展生产，增加财富的方法度过灾荒。墨子认为："虽上世之圣王，岂能使五谷常收，而旱水不至哉！然而无冻饿之民者，何也？其力时急……其生财密，其用之节也。"② 这就是说，上世禹、汤等圣王在位时，虽然也水旱成灾，但百姓能免于饥饿之苦，其原因在于，这些圣王非常重视农业生产，使财富积累不断增加，提高了抗御灾害的能力。由此，墨子特别重视农业生产，认为"农事缓则贫，贫且乱政之本"③，"民无仰则君无养，民无食则不可事。故食不可不务也，地不可不力也，用不可不节也"④。在他看来，只有发展农业生产，使民"足食"，国家才能真正不被灾荒摧垮。

二 《周礼》中的备荒赈饥思想

《周礼》，相传是西周初年周公的遗典，是周公"制礼作乐"的产物之一。因该书把国家政权按职能划分为"天官冢宰""地官司徒""春官宗伯""夏官司马""秋官司寇""冬官司空"六大部分，故又名《周官》。其中，天官冢宰位居首辅，其属官有 63 职，主管朝廷及宫中事务，辅佐君主驾驭群臣、统治万民；地官司徒主管千里王畿内的民事，其属官有 78 职；春官宗伯主管鬼神祭祀和文化，其属官有 70 职；夏官司马主管诸侯及军旅，其属官有 70 职；秋官司寇主管司法，其属官有 66 职；冬官司空主管百工，因此篇已亡佚，不知其属官有多少，汉人以《考工记》补上，为 30 职。以上共 377 职，有明确职能记载者 366 职。可见《周礼》是一部谈论国家政权的组织、机构、人员设置和职能的专书，其特点在于用官制联系经济、文化、教育等各种制度，堪称古典时代的百科全书。

关于《周礼》的成书年代，学术界争议颇多。汉儒刘歆、宋儒朱熹认为，《周礼》是周公的遗典，经孔子整理，此种说法已被很多学者批驳，不

---

① 《墨子·七患》。
② 《墨子·七患》。
③ 《墨子·非儒下》。
④ 《墨子·七患》。

足为信。现存《周礼》相传是西汉河间献王刘德（汉景帝的儿子）从民间收集来的一部古书，但该书当时并未引起世人的重视。直到西汉末年，王莽专权，他以周公自居，模仿周制，为取代刘汉王朝做准备。国师刘歆发现了《周礼》，并献给了王莽，此书从此备受青睐，被尊奉为"国典"，并立于博士。王莽的新政失败后，这部书又遭冷遇，只有少数儒生在私下传习。到了东汉末年，经学大师郑玄作《周礼注》，《周礼》才重为世人所重视，并与《仪礼》《礼记》并列于《三礼》之中，成为儒学士大夫必读的儒家经典之一。近代学者钱穆考证后认为《周礼》应该是著于战国时期，这种说法目前在学术界影响很大，几乎成为通说。

《周礼》成书的战国后期，以"战国七雄"为代表的各大诸侯国，纷纷通过变法改革来加强以王为代表的中央政权的权力，而削弱封君的势力，并开始探讨中央集权体制下的地方政府体制问题，为统一天下做准备。适应这种现实的政治需要，诸子百家从不同的角度为统治者提供"一天下"的方略。《周礼》的作者就是试图为正在形成中的中央集权专制政权设计一套庞大而完备的组织机构和管理体制。为了使该书的论证翔实有据，作者吸收了许多古代的材料，使用了许多古老的语言，试图为世人再现西周的典章制度以作参考，其目的是显而易见的。

在先秦儒家基本经典中，《周礼》也是对社会福利问题论述得最为具体、系统的书籍之一。与先秦诸子侧重于理论思辨和构建抽象的理论体系不同，《周礼》主要讨论了政府关于社会福利的具体运行办法，如关于免服徭役的规定，关于社会救助对象的界定，关于灾情发生后抗灾、救灾的具体措施等，展现了中国古代先民对社会福利问题的思考，对秦汉以后的中国封建社会产生了深远的影响。

作为中国历史上第一部关于国家机构体系的著作，《周礼》并未专设篇章来讨论社会福利问题，但是在论述各种官职的职权范围时，特别是在"地官司徒"篇中，提出了一套相对完备的备荒赈饥的具体主张，主要包括灾前备荒和灾后救济两个方面。

1. 关于灾前备荒

中华文明的发祥地黄河流域，自古就多灾多难。据统计，我国西周和东周的 867 年间，显著的自然灾害总数就达 89 次之多。其中次数最多的是旱灾，多达 30 次，其次为水灾，达 16 次，虫灾 13 次，地震 9 次，大歉致饥 8 次,霜雪 7 次,雹灾 5 次,疫灾 1 次。在灾情最严重的周厉王二十一年至二十六年(前 858~前 853 年),竟然连续 6 年大旱。① 在灾荒的严峻挑战面前,中国古代先民起而应战。翻检先秦诸子的文字,会发现各家都十分重视备荒抗灾问题,提出了许多备荒抗灾的良策。《周礼》则把荒政列为国家大政之一,对备荒抗灾提出了许多独到的见解,其中最具有代表性的是备荒粮食储备制度。

《周礼》中规定负责国家粮食储备工作的总机构叫"遗人"。在"遗人"主持之下设有各个层次的"委积","委积"即以国用的余财储粮备荒:

> 乡里之委积,以恤民之艰厄;门关之委积,以养老孤;郊里之委积,以待宾客;野鄙之委积,以待羁旅;县都之委积,以待凶荒。②

从上文可以看出,"遗人"所主管的粮食储备,其用途是多方面的,主要用于贫困百姓和老孤的救恤,也用于接待宾客和周济陷于困境的过路人。但需要注意的是,"县都之委积"主要是用于备荒。可见,《周礼》中关于灾前备荒已有严格的规定。

2. 关于灾后救济

对于灾情发生后的救济工作,《周礼》详细列举了 12 项紧急措施:

> 以荒政十有二聚万民,一曰散利,二曰薄征,三曰缓刑,四曰弛力,五曰舍禁,六曰去几,七曰眚礼,八曰杀哀,九曰蕃乐,十曰多昏,十有一曰索鬼神,十有二曰除盗贼。③

这 12 项安定定民的赈济灾荒的措施,具体如下。

(1)"散利",是指国家对受灾百姓发放救济粮或者贷给百姓谷种和粮食,通过"散利"于灾民以维护社会秩序。

(2)"薄征",是指灾荒发生后,国家减少征税,以减轻灾民负担。

---

① 参见邓云特《中国救荒史》,河南大学出版社,2010,第 10 页。

② 《周礼·地官司徒》。

③ 《周礼·地官司徒》。

（3）"缓刑"，就是国家对受灾地区实行轻刑政策。

（4）"弛力"，就是免除受灾百姓的劳役，以解放劳动力，致力于救灾。

（5）"舍禁"，指国家开放山林川泽，供百姓使用。

（6）"去几"，指在各关隘、渡口对过往客商免去盘查，免去关市征税，以鼓励货畅其流。

（7）"眚礼"，"眚"（音 shěng），原指一种眼病，此处通"省"，即简省。眚礼就是指简化国家和贵族的生活礼仪，以节省开支。

（8）"杀哀"，是指简化丧礼的礼仪。

（9）"蕃乐"，是将乐器收集到官府暂不使用，意在对贵族的奢靡生活进行某些省减和控制。

（10）"多昏"，"昏"通"婚"，指简化婚礼礼仪，鼓励百姓结婚，为民众结婚创造便利，以增加人口。

（11）"索鬼神"，指恢复一度被废的有关鬼神祭祀的活动，这与古代人迷信鬼神有直接关系。

（12）"除盗贼"，指在灾后注意严惩盗贼，以维护社会秩序的安定。

可见，《周礼》对于灾后的社会救济工作设想得非常全面，堪称对战国后期国家救灾活动集大成的总结。

三　贾谊、晁错的"贵粟备荒论"

贾谊（前200~前168年），西汉洛阳（今属河南省洛阳市）人。他是荀子的再传弟子，博学多才，兼融诸子之学，18岁时就以文才闻名本郡。汉文帝即位后，经吴公推荐，贾谊被文帝召为博士，深受文帝赏识。他屡次向文帝上书陈述治国"富民安天下"的见解，主张抗击匈奴，削弱诸侯王的权力，重农抑商，黜奢崇俭，成为朝中最具见识的大臣。但他的改革主张受到周勃等元老重臣的反对，被排挤出西汉中央政权。贾谊先任长沙王太傅，后又改任梁王太傅。汉文帝十一年（前169年），梁王坠马而死，贾谊非常内疚，于次年抑郁而死。贾谊"贵粟救荒"的社会福利思想主要体现在《汉书》的《贾谊传》、《食货志》、《新书》十卷中。

晁错（前205~前154年），西汉颍川（今属河南省禹州市）人。他和贾谊是同时代人，年龄稍长于贾谊，两人的思想倾向也非常相近，是"贵粟备荒论"的大力提倡者。晁错曾任太子家令、中大夫、御史大夫等职。晁错多次上书文帝、景帝，主张抗击匈奴，充实边防，削弱诸侯王势力。他撰写的《守边劝农疏》《募民实塞疏》《论贵粟疏》都是为后代久久诵传的政论名文。汉景帝三年（前 154 年），吴楚七国以诛晁错为名发动叛乱，晁错遂被杀害。他的著作散见于《汉书》中，较为完整的仅有 8 篇奏疏。

贾谊和晁错生活的时代，正是汉朝初年统治者尊奉"黄老之术"，采取"与民休息"的政策，使残破的社会经济逐渐恢复和社会秩序比较稳定的时期。但二人却没有盲目地陶醉于"文景之治"的盛世情结之中，而是敏锐地察觉到西汉王朝正面临严重的社会危机，如果不加以妥善处理，势必会影响到王朝统治的稳定，并演化为一场空前的灾荒。为了"富安天下"，帮助封建王朝消除危机，贾谊和晁错将自然因素与社会因素结合起来考虑，对灾荒的成因做了颇具新意的分析，并在此基础上提出了他们的贵粟备荒论。

1. 荒灾成因论

关于灾荒的成因，贾谊和晁错主要从自然因素与社会因素两个方面进行了分析。

首先，从自然界演化的规律看，荒灾的发生往往具有一定的必然性。他们说：

> 世之有饥穰，天之行也，禹汤被之矣。①

> 五岁小康，十岁一凶，三十岁而一大康，盖曰大数也。自人人相食，至于今若干年矣！即不幸有方二三千里之旱，天下何以相救？②

这就是说，年成有荒饥，有丰收，这是天道运行的规律，就是圣王夏禹、商汤也不能幸免。而灾年和丰年到来的规律，一般是五年当中有一年是小丰收，十年中则会有一个灾年，三十年中必有一个大丰收年。如果不幸发生方圆两三千里的大旱灾，国家又怎样去救济灾民呢？

其次，富商大贾生活腐化，穷奢极欲，霸占和消耗了社会上的大量财

---

① 《汉书·食货志》。

② 《新书·忧民》。

富，使国家日益贫穷，抗御自然灾害的能力大大降低，也是造成灾荒的重要原因。他们说：

> 夫百人作之不能衣一人，欲天下亡寒，胡可得也？一人耕之，十人聚而食之，欲天下亡饥，不可得也。饥寒切于民之肌肤，欲其亡为奸邪，不可得也。国已屈矣，盗贼直须时耳。[1]

> 而商贾……故其男不耕耘，女不蚕织，衣必文采，食必粱肉；亡农夫之苦，有仟伯之得。因其富厚，交通王侯，力过吏势，以利相倾；千里游敖，冠盖相望，乘坚策肥，履丝曳缟。此商人所以兼并农人，农人所以流亡者也。[2]

在这里，贾谊、晁错把国家贫困、抗灾能力的降低，都归因于富商大贾和官僚贵族的内外勾结、奢侈腐化，体现了他们强烈的农本观念和对官僚富豪贪婪盘剥的憎恨。他们认为汉朝建立 30 余年来，国家越来越穷，粮食极为短缺，在粮食歉收的年份，穷人就要挨饿受冻，遇到灾荒，就只能卖儿卖女了。因此，增加国家的粮食储备，提高国家的抗灾能力，就成为当务之急。

总之，贾谊和晁错将自然因素与社会因素相结合，探讨了灾荒的成因，大声疾呼西汉社会正面临严重的社会危机，表现出了他们强烈的社会责任感和强烈的危机意识。

2. 积粟备荒思想

在对灾荒成因认识的基础上，贾谊和晁错从社会治乱安危的战略高度看待社会的积粟问题，提出了积粟备荒思想。

首先，他们强调了以粮食储备为核心内容的社会储备的重要性。他们认为，要想"富安天下"，就必须有充足的粮食储备，这既可以备荒又可以备战，是国家的"大命"和根本。他们指出：

---

[1] 《汉书·贾谊传》。
[2] 《汉书·食货志》。

> 夫积贮者，天下之大命也。苟粟多而财有余，何为而不成……何招而不至？[1]

> 王者之法，民三年耕而余一年之食，九年而余三年之食，三十岁而民有十年之蓄。故禹水九年，汤旱七年，甚也，野无青草而民无饥色，道无乞人。……王者之法，国无九年之蓄，谓之不足；无六年之蓄，谓之急，无三年之蓄，曰国非其国也。[2]

> 圣王在上而民不冻饥者，非能耕而食之，织而衣之也，为开其资财之道也。故尧、禹有九年之水，汤有七年之旱，而国亡捐瘠者，以畜积多而备先具也。[3]

这里，他们借古圣王大禹、商汤的事迹，说明国家积粟的重要性，提出如果没有九年的粮食积蓄，可称之为"不足"；没有六年的粮食积蓄就称之为"急"；而没有三年的粮食积蓄，那就国将不国了。可见，粮食储备确实是国家的"大命"所在。

其次，要想使国家"粟多而财有余"，就必须要求农民全力从事农业生产，打击富商大贾的商业投机活动。此外还可以通过"入粟以受爵"和移民实边等办法来增加国家的粮食储备。具体来说，就是开源、节流、增加储备。其提出的具体措施包括以下三个。

第一，驱民归农。

他们认为，在挥霍奢侈的社会风气极度盛行的背景下，百姓纷纷脱离农业生产而从事工商业活动，导致消费者太多而生产者太少，使得天下的粮食储备频频告急。要想杜绝"食者众，生者少"的不合理现象，就必须采取"重本抑末"的果断措施，迫使百姓不得不从事农业生产。

> 今驱民而归之农，皆著于本，使天下各食其力，末技游食之民转

---

① 《汉书·食货志》。
② 《新书·忧民》。
③ 《汉书·食货志》。

而缘南亩，则畜积足而人乐其所矣。可以为富安天下，而直为此廪廪也。①

方今之务，莫若使民务农而已矣。欲民务农，在于贵粟；贵粟之道，在于使民以粟为赏罚。②

从上面两段文字可以看出，贾谊、晁错二人的逻辑是，农业是国家的根本，所以必须重农；而重农就必须抑商；抑商的办法是"贵粟"、"驱民归农"、以"粟"为赏罚的依据。这样百姓就都能全力去从事农业生产了，国家的粮食储备自然就充足了。

第二，入粟以受爵。

贾谊和晁错都曾多次提出赏罚以粮食为据的想法，富人可"以粮捐官"，罪人也可"以粮赎罪"，这样就可以刺激百姓从事农业生产的积极性。所以，他们说：

贵粟之道，在于使民以粟为赏罚。今募天下入粟县官，得以拜爵，得以除罪。如此，富人有爵，农民有钱，粟有所渫（音xie，四声，本义是淘去污泥，此处有泄、疏通之义——编者注）。夫能入粟以受爵，皆有余者也。取于有余，以供上用，则贫民之赋可损，所谓损有余补不足，令出而民利者也。③

这里实际上强调了"入粟以受爵"的三大优点，即以富人之余粮补充国家粮食的不足；国家以爵位满足富人的政治、社会地位的需求；国家一旦有了粮食，就可以减免贫民的赋役，使贫民得以喘息和生存。从历史上看，文帝的确曾听从晁错等人的建议，在国家储备了一定粮食的条件下，多次减免租赋，缓和了社会矛盾，这就为"文景之治"的出现准备了条件。

---

① 《汉书·食货志》。
② 《汉书·食货志》。
③ 《汉书·食货志》。

第三，禁奢侈风气。

贾谊和晁错认为，在农业生产还比较落后的条件下，要想使"粟多而财有余"，除了"驱民归农"之外，还要消灭浪费现象，杜绝奢侈之风。他们尖锐地揭露了富豪商贾的奢侈浪费现象：

> 今民卖僮者，为之绣衣丝履偏诸缘，内之闲中，是古天子后服，所以庙而不宴者也，而庶人得以衣婢妾……古者以奉一帝一后而节适，今庶人屋壁得为帝服，倡优下贱得为后饰，然而天下不屈者，殆未有也。①

这就是说，现今出卖奴婢的豪富，给奴婢穿的是绣花衣服和丝绸的鞋子。这种衣着，古代君后在普通的宴会上都不穿，只有在进宗庙祭祀时才穿。如此奢侈腐化，国家的物质财富怎能不枯竭呢？因此，要想使国家财富有余，必从禁奢侈之风开始。

贾谊、晁错在文景年间提出的"贵粟备荒论"，体现了二人"惠民""利民""安民"的仁政思想，他们认为民众是不可欺辱的，"夫民者，万世之本也，不可欺……夫民者，大族也，民不可不畏也。故夫民者，多力而不可适也。呜呼！戒之哉！戒之哉！"② 在中国社会福利思想史上，"贵粟备荒论"的价值主要在于，看到了粮食储备在社会救济和救荒过程中的重要地位和作用，从而把粮食储备问题提高到国家是否能够稳定和长久的战略高度上来。虽然有些关于"贵粟"的言论措辞过于偏激，但总体看来，其"贵粟"的立论还是可以成立的。

四　备荒赈饥思想在隋唐及以后的发展

如前所述，为了备荒赈饥，同时也为了稳定粮价、安定社会，汉代在耿寿昌倡导下设立常平仓制度，成为国家粮食储备的重要手段。但由于常平仓是官府设立的，粮食多储存在州县官府，而灾民却多分散在农村，一旦遭受灾荒，真正需要赈济的乡村饥民难以得到及时的救助。为克服常平

---

① 《汉书·贾谊传》。
② 《新书·大政》。

仓制度的弊端，从唐代开始，又发展出义仓、社仓等制度，来提升抗灾救灾的能力和水平。此外，仍有不少思想家继续关注备荒抗灾问题，使得备荒赈饥思想在隋唐及以后得到进一步发展并日趋完善。

1. 隋唐时期的义仓（社仓）制度

隋唐时期，统治者在总结前代抗灾救灾经验教训的基础上，开始在乡村普遍设立义仓，储备粮食，以备饥荒。因义仓建设在乡村，故又名社仓。作为一种民间的粮食储备方式，其基本功能就是积谷备荒。隋文帝时，各地义仓建设得十分规范，在救济灾民方面发挥了一定的作用，但到隋炀帝时逐渐废弛，致使水旱灾害发生时，因社仓无粮，无法开仓赈荒，激化了社会矛盾。

唐王朝建立后，唐太宗吸取隋亡的教训，对赈荒事务非常重视。贞观初年，他接受尚书左丞戴胄所上《请建义仓疏》的建议，在乡村中普遍恢复设立义仓，让百官、百姓缴纳粮食，以备饥荒，每当有荒灾饥馑发生，都开仓赈济。而且唐代的义仓制度相对于隋朝更加完善、更加制度化，在义仓粮食的征收、用途方面都有了更明确、详细的规定。

首先，征收的对象。唐代在义仓谷征收的对象上从建立之初就有着明确的规定，即贵族（王爵和公爵）之下一切拥有田地的人（包括官僚、地主、农民等）都需缴纳相应数量的义仓谷。同时，对于没有田地的商贾，朝廷则会依据其贫富，将他们分为九等，分别征收五石至五斗的义仓谷。

其次，征收的标准。隋朝时对于义仓谷的征收主要是以"户等"为准，上户不过一石，中户不过七斗，下户不过四斗。到了唐初，因全国刚刚经历战乱，以"户等"为准来征收义仓谷的方式显然已是不切合实际的了，因为要定"户等"，就必须先查明全国百姓的资产（主要是土地）的多少，而这点对于刚刚从战乱中走出来的唐代显然是不可能完成的事情。因此，在唐初，虽继续置义仓，但不再以"户等"为准，而是以"亩产"为准，即义仓谷按亩征收，每亩缴纳二升义仓谷，缴纳的谷物可以是粟、麦、粳或稻。至高宗后的唐中期的征收方式多在"按亩纳税"和"按户纳税"两者之间徘徊，如玄宗一朝，对于有田地的臣民就按亩征收义仓谷，而对于无田地的商人则按户征收义仓谷。到了唐后期，也就是从唐宪宗开始，义仓谷的征收方式发生了较大的变化，不再单独专门地去征收义仓谷，而是改为从各州府的地方税中分出一部分充作义仓谷。

最后，义仓谷的使用。义仓谷主要用于三个方面。第一，赈贷。义仓出现的目的就是备灾荒，因此赈贷就是义仓谷最为主要的用途。所谓赈贷就是赈给和借贷的合称。唐代的灾荒次数是非常多的，为了解决受灾百姓果腹的问题，唐代多采用开诸仓赈贷救灾的方法，而在其中开放最多的粮仓就是专门为"备灾荒"而置的义仓。在灾荒年间，唐朝赈给的对象并不是受灾荒的所有人，被认定是富户的百姓不在赈给的范围之内。此外，赈给是无偿的，因为只有无偿赈给失去生计的灾民，才能保障他们的生产和生活，也只有这样才能确保国家不会因为灾民的缘故而出现动乱。而借贷，那自然就是有偿的，但没有利息，借贷的灾民只需在秋收后"照数征纳"即可。同时，借贷不同于赈给，它是没有贫富之分的。当然，唐朝虽不限制借贷的范围，但对于借贷的粮食数量却有限制，即三口以下的家庭最多只能借贷一石的粮食，六口以下的家庭最多只能借贷两石的粮食，七口以下的家庭最多只能借贷三石的粮食。第二，农业借贷。自唐中期后，唐代的义仓经过百年的发展，已不再局限于"备灾荒"，正常年岁时，若农民的粮种不足，亦可向义仓借贷粮种，而且唐代的农业借贷是没有任何利息的，即农桑春播之际，贫困农民若缺少粮种耕种，则可向所在地的县官申请农业借贷，经县官审查合格后，农民就可从义仓中借出其所申请的对应数量的粮种，之后在秋收之际，借贷的农民只需将所借的粮种归还即可，无须支付额外的利息。第三，平衡粮价。唐朝的义仓除了有赈贷、农业借贷的用途外，还有一个重要的用途，那就是平衡全国的粮价。在唐代，一旦出现粮食短缺或粮价波动巨大的问题，朝廷就会主动卖出各地义仓中的粮食，以此来平衡各地市场的粮价，从而避免"谷贵伤民"问题的出现。

唐代的义仓对于维护唐朝统治的稳固起到了无可替代的作用。例如，依靠义仓的"赈贷"，无疑可以大大增强小农经济抵御灾害的能力，这在一定程度上保证了灾民的农业生产活动可以在最短的时间内得到有效的恢复。再如，同样依靠义仓来进行的农业借贷，一方面，此借贷是无息的，受灾农民无须支付高额的利息，因此这种借贷的出现显然可以减轻受灾农民的负担，从而有利于灾后农业生产的恢复。另一方面，以义仓为后盾的农业借贷，它还可以抑制富户对于农民的剥削行为，从而也就避免了农民被富户逼得家破人亡的事情出现，如此也就缓和了阶级矛盾，稳定了社会秩序。

当然，义仓虽优点多多，其缺陷也是明显的。其一是救济范围有限。

唐代义仓初设之时，唐太宗虽下诏"天下州县并置义仓"，但在实际的建设当中，为了方便对义仓的管理，他们多只在交通便利的州县置义仓，而一些交通不便利的州县，如处在边疆的州县，则多不会置义仓。当灾荒年到来时，那些因交通不便利而未设置义仓的地区很少能得到有效的救济。其二是赈给效用不足。义仓是朝廷设置的粮仓，因此管理义仓的肯定就是官吏。历代王朝总是不可避免地会出现官员贪污腐败的问题，这点对于唐代来说也是不例外的。

总的来说，义仓对于唐代的救荒还是起到了非常重要的作用，虽说它存在一些缺陷，但对于当时受灾的灾民来说，义仓中的粮食多多少少能让大部分灾民摆脱饿死的下场。同时，对唐朝统治者而言，义仓的存在也对稳固其统治起到了重要的作用，因为义仓可以让大部分的农民在灾荒年至少可以确保不会被饿死，而只要农民不会被饿死，他们就不会造反，如此，也就能确保其统治的稳固。

2. 李觏的"复义仓"制度设想和朱熹的社仓论

宋朝的义仓制度直接继承自隋唐，最早建立于宋太祖建隆四年（963年）。防备灾害以及农作物歉收是其建立的主要目的。但是义仓制度在北宋却时废时立，这有很多原因，其中包括官员的意见不一致、义仓运行管理中的腐败不堪以及义仓本比较拮据等。乾德四年（966年），宋太祖因义仓物资匮乏，且运输重叠，嫌其麻烦而关闭了各州的义仓；庆历四年（1044年），王琪谏言恢复义仓，宋仁宗采纳了他的建言，恢复了义仓，但是又于庆历五年（1045年）下诏书废除了义仓。而后，宋神宗于熙宁十年（1077年）复立义仓，但元丰二年（1079年）又罢。绍圣元年（1094年），义仓得以在全国恢复，但是又于宣和六年（1124年）废除。一直到了南宋时期，义仓制度才稳定下来，但其功能和管理已改变了很多。

在北宋，李觏也是一个极力主张恢复义仓制度的思想家，但又鉴于隋唐及北宋初年义仓制度的弊端，主张对义仓制度进行改革。隋唐以来实行的义仓制度在北宋初期时废时立，这让李觏甚为忧心，力主恢复并稳定义仓制度，以使灾荒年份能确保灾民基本生存需要的满足，从而维持社会的稳定。但鉴于唐代向义仓纳粟的主要不是贫民而是富户，但这些富户又只有入粟的义务，而没有接受救济的权利，所以，对于富户来说向义仓纳粮就只是一种征敛，而没有其他的意义，自然没有了积极性。因此，李觏主张改革义仓制度，建议将征收来的义仓粮食改为案留，当灾荒发生时，下户乏粮者可以收回自己寄存的粮食，上户寄存的粮食用于赈济贫民，但上户纳粮数量要留有记录，达到一定数量后，可以拜爵，这样富人纳粟的积极性便被调动起来了，富者贫民都可以各受其益、各得其所。可以看出，李觏的"复义仓"的思想深受贾谊、晁错的"入粟以受爵"思想的影响。

到南宋时期，朱熹进一步提出设"社仓"来解决饥民粮食问题的主张。"社仓"一词首见于隋代，即指义仓，因其建于村社而得名，功能是赈灾。义仓是由官府主办的，而南宋时期由朱熹主持并参与创建的社仓是民办的，与官府无直接关系，它是以出贷粮食的方式赈灾，而出贷粮食是有利息的。朱熹社仓的特点，概括起来主要有三点：一是官方只履行监督职能而不直接干预管理，以防止官方移用，防止抑配；二是出贷粮食要收取利息；三是限定借贷者范围，借贷者结保，确保归还。如果以这三点作标准，则这种特殊意义上的社仓，就是由朱熹首创的，它不同于传统的义仓和常平仓。在朱熹看来，传统的义仓和常平仓有两个弊端：其一，义仓、常平仓的粮食藏在州县，只能使市民受益，至于深山之农民，则根本不能受益；其二，由于法令细密，守仓官吏"避事畏法"，往往是眼看饥民饿死也不肯发放粮食。而社仓设在村社，救济方便，且社仓米多为富人自愿出借，日后都要归还，每年五月出借，十一月收回。"愿贷者出息什二……岁或不幸小饥，则弛半息；大侵则尽蠲之，于以惠活鳏寡，塞祸乱原，甚大惠也"[1]，即出借社仓的粮食要收取二分（即20%）的利息，小饥之年利息减半，大饥之年则全免。这样可以避免富豪趁灾荒放高利贷和兼并土地，而对于无劳力的鳏寡，也可免除利息，使其得到实惠。

朱熹的社仓法充分体现了他的社会保障思想。社仓法的实施，不仅减轻了封建国家财政的负担，而且改变了受灾民众单纯依靠国家拨谷救济的思想，有效地培养了农民的自我保障意识。同时，社仓的推行还意味着它找到了一种以民间力量为主的具有互助性质的备荒赈饥的新办法，它已经超过常规赈恤范围，向全面社会保障前进了一步，是我国古代社会保障制度的一个新发展。

---

[1]《全宋文·建宁府崇安县五夫社仓记》。

3. 洪秀全的赈饥救荒的新设想

洪秀全既是一个农民革命家也是近代中国颇具影响力的思想家。他将基督教"在上帝面前人人平等"思想和中国儒家传统的"大同"思想、仁政思想巧妙地结合在一起，提出了别具特色的社会平等论和社会理想论，构想了"有田同耕，有饭同食，有衣同穿，有钱同使"的理想的社会保障模式，产生了巨大影响。而在由洪秀全主持制定的《天朝田亩制度》中，也蕴含着赈饥救荒的社会福利思想。

《天朝田亩制度》规定，"凡天下田，天下人同耕，此处不足，则迁彼处，彼处不足，则迁此处。凡天下田，丰荒相通，此处荒，则移彼丰处以赈此荒处，彼处荒，则移此丰处以赈彼荒处"，即在饥荒地和丰收地之间互相周济，使天下"丰荒相通"，这样就会永无饥民。这种"丰荒相通"的举措，是洪秀全对解决赈饥救荒问题的一项创举，是中国古代其他的救荒思想家所没有想到的。

第三节　董煟和林希元的救荒思想

在中国救荒思想史上，还有两位杰出的救荒思想家，即南宋的董煟和明代的林希元，他们的代表作《救荒活民书》和《荒政丛言疏》都是中国救荒思想的集大成式的著作。

一　董煟的救荒思想

宋代以前的中国封建社会，关于救荒问题极有影响的思想言论，主要集中在《周礼》及范蠡、李悝、耿寿昌等人的著述之中，其基本的就是前述"备荒赈饥""平粜救荒""积粟备荒"等理论，此外缺乏更有影响、有新意的创见。到南宋时，这种情形开始有了变化，其标志便是董煟的《救荒活民书》的问世。董煟在中国救荒思想史上的贡献，主要是总结了宋以前历代封建王朝救荒思想及政策的得失教训，同时也提出了一些自己的看法，对后世影响极大。

董煟"熟视民间利病，与夫州县施行之善否"，对遭遇灾荒的下层百姓饥民的生活情况比较了解，因此，他对传统的常平仓、义仓等基本救荒措施的利弊也有深刻的认识。在《救荒活民书》中，他首先就在对常平仓、义仓等基本救荒措施的评述中揭露了现行赈济方法中存在的问题。他发现，这些问题集中表现在以下四个方面。

1. 常平仓、义仓之弊

董煟指出："救荒有赈粜，有赈济，有赈贷三者，窠名各不同，而其用亦各有体。……赈济者，用义仓米，施及老、少、残、幼、孤、贫等人。"①这就首先肯定了传统的常平仓、义仓在赈灾中不可替代的地位和作用。但他同时也认为传统的常平仓和义仓存在诸多的弊端，主要表现在两个方面。第一，常平仓、义仓的粮食多储存在州县，但灾民却多集中在农村，使得真正需要赈济的乡村饥民难以得到及时的救助。由此，他主张应把常平仓、义仓设在乡村，使乡村农民得以受惠。第二，发赈不及时。灾荒发生时，官员往往寻找借口迟迟不发赈米，贻误赈济良机。为使赈米能及时运到乡村，董煟建议赈米可每升增加一文，加到粮价中，作为运费。

2. 赈济过程中的弊端

董煟还揭露了在赈济过程中由于流程复杂，也会产生不少弊端，特别是乡村中的豪强、里正操纵赈米，中饱私囊，使弱民难以得到赈济。他说："赈济之弊如麻：抄札之时，里正乞觅，强梁者得之，善弱者不得也；附近者得之，远僻者不得也；胥吏、里正之所厚者得之，鳏寡孤独疾病无告者未必得也。赈或已是深冬，官司疑之，又令复实。使饥民自备糇粮（干粮），数赴点集，空手而归，困踣于风霜凛冽之时，甚非古人视民如伤之意。"②

鉴于赈济过程中存在严重的徇私舞弊行为，他主张每乡推荐一名乡民信服的土户任提督赈济官，再由他选择若干名监司来监督赈济的全过程。同时还鼓励百姓直接向县衙投诉舞弊行为。

3. 闭粜之弊

灾荒发生后，有些州县缺乏协调，往往采取闭粜政策，即严禁粮食出入。董煟指出："天下一家，饥荒亦有路分。今邻郡以吾境内丰稔而来告籴，义所当恤。此宜物色上流丰熟去处，劝诱大姓或本州发钱差人转籴，循环粜贩，非惟可活吾境内之民，又且可活邻郡邻路之饥民，尚何艰籴之

① 《救荒活民书·卷二》。
② 《救荒活民书·卷二》。

有。脱使此间之米，不许出吾界，他处之米，亦不许入吾界。一有饥馑，环视壁立，无告籴之所，则饥民必起而作乱。"① 这显然不利于整体的救灾，会严重影响社会的安定。

4. 劝分之弊

所谓"劝分"，就是劝谕富民籴米以救荒。但因官吏办理不善，反而使富民有米不敢出售，使粮食形势更加紧张。董煟指出："人之常情，劝之出米，则愈不出，惟以不劝劝之，则其米自出。"② 他这里所说的"惟以不劝劝之"，就是劝富贾和地主出本钱，由官府派人赴丰稔之地购粮回本地售予饥民后，再将本钱归还。如果富人上户不愿出钱，而愿意自己出售粮食者，官府不加限制。如果官不抑价，不强行限制，则"利之所在，自然乐趋，富室亦恐后时，争先发廪，则米不期而自出矣"③。

董煟救荒思想还有两个明显的特点。

其一是其系统性。如前所述，他将宋以前历代的救荒策概括为 20 余种，做了系统的总结和分类。他的上述做法，开救荒史研究之新风。所以自董煟之后，又陆续有一些救荒著述问世。

其二是其反思特性。在对宋以前历代救荒策进行系统整理研究的基础上，对中国传统的救荒策的弊端进行了深刻的反思，并提出了相应的解决办法。

董煟救荒论的主要目的是维护封建统治秩序，他认为："自古盗贼之起，未尝不始于饥馑。上之人不惜财用，知所以赈救之，则庶几其少安。不然，鲜有不殃及社稷者。"④ 但同时也应看到，作为一名正直的封建官僚，其救荒策也表现出对人民的深切同情。

二　林希元的救荒思想

史籍记载，明代的自然灾害极为严重。邓云特在《中国救荒史》中做了如下统计："明代共历二百七十六年，而灾害之烦，则竟达 1011 次之多，是诚旷古未有之记录也。……当时各种灾害之发生，实表现为同时交织之

---

① 《救荒活民书·卷二》。
② 《救荒活民书·卷二》。
③ 《救荒活民书·卷二》。
④ 《救荒活民书·拾遗》。

极复杂状态。"① 面对自然界的严峻挑战，明代的救荒思想也极为发达，出现了中国古代救荒思想集大成式的人物，林希元便是其中最为突出的代表。

林希元（1482~1566年），字茂贞，福建同安（今属福建省厦门市）人。林希元曾任南京大理寺左寺评事、广东提学、南京大理寺右寺丞等职。1523年时，曾被贬至泗州（今属江苏省泗洪县东南）任判官，当时正值泗州发生严重荒灾，林希元奉命举办荒政，积累了大量的救荒经验。明嘉靖八年（1529年），林希元呈递《荒政丛言疏》，全面地阐述了他的救荒思想，对历代救荒得失教训做了系统深入的总结，从而奠定了他在中国古代救荒思想史上集大成者的地位。

在《荒政丛言疏》中，林希元将荒政工作概括为"六纲二十三目"，即指："二难"，得人难、审户难；"三便"，极贫之民便赈米、次贫之民便赈钱、稍贫之民便赈贷；"六急"，垂死贫民急饘（音zhān，稠粥——编者注）粥、疾病贫民急医药、病起贫民急汤米、既死贫民急募瘗（音yì，坟墓——编者注）、遗弃小儿急收养、轻重系囚急宽恤；"三权"，借官钱以籴粜、兴工役以助赈、借牛种以通变；"六禁"，禁侵渔、禁攘盗、禁遏籴、禁抑价、禁宰牛、禁度僧；"三戒"，戒迟缓、戒拘文、戒遣使。共六大项二十三小项。这"六纲二十三目"中既有对前人赈荒经验的概括和总结，又有林希元本人的独创性见解。

林希元认为，作为一项紧急的社会救助行动，赈济工作应该有特定的程序要求，否则将使赈济工作陷入无序混乱的局面。这些程序要求包括以下三个。

第一，要注意赈济对象自身对灾难承受能力的差异性特点，即他概括的"三便"：极贫之民便赈米、次贫之民便赈钱、稍贫之民便赈贷。这也就是主张把赈济与灾民自身的抗灾自救能力结合起来。

第二，赈济工作要讲求艺术，要讲求方法。他说："大略赈济之法，旬给升斗，官不胜劳，民不胜病，仰而坐待，仓米卒无以继。莫若计其地理远近，口数多寡，人给两月粮，归治本业，可无妨生理也。……权策，如毕仲游先民未饥，揭榜示曰：郡将赈济，且平粜若干万石，实张其大数，劝谕以无出境，民皆安堵。已而食果渐艰，饥民十七万，所发粟不及万石，

---

① 邓云特：《中国救荒史》，河南大学出版社，2010，第26~27页。

以民诉继之，而家给人足，民无逃亡。"①

第三，调粟他郡，以稳定灾民情绪。他说："有旱，有水。谷种既没，则饥馑立至。当先广籴他郡，又检灾伤，无可生理者，贷之。随地利可栽种者致之。令贫富则约食。……又各州县有上供粮米者，先事奏请截留，而以其籴钱计奉朝廷，则米价自落，国赋自亏。……籴常平米用平价，又借库银于多米地方，循环籴粜，用贵米时，价减四分之一，而民已有所至。至富民之价，切不可抑之。抑之，则闭籴，而民愈急，势愈嚣，其乱可立待也。况官抑价，则客米不来，境内乏食，而上户之粗有蓄积者，愈不敢出矣。"② 在这里，林希元实际上强调了两个问题，一是饥馑到来时，要及时从他郡调来粮食，救济危困者，同时还通过截留上供粟米等方法，稳定米价；二是通过上述措施稳定灾民的情绪，防止因灾民恐慌而使灾荒扩大到难以控制的局面。在当时的历史条件下，林希元能从灾民的心理变化的视角探讨赈灾问题，实在是难能可贵。

林希元还认为，灾荒发生后，除了调粟赈救以外，应该有一系列与之配套的"养恤补救"措施。其中最重要的"养恤补救"措施为灾后防病、施粥养恤、兴工助赈和灾后放贷等。

第一，林希元认为大灾之后必有大疫，应选派名医深入民间，发放药物，为灾民诊病，以慰民心。"时际凶荒，民多疫病，极贫之民，一食尚艰，求医问药，于何取给？……臣愚欲令郡县博选名医，多领药物，随乡开局，临症裁方，多出榜文，播告远近。但有饥民疾病，并听就厂领粟，赴局支药。遇死者给银四分，令人埋葬，生死沾恩矣。"③

第二，采取施粥养恤的办法，避免灾民饿毙于道。"饥馑殊甚，卖牛畜，鬻（音 yù，卖——编者注）妻女，老弱展转，少壮流移，甚或饿死于道。廷议赈恤，但饥民甚多，钱粮绝少，惟作粥一法，不须防奸，不须审户，至简至要，可以救人。世俗谓作粥不可轻举，缘有行之一城，不能散布诸县，以致四方饥民闻风骈集，主者势力难及，来者雍积无算，遂谓作粥不宜轻举，不知初举而民即受惠，三四举而即可安辑，其效速，其功大，

①　转引自邓云特《中国救荒史》，河南大学出版社，2010，第164页。
②　转引自邓云特《中国救荒史》，河南大学出版社，2010，第169页。
③　转引自邓云特《中国救荒史》，河南大学出版社，2010，第173页。

此古遗法，扶颠起毙，未有先于此，急于此者。"①

第三，采用"兴工助赈"的办法，使灾民尽快脱离灾荒。"故凡圮坏之当修，湮塞之当浚者，召民为之，日受其直。则民出力以趋事，而因可以赈饥；官出财以兴事，而因可以赈民，是谓一举而两得。"②

第四，林希元还强调灾后放贷的重要性，认为这是灾民生产自救、农家经济走向复苏的重要手段。"幸而残冬得度，东作方兴，若不预为之所，将来岁计复何民望。故牛种一事，尤当处置。"③ 林希元认为政府应该贷给农民耕牛和种子，以帮助农民恢复生产，达到生产自救的目的。

可见，林希元的《荒政丛言疏》，是继南宋董煟以来又一次对中国救荒史集大成式的总结。与董煟相比，林希元的救荒思想虽未成体系，文字量也不算大，但其具体的救荒措施，则显得更有针对性和策略性。尤其是他所提出的灾后防疫防病措施，在当时的历史条件下，实属难能可贵。

---

① 转引自邓云特《中国救荒史》，河南大学出版社，2010，第 173~174 页。
② 转引自叶世昌《中国经济思想史》（中册），上海人民出版社，1983，第 336 页。
③ 转引自邓云特《中国救荒史》，河南大学出版社，2010，第 193 页。

第四章　中国传统社会关于老人、儿童、妇女和残疾人的福利思想

中国古代一直都十分关注老人和儿童及残疾人的福利问题，在先秦时期，就已经提出了"安老怀少"的思想。以后历代的思想家大多都提出过关怀老人和儿童的思想，并且历代王朝都会制定一些具体的措施来保障老人和儿童的权利，尊老爱幼作为中华民族的传统美德一直在中国社会福利思想史上有着举足轻重的地位。在中国长期的封建时代，妇女处于社会的底层，她们的存在只是为了传宗接代，毫无福利可言，但是，到了近代，男女平等的思想终于被提了出来。只是到了现代化建设的今天，老人、儿童、妇女与残疾人的福利才真正得到了法制的保障并且得到了有效的实施。

第一节　传统儒家的安老怀少的思想

中国社会福利思想一个非常突出的特点，就是注重解决老人福利和儿童福利问题。从孔子开始，便把"老者安之，朋友信之，少者怀之"作为理想社会的重要标志，孟子则提出"老吾老以及人之老，幼吾幼以及人之幼"[①] 的思想观点。在《礼记·礼运》的"大同"思想中，更把"老有所终"和"幼有所长"作为人类崇高的社会理想。上述思想在中国社会福利思想史上一般被概括为"安老怀少"思想，并被许多思想家广为阐释和发挥，也为汉高祖刘邦、唐太宗李世民、明太祖朱元璋等有所作为的封建统治者所遵行。

---

① 《孟子·梁惠王上》。

一 孔子的"安老怀少"思想

孔子（前551~前479年），名丘，字仲尼，春秋时期鲁国陬邑（今属山东省曲阜市）人。其祖先本是宋国贵族，六世祖孔父嘉为宋国大司马，在贵族宫廷政变中被杀。其子孙惧怕受到株连，逃往鲁国，改姓氏为"孔"，定居于曲阜，从此家道中落，失去了贵族地位，变为平民。其父叔梁纥做了鲁国的陬邑宰。但不幸的是，"丘生而叔梁纥死"①。孔子只得自幼随母亲过着孤苦贫贱的生活，所以孔子后来说自己"吾少也贱"②。他早年担任过"委吏"（管理仓库的小吏）、"乘田"（管牲畜的小吏）等职务。30岁左右开始在家乡创办私学，聚徒讲学，并整理《诗》《书》《礼》《乐》等古文献，声名大噪。50岁时被鲁定公任用为中都宰，又曾做司空、大司寇，得以"与闻国政"，跻身鲁国上层贵族行列。但不久因不能实现自己的政治抱负而辞官。随后率弟子周游列国，宣传自己的政治主张。13年间，孔子率弟子历经卫、宋、陈、郑、蔡、楚等国，非但没能被人重用，反而颠沛流离，备尝艰辛，几次陷入绝境。晚年返归鲁国，被尊奉为"国老"，主要集中精力研究整理古代文献，编撰审定了《诗》《书》《礼》《乐》《易》《春秋》等古代文献。其主要言论由门徒汇编成《论语》一书。孔子是中国古代伟大的思想家和教育家，他的思想在先秦时期即被称为"显学"，对此后整个中国思想界影响极大，被赋予"圣人"和"至圣先师"的历史地位。孔子最重要的思想就体现在他的"仁学"思想中，对后世产生了巨大的影响。

孔子生活的春秋时期，正是社会剧烈变革的历史大时代。著名史学家童书业先生曾对春秋时期的特点有一段精辟的概括，他说："春秋为一过渡时代，一切社会经济、政治制度、学术文化均开始发生变化。"③ 在某种意义上，孔子的学说就是这一过渡时代在思想领域的反映。在孔子的福利思想中，他的"安老怀少"思想对后世的影响很大。

孔子认为，在一个"有道"的理想社会里，应该重点关心照顾的是老

---

① 《史记·孔子世家》。
② 《论语·子罕》。
③ 童书业：《春秋左传研究》，上海人民出版社，1980，第344页。

人和儿童。所谓"有道"即"天下有道，则礼乐征伐自天子出，天下无道，则礼乐征伐自诸侯出"①。意思就是说：天下政治清明，那么制礼作乐和出兵征伐都是由天子决定的；天下政治黑暗，那么制礼作乐和出兵征伐都是由诸侯决定的。显然，孔子在这里是以政治意义上的上下等级、尊卑长幼为标准来界定其理想的"有道"社会的。

在《论语·公冶长》中，子路说希望听到孔子的志向，孔子答道："老者安之，朋友信之，少者怀之。"② 意思是说，我愿意使老年人得到安逸，使朋友们得到信任，使少年人得到关怀。可见，基于原始氏族体制中所具有的民主性和人道主义，孔子的"仁学"特别强调了对老人和儿童的社会关怀。

孔子的这一"安老怀少"的社会福利主张对后来的儒者影响很大，战国中期的孟子将这一思想加以扩充发挥，提出了"老吾老以及人之老，幼吾幼以及人之幼"的敬老爱幼的社会福利思想，这使得在中国社会福利思想体系中，关于老人福利和儿童福利的思想格外丰富，与西方社会福利思想形成了鲜明的对照。

二　孟子的老人福利思想

孟子（前 372~前 289 年），名轲，战国时鲁国邹（今属山东省邹城市）人。孟子自称孔子嫡孙子思的弟子，自诩儒家正统，他对孔子十分景仰，"乃所愿，则学孔子也"③。作为孔子之道的忠实捍卫者，孟子的一生经历极为坎坷，他的政治抱负远大，自信心也很强，曾说："如欲平治天下，当今之世，舍我其谁也。"④ 但他的这种强烈的从政愿望却始终未能得到实现，所进行的周游"列国"的游说活动均告碰壁。晚年返归邹国，从此不再外出巡游，而是效仿晚年的孔子，聚徒安心著书立说，与弟子万章等人"序《诗》《书》，述仲尼之意，作《孟子》七篇"⑤。周赧王二十六年（前 289年），孟子去世，他的言论与思想主要保留在《孟子》一书中。孟子的主要

①　《论语·季氏》。
②　《论语·公冶长》。
③　《孟子·公孙丑上》。
④　《孟子·公孙丑上》。
⑤　《史记·孟子荀卿列传》。

思想是"仁政学说""性善论""良知良能说"等。在其社会福利思想中，他特别关注解决老人的福利问题。

孟子所描述的理想社会的生活量化指标，大多是以老人为标准的。他说："五亩之宅，树之以桑，五十者可以衣帛矣；鸡豚狗彘之畜，无失其时，七十者可以食肉矣；百亩之田，勿夺其时，数口之家可以无饥矣；谨庠序之教，申之以孝悌之义，颁白者不负戴于道路矣。七十者衣帛食肉，黎民不饥不寒，然而不王者，未之有也。"①

而在《孟子·尽心上》中，孟子对理想社会生活福利量化指标的描述与上述有所不同："五亩之宅，树墙下以桑，匹妇蚕之，则老者足以衣帛矣，五母鸡，二母彘，无失其时，老者足以无失肉矣。百亩之田，匹夫耕之，八口之家足以无饥矣……"②

把孟子上述两处描述综合起来看，我们可以发现，孟子的理想社会实际上是由一个男耕女织、足衣足食的小康之家所构成的小康社会。需要注意的是，孟子把老人看得很重要，他所罗列的各种理想社会的生活量化指标，大多是以老人为标准的，如"五十者可以衣帛矣""七十者可以食肉矣""颁白者不负戴于道路矣""老者足以衣帛矣"等。在孟子看来，五十岁的老人穿上帛制成的衣服，就可以保暖；七十岁的老人能够吃上肉食，便可以御寒；头发斑白的老人受到社会的普遍尊敬，而不必从事体力劳动，就能安享晚年。这些都是理想小康社会实现的重要标志。

孟子在界定社会救济对象的范围时，也是把老人的福利放在了重要的位置上。他认为鳏、寡、孤、独、老、幼等应是社会救济的主要对象。他还把儒家孝悌敬老思想与老年人福利和救助问题结合起来，并将"老吾老以及人之老，幼吾幼以及人之幼"作为儒者至高的道德精神境界。

三 《周礼》中"矜老恤弱"的思想

中国古代社会福利思想的一个特色在于对老人、小孩及鳏、寡、孤、独、废疾者的关怀照顾，这一点在儒家的经典《周礼》中也有很明显的体现。

---

① 《孟子·梁惠王上》。
② 《孟子·尽心上》。

《周礼》中提出了六项养育万民的政策："以保息六养万民：一曰慈幼，二曰养老，三曰振穷，四曰恤贫，五曰宽疾，六曰安富。"① 在这六项与民休息、养育万民的爱民政策中，第一便是慈幼，第二就是养老，此后是救济贫穷者，宽免残疾人的徭役，以及安定富人。老、幼、鳏、寡、孤、独、废疾者都是国家重点的救助对象。

国家救助鳏、寡、孤、独者还要有特定的经费来源，要注意改善被救助者的生活状况。《周礼·天官冢宰》中记载："飨耆老、孤子，皆共其酒，无酌数。"就是说，在款待老者、孤子时，并非以最低限度养活他们，而是供酒不限量，让他们尽心饮用。

《周礼》还开创了"矜老恤弱"的法制传统。《周礼·秋官司寇》规定了三赦之法，即"壹赦曰幼弱；再赦曰老旄（耄）；三赦曰蠢愚"。所谓"幼弱"是指未满八岁的儿童，"老旄（耄）"是指八十岁以上的老人，"蠢愚"是指痴呆、低能者。以上三种人犯罪均可免于处罚。后世的封建王朝基本上都沿袭了这一传统。而且除了贵族和官僚可以免除徭役外，对于老者、疾者这些已经丧失劳动能力的人，也准予免除徭役。"国中贵者、贤者、能者、服公事者、老者、疾者，皆舍。"② 这也构成了《周礼》社会福利思想的一项重要内容，对后世产生了较大影响。

四 《礼记》对"安老怀少"思想的发展

《礼记》又称《小戴记》或《小戴礼记》，儒家经典之一，是战国末年至汉初儒家的一部论文集，相传为西汉戴圣编撰，共49篇，其中《曲礼》《檀弓》《杂记》分上下篇，实为46篇。今本为东汉郑玄注本。关于《礼记》的作者和成书年代，学术界争议颇多。现在学者多认为，《礼记》应是战国末年到汉初时的作品。而《礼记》诸篇的作者不可考，从其思想特点及倾向看，大多是孔子的弟子及再传弟子、三传弟子所记。他们从不同的思想发展演进路线出发，进一步修正和发展了儒家的理论，成为孔子去世至汉初儒家思想发展的重要环节。

在儒家思想发展的早期进程中，《礼记》占据着重要的历史地位。作为

---

① 《周礼·大司徒》。
② 《周礼·地官司徒》。

自孔子去世到汉初儒家思想发展的重要环节，《礼记》在继承孔、孟儒学基本理论的同时，还对儒家思想做了进一步的修正和展开，其中还蕴含着丰富的社会福利思想。例如，孔子在谈"安老怀少"时，只谈了"老者安之，朋友信之，少者怀之"等一些基本原则，但《礼记》则对老、幼、鳏、寡、孤、独等社会福利的对象都做了认真详细的界定。在谈及未来理想社会时，孔子只是简单地描述了"有道"社会的基本特征，而《礼记》则借孔子之口，举起了"大同之世"的旗帜，提出了新的社会福利保障模式，推进了中国社会福利思想的发展演化。

首先，在《礼记·王制》等篇中，作者对社会福利保障的重点对象进行了认真详细的界定：

> 少而无父者谓之孤，老而无子者谓之独，老而无妻者谓之矜（鳏），老而无夫者谓之寡。此四者，天民之穷而无告者也，皆有常饩。瘖、聋、跛、躃、断者、侏儒、百工，各以其器食之。[①]

这就是说，孤、独、鳏、寡、废疾者是基本上丧失劳动能力的人，穷而无告者，是政府体恤救助的对象，对于这些特殊的救助对象，政府要施以"振穷"之策，这里所说的"振穷"并非一般意义上的扶贫，而是专指对孤、独、鳏、寡、废疾者的救助。对需要特殊救助者的详细分类，体现了古人对弱势群体的重视。

其次，在《礼记》的《祭义》《曲礼》《文王世子》等篇中，还集中探讨了对老人和小孩的关怀，特别是对老人福利做了详细的规定和安排，对孔子的安老怀少的社会福利思想做了进一步的展开，包括以下四个方面。

第一，《礼记》对老人年龄做了详细的划分，即"六十曰耆指使，七十曰老而传。八十、九十曰耄……百年曰期颐"[②]。

第二，对老人施行社会福利保障的主要依据是年龄和地位。对贵族老人要免去其公务，如仍留任，外出办理公务时要有安车乘坐，并派妇女随行照

---

① 《礼记·王制》。
② 《礼记·曲礼》。

料。"大夫七十而致事，若不得谢，则必赐之几杖；行役以妇人；适四方，安乘车。"① 对庶民中的老者，要根据其年龄免去其力役与兵役等事务，"五十不从力政，六十不与服戎，七十不与宾客之事，八十齐丧之事弗及也"②。

第三，对老人的衣服、饮食照顾也要十分周到。"五十始衰，六十非肉不饱，七十非帛不暖，八十非人不暖，九十虽得人不暖矣。"③

第四，还提出了养老与学校教育相结合的主张。"有虞氏养国老于上庠，养庶老于下庠；夏后氏养国老于东序，养庶老于西序；殷人养国老于右学，养庶老于左学；周人养国老于东胶，养庶老于虞庠。虞庠在国之西郊。"④ 就是把老人分为贵族老人与庶民老人两类，分别养于不同的学校。

总之，《礼记》中对老人福利问题的详细探讨，是对孔孟"安老怀少"福利思想的进一步发展，丰富了古代社会福利思想的内容，并对后世思想家制定解决社会问题的方案提供了理论依据。

五　张载的"安老怀少"思想

张载的社会福利思想主要体现在他主张的人人平等、万物共性的"民吾同胞"学说和他提出的将井田制、封建制和宗法制合一的宗族保障模式中，同时他对老人和儿童的福利也特别关注。

史书记载，张载在任职云岩县县令期间，力倡尊老爱幼的社会风尚，每月初一都会召集乡里老人到县衙聚会，常设酒席款待，席间询问民间疾苦，提出训诫子女的道理和要求。他这是想通过自己的实际行动，来向社会传输他的尊老爱幼、安老怀少的思想。

张载根据自己提出的元气论，认为既然天地万物和人类都同为元气所形成，皆同出一源，所以，"民吾同胞，物吾与也"⑤。但天地万物和人类是有着严格的界限的，这种等级差别是天然的、合理的，因此，人们就应该无条件地去承认和遵循它。表现在道德上，人们就要恪守孝道，在下者要敬上，人与人之间要相互爱护。他说：

---

① 《礼记·曲礼》。
② 《礼记·王制》。
③ 《礼记·王制》。
④ 《礼记·内则》。
⑤ 《正蒙·乾称》。

> 尊高年，所以长其长；慈孤弱，所以幼其幼。圣其合德；贤其秀
> 也。凡天下疲癃残疾、茕独鳏寡，皆吾兄弟之颠连而无告者也。于时
> 保之，子之翼也；乐且不忧，纯乎孝者也。[①]

也就是说，尊敬老人就是尊敬兄长，慈爱孤儿小孩，就是慈爱幼弟。所以天下衰疲、残病、鳏寡的人都是我可怜无靠的兄弟，应该加以切实保护。这就为封建时代对老人和儿童实施社会福利政策及进行生活救济提供了理论依据。

六　近代的老人儿童福利思想

到了近代，传统的"安老怀少"思想得到继续传承。

太平天国运动时期，由洪秀全主持制定的《天朝田亩制度》中就明确规定：老、幼及鳏寡孤独废疾者都由国家抚恤养助。而洪仁玕则在其《资政新篇》中主张大力兴办社会福利事业。他设计规划兴建医院，引进西医，以解除百姓特别是老年人的疾病之苦，同时还兴建"跛盲聋哑院""鳏寡孤独院"等社会福利机构，使那些无依无靠的贫苦百姓能老有所归，少有所养、所教。他指出，"兴医院以济疾苦，系富贵好善"，"兴鳏寡孤独院，准仁人济施"，"兴跛盲聋哑院，有财者自携资斧；无财者善人乐助"。

洋务派的代表郑观应由于受到了西方思想的影响，对西方慈善事业非常关注。他在其代表作《盛世危言》中特辟"善举"一节，来专门介绍和点评西方的慈善机构，并特别介绍了"育婴堂"和"养老院"这些涉及老人和儿童的福利机构。

维新派的康有为构想了一个理想的"大同世界"，在这一理想的"大同世界"中，所有的社会福利事业都由公共机构来承担，主要包括公养机构、公教机构和公恤机构，在这些机构里，老人、儿童都能够得到很好的照顾。例如，在公养机构中，妇女怀孕后就可入公立政府组建的"人本院"赡养，实施胎教，婴儿出生后一律由公立的"育婴院""慈幼院"抚养。在公教机构中，儿童 6 岁入"小学院"，11 岁入"中学院"，16 岁入"大学院"，20岁毕业，经过长达 14 年的义务教育，使每一个儿童和青少年都能得到良好

---

① 《正蒙·乾称》。

的教育和专门的技术训练。在公恤机构中，老人可以进入社会举办的"养老院""恤贫院"，受到"公恤"，就可以欢乐地安度晚年，而且人死了，还可以进入"化人院"统一免费火化。在康有为看来，通过"公养""公教""公恤"等社会福利机构，人类社会便可以达到孔子所描述的"老有所终，壮有所用，幼有所长，矜寡孤独废疾者皆有所养"的幸福快乐的"大同"之世。

孙中山也继承了中国古代"安老怀少"的社会福利思想，并将其进一步深化。他认为，《礼记·礼运》中所描述的"不独亲其亲，不独子其子"的"大同"世界，不仅是人类"高尚的思想"，还是人类进化的目的。他还把"安老怀少"作为理想社会的重要标志来看待："实现社会主义之日，即我民幼有所教，老有所养，分业操作，各得其所。"[①] 在 1924 年 1 月制定的《国民政府建国大纲》的第十一条中规定，将土地、山林川泽、矿产水力等收入都归地方政府所有，"而用以经营地方人民之事业，及育幼、养老、济贫、救灾、医病与夫种种公共之需"[②]。这里把育幼和养老放到种种社会福利项目的前列，也体现了孙中山对"安老怀少"的重视。孙中山还把儿童福利和老人福利看作社会福利的核心内容，主张使其制度化、规范化。为此，他设计出了一套具体的制度规范："法定男子五六岁入小学堂，以后由国家教之养之，至二十岁为止，视为中国国民之一种权利。学校之中备各种学问，务令学成以后可独立为一国民，可有参政、自由、平等诸权。二十以后，自食其力，幸者为望人为富翁，可不须他人之照顾。设有不幸者半途蹉跎，则五十以后，由国家给与养老金。此制英国亦已行之，人约年给七八百元，中国则可给数千元。如生子多，凡无力养之者，亦可由国家资养。此时家给人乐，中国之文明不止与欧美并驾齐驱而已！"[③] 这里，孙中山实际上设计了义务教育制度、养老金制度等社会福利制度，他认为只要我们运用国家的力量强力推行上述社会福利政策，使社会不受阶级压迫之痛苦，就会建成"国利民福"的福利社会。

① 《孙中山全集》第 2 卷，中华书局，1982，第 523 页。
② 《孙中山选集》下卷，人民出版社，2011，第 625 页。
③ 《孙中山选集》上卷，人民出版社，2011，第 104 页。

第二节　中国历史上解决老人和儿童福利问题的具体举措

受传统的"安老怀少"思想的影响，中国历史上的各代王朝对老人和儿童的福利保障都十分重视，许多思想家也提出了解决老人和儿童福利问题的具体举措。但这些举措大多具有空想性，不具有实际的可操作性，因为在封建时代的中国，不具备实施这些举措的条件或者无法长期贯彻执行。但是值得一提的是，中国历史上解决老人和儿童福利的具体举措还是非常丰富的，并且也还是有一些贤明的帝王认真贯彻执行过其中的不少举措。

一　《管子》中解决老人和儿童福利问题的具体举措

在先秦社会思想体系中，《管子》一书的社会福利思想是最具有特色的。它不光提出了"仓廪实则知礼节，衣食足则知荣辱"① 和"爱之，利之，益之，安之"② 的社会福利思想，而且它还具体设计了"安老、慈幼、恤孤、养疾、合独、通穷、振困、接绝"等具体的社会福利实施方案和措施，并力倡用调查统计的方法来发现和研究社会福利问题，这些都在中国社会福利思想史上占有特殊的地位。

《管子》一书相传是春秋时期齐国的政治家、思想家管仲的著作，但经学者们考证，该书并非管仲所著，而是托名于管仲的一部论文集，其作者不是一个人。有的学者认为《管子》一书的作者群系战国后期崇尚管仲思想的学者。史籍记载，早在先秦时期，《管子》即已流传相当广泛。韩非在《五蠹》中即说："今境内之民皆言治藏商管之法者，家有之。"但由于《管子》中记载许多管仲身后之事，自然引起人们的怀疑。据胡寄窗先生研究，在西晋时即有人怀疑其半非管仲所作。宋以后的学者不少人都同意叶适《管子》非一人之笔亦非一时之书的论断。近代学者大多认定《管子》成书于战国。有的学者认为《管子》中的某些篇是西汉时期的作品，但论据不甚翔实。现在学术界一般都认为《管子》是战国中后期的作品，最后由西汉刘向编定。据现存《管子》所附刘向叙录介绍，原有的《管子》计有

---

① 《管子·牧民》。
② 《管子·枢言》。

564篇，其中有不少重复之作，刘向删除重复的484篇，剩下86篇。到了宋代又散失10篇，今仅存76篇。

由于《管子》采取的是论文汇编的体例，因而其思想倾向也比较复杂。《汉书·艺文志》将《管子》列为道家。冯友兰先生则说该书是稷下学派的作品，是道家思想向法家思想的过渡。从总体上看，该书中倾向于法家的作品居多，此外还有道家、阴阳家、杂家的作品。在某种意义上可以说，《管子》是当时各种思潮作品的总汇。

战国中期，七雄争霸，战事频繁，各国为加强自身的综合实力，纷纷起而探讨强国富民之道。《管子》一书的突出特点，即非常重视经济问题，这显然是适应了上述形势的需要。有学者曾对《管子》一书的基本思想做了如下的表述："《管子》一书是以齐国社会经济发展为背景，以法家先驱管仲富国强兵思想为指导，以加强封建君主专制国家政治经济权力为目标，吸取道家思想、儒家思想和三晋法家思想为主体而发展起来的内容广泛的治国思想。"[①] 应该说，这是对《管子》思想体系特征较为准确的概括。《管子》一书对经济问题表现出浓厚的兴趣，尤其注意把经济问题与社会问题联系起来加以探讨。而《管子》的社会福利主张就是从中派生出来的。

主张"安老怀少""养生丧死""鳏寡孤独废疾者，皆有所养"，是中国古代社会福利思想的主要特点，这尤其在儒家经典中有着明显的体现。但值得注意的是，在《论语》《孟子》《周礼》等先秦儒家经典中，更多的是就敬老、携幼、恤孤等问题进行原则性论述，而对于具体的执行程序，往往语焉不详。相比之下，《管子》的作者则对此做了相当详尽的叙述。该书提出的一个行"九惠之教"的惠民之策，就很能体现这一特点。

《管子》的《入国》提出，国君出巡要行"九惠之教"即实行九项惠政：

> 一曰老老，二曰慈幼，三曰恤孤，四曰养疾，五曰合独，六曰问疾，七曰通穷，八曰振困，九曰接绝。[②]

---

① 巫宝三主编《先秦经济思想史》，中国社会科学出版社，1996，第596页。
② 《管子·入国》。

所谓"老老",就是"凡国都皆有掌老,年七十已上,一子无征,三月有馈肉。八十已上,二子无征,月有馈肉。九十以上,尽家无征,日有酒肉。死,上共棺椁。劝子弟精膳食,问所欲,求所嗜,此之谓老老"①。可见,上述的"安老"措施包括:老人七十岁以上,一子不服役,每三月政府馈送一次肉食;老人八十岁以上,二子不服役,每月都馈送肉食;老人九十岁以上,全家不服役,每天都馈送肉食。老人死,政府供给棺椁。平时劝导老人家的子弟,要为老人精心供食。

所谓"慈幼",就是"凡国都皆有掌幼。士民有子,子有幼弱不胜养为累者。有三幼者无妇征;四幼者尽家无征;五幼又予之葆。受二人之食,能事而后止,此之谓慈幼"②。这里的"慈幼"措施包括:设掌幼一职负责慈幼工作,孩子多负担重的家庭,有三个小孩,妇女不服役;有四个小孩,全家不服役;有五个小孩,配给乳母,配发两个人的口粮,直到孩子长到能做事以后停止配发。

所谓"恤孤",是指"凡国都皆有掌孤。士人死,子孤幼,无父母所养,不能自生者。属之其乡党知识故人,养一孤者,一子无征;养二孤者,二子无征;养三孤者,尽家无征。掌幼数行问之,必知其食饮饥寒"③。恤孤的措施主要有,设掌孤一职负责恤孤工作,凡收养父母双亡,又无亲戚收养的孤儿者,收养一个,一子不服役;收养两个,二子不服役;收养三个,全家不服役。掌孤还要经常问候孤儿的生活情况。

所谓"养疾",就是"凡国都皆有掌养疾,聋盲,喑哑、跛躄、偏枯、握递,不耐自生者。上收而养之疾,官而衣食之,殊身而后止,此之谓养疾"④,即国家设掌养疾一职,专门负责聋、盲、哑及其他生活不能自理的残疾人,为残疾者治病,提供衣食,直至其死亡。

所谓"合独",是"凡国都皆有掌媒。丈夫无妻曰鳏,妇人无夫曰寡。取鳏寡而合和之,予田宅而家室之,三年然后事之,此之谓合独"⑤,即国家设掌媒官职,使鳏者再婚,给予田宅,帮助建立家室,三年之内不承担国役。

---

① 《管子·入国》。
② 《管子·入国》。
③ 《管子·入国》。
④ 《管子·入国》。
⑤ 《管子·入国》。

所谓"问疾"，就是"凡国都皆有掌病，士人有病者，掌病以上令问之，九十以上，日一问；八十已上，二日一问；七十以上，三日一问；众庶五日一问；疾甚者以告，上身问之，掌病行于国中，以问病为事，此之谓问病"①，即国家设掌病一职，对老人及一般庶民中的患病者给予问候，对于病危者，国君还要亲往探问。

所谓"通穷"，就是"凡国都皆有通穷，若有穷夫妇无居处，穷宾客绝粮食，居其乡党，以闻者有赏，不以闻者有罚，此之谓通穷"②，即国家设立通穷一职，及时发现无家可归、衣食无着者，以便救济。

所谓"振困"，就是"岁凶庸人訾厉，多死丧，弛刑罚，赦有罪，散仓粟以食之，此之谓振困"③，即在灾荒年头，百姓生计维艰，病、死者极多，国家要减轻刑罚，赦免罪犯，开仓赈灾。

所谓"接绝"，就是"士民死上事，死战事，使其知识，故人受资于上，而祠之，此之谓接绝也"④，即士民为国战死，国君给其相识之故人以资财，为其立祠堂，以示纪念。

作为战国中后期融会各种社会思潮的集大成式的著作，《管子》的作者们之所以能提出如此具体、系统的"惠民"之策，与其强调的"人为本"思想有着直接关系。阅读《管子》会发现，其中的"人为本"的思想极为丰富，如"得天下之众者王，得其半者霸"⑤，"夫争天下者，必先争人"⑥，"定宗庙，育男女，天下莫之能伤，然后可以有国"⑦，等等。正因为《管子》的作者把人口众多视为强国强民和巩固政权的第一要素，所以才会制定出如此细致的"惠民"之策来，因为其直接的目的就是"徕民"，以在残酷的"七雄争霸"战中取得最后的胜利。

同时，从《管子》行"九惠之教"的惠民之策中还可以看出，排在"九惠"之首的就是"老老"和"慈幼"，即把老人福利和儿童福利作为实施"惠政"的首要大事，并且对其实施的具体举措的规定也十分翔实，这

① 《管子·入国》。
② 《管子·入国》。
③ 《管子·入国》。
④ 《管子·入国》。
⑤ 《管子·霸言》。
⑥ 《管子·霸言》。
⑦ 《管子·七法》。

充分体现了《管子》一书对老人福利和儿童福利的重视。

二 汉初的尊老举措

汉初，在儒、道、法渐趋合一的思想演化进程中，儒学逐渐占据统治地位。儒家忠孝思想在社会上的影响越来越大，这使得汉代的尊老除了具有社会救济作用外，还具有政治文化意义。汉文帝元年（前179年），汉文帝下诏说：

老者非帛不暖，非肉不饱。今岁首，不时使人存问长老，又无布帛酒肉之赐，将何以佐天下子孙孝养其亲？今闻吏禀当受鬻者，或以陈粟，岂称养老之意哉！具为令。

为此，他特拟定了如下尊老措施，要求切实解决老人的养老问题：

年八十已上，赐米人月一石，肉二十斤，酒五斗。其九十已上，又赐帛人二匹，絮三斤。赐物及当禀鬻米者，长吏阅视，丞若尉致。不满九十，啬夫、令史致。二千石遣都吏循行，不称者督之。刑者及有罪耐以上，不用此令。①

《汉书·贾谊传》记载，汉文帝敬高年之老人，规定九十岁以上的老人，免除一个儿子的赋役；八十岁以上的老人，免两口的算赋。

到汉景帝年间，又下诏："年八十以上，八岁以下，及孕者未乳，师，侏儒当鞫系者，颂系之"②，即监禁的老幼、孕妇等人免戴刑具。

此外，汉文帝十三年（前167年），"赐天下孤寡布帛絮"③。汉武帝元狩元年（前122年），"皇帝使谒者赐县三老、孝者帛，人五匹；乡三老、弟者、力田帛，人三匹；年九十以上及鳏寡孤独帛，人二匹，絮三斤"④。

① 《汉书·文帝纪》。
② 《汉书·刑法志》。
③ 《汉书·文帝纪》。
④ 《汉书·武帝纪》。

汉武帝元狩六年（前117年），"今遣博士大等六人分循行天下，存问鳏寡废疾，无以自振业者贷与之"①。可见，汉代经常通过赐物或者派遣官吏慰问的形式恤慰鳏寡孤独者。

另外，在汉代推行的"复除"（即免除徭役税收）政策中，"复除"的对象主要是三军人员、三老、孝悌、力田等，其中的三老包括上寿、中寿、下寿，都是指八十岁以上的老人。

三　唐代解决老人和儿童福利问题的具体办法

唐政权建立后，唐太宗吸取了隋朝灭亡的教训，实行一系列"与民休息""恤民养民"的政策措施，来安定社会。在土地制度上，沿袭了前代的均田制，同时又将前代的租调制改为"租庸调制"。无论是均田制还是租庸调制，都对老人及鳏寡孤独废疾者给予了特殊的照顾。

在关于均田的规定中，明确地写道："凡给田之制有差，丁男、中男以一顷；老男、笃疾、废疾以四十亩；寡妻妾以三十亩，若为户者则减丁之半。"② 所谓"废疾"，是指腰脊折或一条腿残疾的人，"笃疾"则是指双目失明或两肢都残废者，"寡妻妾"是指无夫之人。这里，把"老男"与"废疾""笃疾"并列，均需单独授田，也体现了对老人福利的重视。

而在租庸调制中也规定："老男、废疾、妻妾、部曲、客女、奴婢，皆为不课户。"③ 上述需要特殊抚恤的对象，不负担租庸调，这显然带有社会救济的色彩，也体现了福利问题的特殊关照。

四　朱元璋解决老人和儿童福利问题的具体举措

朱元璋出身低微，早年又曾流浪社会，饱尝饥馑、灾荒之苦，对底层百姓的贫困生活有较为深刻的体验。因此，他对社会救济问题非常重视，对老人的福利问题也十分关注，认为"养老济困"是安抚民心、稳定社会不可缺少的手段。为此，他在总结历代尊老养老制度措施的基础上，提出并制定了一系列具体的"尊高年"的规定和措施，来解决老人的社会福利问题。

---

① 《汉书·武帝纪》。
② 《唐六典·户部郎中·员外郎》。
③ 《通典·丁中》。

1. 免除老人及其亲属的徭役

明洪武元年（1368 年），朱元璋下诏："民年七十以上者，许一丁侍养，免其杂泛差役。"①

洪武十九年（1386 年），又下令："贫民年八十以上者，月给米五斗、肉五斤、酒三斗；九十以上者，岁加帛一匹、絮一斤。有田产者，罢给米。应天、凤阳富民，年八十以上，赐爵'社士'，九十以上，'乡士'；天下富民，年八十以上，'里士'；九十以上，'社士'；皆与县官均礼，复其家。"②

目前学术界对上述规定的执行情况虽然还存在争议，但高年者的家庭可以豁免一人至数人的徭役，应该是属实的，而为高年老人赐爵，并"与县官均礼"，也凸显了对老人地位的尊重。毫无疑问，这为家庭敬老提供了条件，同时也有助于老人在家庭中地位的提高。

2. 救济贫苦无依靠的老人

朱元璋认为，贫苦无依靠的老人是政府救济的最主要的对象。在洪武十九年的诏令中，他指出，耆老"贫无产业者，八十以上，月给米五斗、肉五斤、酒三斗；九十以上，岁加给帛一匹、絮五斤。虽有田产，仅足自赡者，所给酒肉絮帛亦如之"③，即对"贫无产业"的老人，除享受一般老人的待遇外，还要有额外的救济。

3. 乡饮酒礼的敬老规定

在中国历史上，早在先秦时期，社会上就流行由政府机构出面主持的乡饮酒礼民间仪式，前述北宋的张载在任职云岩县县令期间，就在每月初一召集乡里老人到县衙聚会，设酒席款待。这一敬老仪式到明代得到朱元璋的重视而因循沿用，并规定在每年正月十五和十月初一举行。洪武十八年（1385 年），明政府规定乡饮酒礼时"其坐席间，高年有德者居上，高年淳笃者并之，以次序齿而列"，而对于那些"曾违条犯法之人，列于外坐，同类者成席，不许干于善良之席"。诏令中还明确指出，乡饮酒礼的座次之所以如此分明，就是要"叙长幼，论贤良，别奸顽，异罪人"④。这是

---

① 《明会要·尊高年》。
② 《明会要·尊高年》。
③ 《大明会典·养老》。
④ 《大明会典·乡饮酒礼》。

试图通过"礼"的仪式来彰显对老人的尊重和实现"礼"对社会的控制。

除对老人的特殊关照外，在朱元璋看来，鳏、寡、孤、独及残疾人等不能自理自存者，也应是政府重点救助的对象。洪武八年（1375 年），朱元璋曾深有感慨地说："昔吾在民间，目击鳏寡孤独饥寒困踣之徒，常自厌生，乱离遇此，必必恻然"，于是，他命"郡县其访求无告者给屋舍衣食"。洪武十九年又作出规定："贫民鳏寡孤独不能自存者，岁给米六石。"① 上述措施虽然未必能认真执行，但它仍在一定程度上缓解了鳏寡孤独者的苦难。此外，朱元璋还在洪武初年诏令天下，设立"养济院"以及收养孤贫残疾者。

第三节　中国近代关于妇女的福利思想

在中国封建时代，由于受传统的男尊女卑观念的长期影响，广大妇女处于社会下层，是受压迫的群体，根本就谈不上福利问题。到中国近代，太平天国运动的领袖洪秀全才从基督教的"在上帝面前人人平等"思想出发，认为"天下多女子，尽是姊妹之群"，从而提出了男女平等的思想，并在分田方案中贯彻了男女平等分配土地的原则，同时废除了封建买卖婚姻。虽然其妇女福利政策并未真正得到实际执行，但在思想史上仍应占有特殊的地位。此外，洋务派思想家郑观应、维新派思想家康有为以及资产阶级革命派思想家孙中山等也都关注到了妇女福利。

一　洪秀全的男女平等思想

在以儒家思想为主干的传统思想文化体系中，无论是董仲舒的"夫为妻纲"，还是朱熹的"饿死事小，失节事大"，都是以歧视和压迫妇女的基本人身权利为特征的。而到了近代，首先是在太平天国运动中，洪秀全从基督教的基本教义中摘取出"在上帝面前人人平等"的思想，指出人间所有不平等的政治、经济等级都是不合理的，人人在上帝面前都是平等的，从而打破了封建"夫权"的枷锁，提出一系列带有男女平等色彩的主张和措施。主要表现在以下几个方面。

① 《续文献通考·国用考》。

第一，无论男女，在上帝面前都是平等的。从基督教的"在上帝面前人人平等"思想出发，洪秀全认为，在上帝主宰之下的人与人的关系，就是兄弟姐妹间的关系，就应该相亲相爱，而不应该彼此争斗甚至是互相残杀。他说："天下凡间，分言之则有万国，统言之则实一家。……天下多男人，尽是兄弟之辈，天下多女子，尽是姊妹之群。何得存此疆彼界之私，何可起尔吞我并之念！"① 又说："惟愿天下凡间我们兄弟姊妹，跳出邪谋之鬼门，循行上帝之真道。"② 从这里的"兄弟""姊妹"并称来看，已经打破了传统男尊女卑观念，具有了男女平等的意味。

第二，在由洪秀全主持制定的《天朝田亩制度》的土地分配方案中，规定了男女平等分配土地的思想："凡分田，照人口，不论男妇，算其家口多寡，人多则分多，人寡则分寡。"这就从经济制度上保证了男女的平等权利。

第三，洪秀全还提倡一夫一妻制，主张实行自愿婚姻，并提出"凡天下婚姻不论财"。当然，也有学者对此提出怀疑，认为太平天国提倡的一夫一妻制，只针对最下层的民众，它不是为了所谓的"男女平等"而设，相反，是严苛等级关系不折不扣的产物和体现。因为到了太平天国的后期，包括洪秀全在内的上层官员腐化堕落，他们的妻房数量直接与爵秩品级挂钩，地位越高，可拥有妻妾配额则越多，往下递减，到了下层人民，才减为一夫一妻。洪秀全的妻室，据考证就有百名之多，以下其他诸王也都有妻室数人，就连受洗入教的洪仁玕也有六个妻子，洪秀全的儿子洪天贵福不过十六岁，便已经配有四妻。

第四，允许妇女参加考试，命令妇女放足，这也是其男女平等思想的体现。太平天国攻入天京后，洪秀全颁布了一个破天荒的诏书，允许女子参加科举考试，女性参加科举考试也可以成为状元，并由此诞生了历史上的第一个科举女状元傅善祥，从而使女性的地位得到了提高。1853 年，太平天国的天京政权又下达了禁止缠足的法令（即"放足令"），并异常严厉地加以贯彻执行。法令规定凡妇女不肯解脚者，则立斩其足。于是便出现了"一日万家缠足放"的空前盛况，不能不说也是亘古未遇的大事件。要

---

① 《原道醒世训》，参《中国哲学史教学资料选辑》下册，中华书局，1982，第 405 页。

② 《原道醒世训》，参中国史学会主编《太平天国》第 1 册，神州国光社，1952，第 91 页。

知道，缠足恰恰是封建"夫权"扣住女性的一副枷锁。现在，枷锁被打开了，女性再也不用缠足，这显然是妇女获得解放的一个标志。当然，也有学者对此存疑。他们指出，太平天国的"放足令"确实解放了妇女们的双脚，但这命令的实施并不一定是出于解放妇女的考量。因为早期参与太平天国运动的妇女多为生活在广西地区的客家人，受自然环境、生产劳动与生活习俗等方面影响，她们养成了不缠足的传统，甚至为了劳动的便利而"跣足不履"。太平天国的统治者们在广西地域特色文化、生产劳动习俗的影响与熏陶下，自然而然地将广西妇女的生活习惯与价值观念（不裹小脚）作为江南女子效法的标准，着手在天国境内全面铺开。

以上这些突破封建夫权束缚的政策和措施，在中国历史上都具有革命性的意义，这既是洪秀全所接受的基督教"在上帝面前人人平等"思想的自然发展，同时也与太平天国运动的前期，妇女被编入起义军，"男将女将尽持刀，同心放胆共杀妖"的局面有联系。而值得指出的是，随着太平军定都天京后的封建化，洪秀全的妇女政策很快就开始发生大退步，他开始谈论所谓妻道在三从、无违尔夫主、牝鸡若司晨、自求家道苦等，企图重新用封建伦理来约束妇女，这标志着洪秀全反封建革命思想的衰退。

二　郑观应的妇女福利思想

郑观应（1842～1922年），本名官应，字正翔，号陶斋，广东香山县（今属广东省中山市）人。清咸丰八年（1858年），十七岁的郑观应科考落榜，到上海学习经商，在上海柯化洋行帮办商务。两年后又到宝顺洋行当买办，同时刻苦学习英文。同治七年（1868年）宝顺洋行停业后，他陆续经营开办一些航运、贸易企业，又捐员外郎，随后在太古洋行的轮船公司任总理监管栈房。光绪四年（1878年）捐候补道员，开始与李鸿章相识，并受李鸿章委派，主持过多地的赈灾事务。后又被李鸿章委派为上海机器织布局的会办，参与洋务民用企业的建设。光绪八年（1882年），结束了买办生涯，历任轮船招商局、汉阳铁厂总办等职务。可见，郑观应的经历比较复杂，他不是科举正途出身的封建官僚，而是由买办转化而来的民族资本家的代表人物，其代表作是《盛世危言》，刊行于1894年。在中国近代思想史上，郑观应的突出贡献是，在政治上提出了"君民共主"的君主立宪政治主张；在经济方面提出了"习兵战不如习商战"的"商战论"。他在展开其经济社会主张时，提出了颇具近代特色的社会福利思想，主要包括慈善论、赈灾论和养民论等。

作为洋务派新思想的集大成者，郑观应非常关心百姓的疾苦，主张向西方学习，大力兴办各类慈善机构。同时，他认为水灾、旱灾、盗贼是百姓面临的大祸患，必须加以彻底治理，并严惩查赈官员的徇私舞弊。同时，郑观应还十分关心女性问题，特别是女子教育方面。他的妇女福利思想大致可分为以下几个方面。

第一，反对溺女。溺女之风在我国自古就有。近代社会矛盾非常突出，故而尤为盛行。面对"溺女之风，近世各直省所在多有"的情况，郑观应一开始就表明自己的立场，认为溺女是一件罪孽深重的事情。

第二，反对裹足。缠足开始于南唐，清朝时发展到了中国社会的各个阶层。郑观应看到了裹足问题的严重性，感叹身为女子已经够不幸的了，而作为中国的女子则更加不幸，所以提出了"弛女足"的主张。

第三，提倡女子教育。衰败的清王朝恪守着旧的封建礼教传统，说明当时广大妇女根本就没有受教育的权利。郑观应则认为，不讲礼教是政治教化日益衰败的原因，妇女不读书，"孤陋寡闻，吃亏更大"，因此兴女学也就被他作为强国之策而提出。

第四，重视蒙养。郑观应指出，家庭教育对于婴儿最重要。如果女性不知书达理，对于所生的子女就不知道怎样教育，不是过于宽松就是太过严厉。此外，康有为的弟子梁启超的《论女学》中也有"教男子居其半，教妇人居其半，而男子之半其导原亦出于妇人，故妇学为保种之权舆也"之说。

第五，关注妇女特殊群体。光绪年间，河南发生灾荒，乡间妇女被鬻卖一空，这引起了郑观应的注意。他认为性别比例的失衡，会导致农村婚配困难，"流民既无家室，即无系恋，犯法之事，何惮不为？"[1] 这会给社会造成无穷的祸患。因此，他主张采取加厚赈粮、代为收赎等办法，收恤遣还灾区妇女，以维持社会的稳定。为此，他特拟定《代赎灾民已卖妇女章程》，建议组织人力，出省查寻被贩卖的妇女，同时要在交通要道设立关卡，遇有买运河南妇女南下者，立即截留送还。而对于截赎妇女中的无家

---

[1] 《郑观应集·苏浙沪扬筹赈同人拟代赎灾民卖子女章程》。

可归者，可使其与土著百姓婚配。同时，为了遏制鬻买妇女的风潮，在发放赈米时，应该对妇女加倍赈给，以切断贩鬻之源。这些无不反映出郑观应是非常关心妇女的。

第六，注意妇女修行。郑观应自始至终持有一种节俭的观点，如量入为出，"一丝一粟，当知物之维艰"，"日食两餐，夜眠八尺，只求饱暖适意"①，只要干净卫生就行。从食、着、住三方面分析妇女是家庭经济枢纽的原因，所以他极力反对奢侈。这在当时清朝国力日衰的情况下提出来是很有意义的。

郑观应对妇女的关注，说明了近代已经对妇女的地位和作用有了一定的认知，让人们开始审视妇女应该具有的权利，并为妇女从封建压迫下解放出来提供有效的解决办法。郑观应的这些思想虽然并不十分系统，却充溢着浓郁的近代气息，对近代社会福利思想的发展起到了推动作用。

郑观应刚从封建营垒中脱化而来，难以摆脱其束缚，对封建顽固思想的批判也不够深刻，没有击中其要害。他虽然要求学习西方资本主义国家的社会福利制度，但仍然维护封建宗法和伦理道德，他的观点主要是围绕"妇德妇言、妇容妇功"、"为贤妇，为贤女，为贤母"和相夫教子等方面展开的，所以他的女性观是不系统的。但是他的功劳还是巨大的。他的主张反映了中国社会的实际需要和发展变化，代表了时代发展的方向，因而是进步的。他促进了妇女的觉醒，对维新运动产生了重大的影响，起了先导的作用。

三　康有为的妇女福利思想

康有为作为近代维新派思想家的代表，也是一百多年前中国向西方寻求真理的先进代表。在其庞大的思想体系中，有关妇女福利问题的思想也占有重要的地位，成为他进步思想的重要组成部分。其妇女福利思想主要有以下几方面的内容。

第一，坚决反对妇女裹足。缠足这种恶习，严重摧残了妇女的身心健康，使妇女终身丧失劳动能力，成为妨碍妇女解放的严重桎梏。少年时代，康有为便深切同情姐妹们被迫裹足。青年时期，他便与开明绅士一起创办中国第一个"不裹足会"，号召乡间妇女不裹足，首先是自己的女儿、侄女

---

① 《郑观应集·训妇女书》。

成为获益者，在当时开了不裹足运动的先河。百日维新时期，康有为在繁忙谋划变法之策的同时，竟然还上书光绪帝请明谕禁止裹足，光绪帝被其劝服，接受了他的主张，令各督抚等推行。

第二，提倡创办女学，反对封建陈腐观念。康有为不仅力主革除封建旧教育制度的流弊，还积极主张推行西方资产阶级教育制度，主张广开民智，广育人才，而妇女教育就是其中的一个重要内容。针对数千年来没有女子学校的不平等现象，破除男尊女卑的陈腐观念，康有为提倡开办女学，并于1897年携长女同薇到上海，于次年与其高足梁启超等一起创办了中国历史上第一所中国人自办的女子学堂，为推进中国近代女子教育事业起到重要作用。

第三，深刻揭露批判程朱理学关于妇女问题的反动伦理说教，倡导男女平等。在其《大同书》中，男女平等思想是一突出的内容。在该书中，康有为以西方资产阶级的"天赋人权"为理论基点，用人道主义作为批判武器，无情地批判了封建势力对妇女的压迫。康有为揭露了封建家族宗法制度下的男尊女卑观念给广大妇女带来的苦难，热烈呼唤男女平等、妇女解放，认为男女同生于天地之间，因而同有天赋之权，强烈要求给予妇女应有的做人的权利、地位和尊严。虽然康有为这里还只是从理论上而不是在实际斗争中为妇女彻底斩断奴役的枷锁，但他所做的充满人道主义精神的批判和论述，不仅在当时具有重大的社会意义，而且无疑对于中国近代妇女争取解放、自由、平等、独立起了舆论先导的作用。

第四，热心提出了治理妇女问题的"药方"。在《大同书》中，康有为密切关注妇女的解放问题，立志拯救被压迫者，他用了很大篇幅来论述这一不平事，并为此开具"药方"。他在《大同书》中提出了十一个办法来拯救妇女。（1）设女学，章程皆与男子学校同。（2）许选举、应考、为官、为师，但问才能，不分男女。女子也可当选大总统。（3）女子可充议员，负荷国务，与男子无别。（4）妻子与丈夫在法律上一律平等。（5）禁止从夫姓风俗，还女子本人之姓名。（6）婚姻自由，父母尊亲不得包办。（7）禁止二十岁以前的早婚现象。（8）女子成年后有出入、交接、游观、宴会的自由。（9）禁缠足、束腰、穿耳鼻唇以挂首饰，以及以长布掩面、蔽身，加锁于眉中、印堂等危害妇女健康的风俗。（10）女子既与男子各自独立，在一切场合应平起平坐，不分畛域。（11）女子与男子衣服装饰相同。可见，这十一个办法中实际涉及妇女接受教育的权利、参政权、选举权、从事各种社会职业的权利、婚姻自主权、姓名权、妇女进行自由社会交往的权利、男女平等的权利等，周全细致。虽然受时代、历史和阶级的局限，康有为的大多措施最终只能束之高阁，但显然是对封建制度和传统的严重挑战，表现出了巨大的勇气。

四 孙中山的妇女解放和妇女福利思想

真正近代意义的妇女解放运动，是从辛亥革命开始的。1911 年由资产阶级革命派发动的辛亥革命，推翻了封建剥削制度，同时也吹响了妇女解放的号角。一大批进步的中国妇女挺身而出，以前所未有的姿态登上历史舞台。她们组团体，建学校，参加武装斗争；她们要求女子接受教育，婚姻自主，经济独立；她们提出"妇女参政"，从思想到行动，为自身解放奔走呼号，引起了社会各界的广泛关注，并真正揭开了近代中国妇女解放运动的帷幕。作为中国近代资产阶级民主革命的先行者，孙中山自然也注意到了妇女解放和妇女福利问题，并将其妇女解放观植根于他的民主革命纲领之中。在孙中山革命思想影响下，辛亥革命时期的先进妇女积极参加资产阶级民主革命，并为自身的解放进行斗争，从而书写了中国妇女运动历史的新篇章。孙中山关于解决妇女问题的主张主要有以下三个。

第一，兴建女子学校，重视女子教育。兴办女子教育，让妇女和男子获得同等受教育的机会，既是资产阶级民主革命反封建的重要课题，也是妇女解放运动争取的目标之一。孙中山对女子教育尤为重视，认为妇女只有掌握了文化科学知识，才能提高自己的经济和政治地位，才能实现真正的男女平等。民国临时政府成立后，学校教育中女子地位有了提高。普通中学、师范学校、高等师范学校和实业学校都专门设立女校，女校和女学生大量增加。据统计，到 1916 年，受中等教育的女子达到 8000 人，受初等教育的女子达到 16 万人。中国妇女素质的提高和近代知识妇女群开始出现、成长，对妇女运动起到了积极的推动作用，也为后来五四时期妇女运动储备了大量人才。

第二，鼓励女子参政，谋求妇女自身的解放。辛亥革命时期，妇女解放运动的创举是组织妇女团体，其高潮则是妇女参政运动。孙中山一直鼓励妇女参政，在他的支持下，1911 年 11 月，由中国社会党女党员林宗素等人组织发起，在上海建立起女子参政同盟会，以"普及女子之政治学识，养成女子之政治能力，期待国民完全参政权"为宗旨，提出承认女子有完全参政的权利。此后，女子参政团体纷纷成立。但1912年南京临时参议院审议通过的《中华民国临时约法》并未对女子参政做出相关规定，于是发生了轰动全国的大闹参议院事件。事件发生后，孙中山亲自参与调停，允许向参议院倡议增修女子参政条款，才使事件暂告平息。但虽经孙中山努力，由于受到参议院的阻挠，女子参政最终未能得到法律上的认可。这场前所未有的女权运动虽然失败了，但对中国妇女思想解放起到了极大的警醒作用。

第三，重视妇女的保障权益。前述，对于妇女缠足这种摧残妇女身心健康的陋习，太平天国的洪秀全就下达了"放足令"，维新派的康有为也坚决反对，孙中山对此也高度重视。1912年南京临时政府成立后，孙中山随即就下令劝禁缠足，终于使这种摧残妇女的恶习逐渐被革除。孙中山还十分注意保障妇女的工作权益和生活需要，强调男女同工同酬，他提出，对于做工的妇女，要有年龄和时间的限制，国家还应规定妇女的养老费和保险费。孙中山特别推崇俾斯麦的"国家社会主义"学说，他说："德国当俾士麦执政的时代，用国家力量去救济工人的痛苦，作工时间是由国家规定了八点钟；青年和妇女作工的年龄与时间，国家定了种种限制；工人的养老费和保险费，国家也有种种规定，要全国的资本家担任去实行。"① 孙中山认为应该效仿这种做法，由国家来保障工人和妇女的权益。

可见，孙中山实际上已经把妇女的权益和福利问题上升到了国家制度层面来考察和重视，从中可以看出中国妇女福利思想在近代的不断发展和完善。

除上述老人、儿童和妇女的社会福利思想外，对残疾者给予特殊的抚恤照顾，也是中国社会福利思想的重要内容。早在儒家经典《周礼》中，就列有对"废疾者"的抚恤照顾的条目，《管子》的行"九惠之教"中，也大谈"养疾"问题。一直到明代朱元璋下令设"养济院"，近代康有为设计"大同世界"时更专列"养病院"，对残疾人给予专门治疗和保养。可见，对残疾人的特别抚恤照顾，也构成了中国社会福利思想史的一条重要线索。关于残疾人的福利思想，由于在前面所述内容中已多有涉及，故本书不再列专节阐述。

---

① 《孙中山选集》下卷，人民出版社，2011，第851页。

第五章 中国传统的重民思想与济贫思想

重民思想是自孔、孟以来儒家的传统思想。中国历代统治者都非常看重人民的历史作用，把人民看成维护和巩固统治的首要因素，当然这是站在统治者的角度从维护其统治地位的立场来看待人民作用的。中国古代的许多思想家都对人民的地位和作用以及人民的福利有着丰富的论述。而中国自步入阶级社会以后，贫富悬殊、两极分化就成为严重的社会问题，威胁着社会的稳定和发展。因此，历史上很多思想家特别是儒家思想家在思考社会福利问题时都非常注意探讨"贫富论"，试图通过各种"济贫"手段来缓和社会矛盾，如孟子的"救穷济弱"思想、董仲舒的"贫者养生论"、朱熹的"贫富论"等，均对中国封建社会产生过较大的影响。到了近代，康有为和孙中山更是将"济贫"思想纳入其理想社会的构想之中，试图建立"家给人足，四海之内无一夫不获其所"的理想社会。这就使得在中国社会福利思想的发展过程中，济贫思想也极为丰富。

第一节 中国传统的重民思想

从先秦时期的孟子提出了"贵民论"到近代孙中山提出的"民生论"，中国社会福利思想史上一直贯穿着重民的思想。无论是封建思想家还是封建帝王，在某种程度上都看到了人民力量的伟大，使"以民为本"成为中国传统的治国理念，并且诞生了许多有价值的重民理论。本节重点介绍几种在中国历史上具有重大影响的重民思想。

一 孟子的"民贵君轻"的重民思想

孟子作为由孔子开创的儒家思想的继承者，对于孔子思想特别是其为政理念做出了进一步的发挥。孟子认为，治理国家必须以"民"为本，没有"民"的支持，也就没有了国家。据统计，在《孟子》7篇中，"民"字大约出现过200多次，足见"民"在孟子心目中的地位和在其思想体系中的重要性。

与春秋战国时期其他思想家的重民思想不同，孟子首先是把"民"置于社会各构成要素的序化关系之中，从而提出了"民为贵，社稷次之，君为轻"① 这一重要命题。对于这一命题，朱熹解释道："社，土神。稷，谷神。……盖国以民为本，社稷亦为民而立，而君之尊，又系于二者之存亡，故其轻重如此。"② 我们认为，孟子的这一命题的社会学意义在于，它阐发了民、社稷、君主三者间的相互关系。在君、民、国家关系上，他将民置于头等重要的地位，没有一定数量的社会成员——"民"，就不可能有国家的政治形式——"社稷"；没有社稷，又怎能有国君呢？由此，孟子为我们勾画出了一幅社会政治关系的层次递进图："是故得乎丘民而为天子，得乎天子为诸侯，得乎诸侯为大夫"③，即只有得到了民众的欢心，才能成为天子；只有得到了天子的欢心，才能成为诸侯；只有得到了诸侯的欢心，才能成为大夫。在这一社会政治关系体系中，民众具有最重要的决定性作用。

从"民贵君轻"的基本命题出发，孟子提出君主必须"爱民""利民""重民"，而不可"虐民""残民""罔民"，进一步展开了他的重民思想。孟子重民思想涵盖的主要内容包括以下三个方面。

第一，民心向背决定国家兴亡。孟子指出："桀纣之失天下也，失其民也；失其民者，失其心也。得天下有道：得其民，斯得天下矣；得其民有道：得其心，斯得民矣；得其心有道：所欲与之聚之，所恶勿施尔也。"④ 强调桀、纣之所以国破身亡，就是因为施行暴政而失去了民众的支持，民心向背是政治成功与否的决定因素。此后，"得民心者得天下"便成了中国政治文化中的最基本信条。政权的得失，在乎人君是否有德，是否能以德行仁政；而人君是否有德，会反映在民心向背上，因为有德者贵民爱民，无德者贱民害民。这与《尚书》、孔子的说法是一致的。

第二，倾听国人意见。既然民心向背决定着国家的兴亡，因此孟子要

① 《孟子·尽心下》。
② 《四书章句集注·尽心下》。
③ 《孟子·尽心下》。
④ 《孟子·离娄上》。

求统治者必须注意倾听民众的意见。他说："左右皆曰贤，未可也；诸大夫皆曰贤，未可也；国人皆曰贤，然后察之；见贤焉，然后用之。左右皆曰不可，勿听；诸大夫皆曰不可，勿听；国人皆曰不可，然后察之；见不可焉，然后去之。左右皆曰可杀，勿听；诸大夫皆曰可杀，勿听；国人皆曰可杀，然后察之；见可杀焉，然后杀之。故曰，国人杀之也。如此，然后可以为民父母。"① 这种以民众意见为施政依据的主张，既反映了原始民主制的某些残留，也是战国时期思想界中强劲的民本主义思潮的集中体现。

第三，营造与民同乐的社会氛围。这就要求以国君为代表的统治者，不仅要在经济上"利民""惠民"，还要在爱好、情感方面与民相互沟通。齐宣王在雪宫会见孟子，孟子就告诫齐宣王说："为民上而不与民同乐者，亦非也。乐民之乐者，民亦乐其乐；忧民之忧者，民亦忧其忧。乐以天下，忧以天下，然而不王者，未之有也。"② 即是说，君主以百姓之乐为乐，百姓也就会以君主之乐为乐；君主以百姓之忧为忧，百姓也就会以君主之忧为忧。与天下的百姓同忧同乐，这样还不能称王于天下，是从来没有的。统治者只有做到"与民同乐"，其自身之乐才有保障。

当然，孟子以"民贵君轻""与民同乐"为核心内容的民本思想的出发点并不在"为民请命"，而在于防范"贼民兴，丧无日"③ 局面的出现，从而为统治者提出济平天下、长治久安的治国良策。但是，孟子这种"施恩于民"的主张却直接为其社会福利思想奠定了坚实的理论基础。既然"民"在国家中的地位如此重要，那么，统治者就应该把剥削限定在一定的范围之内，满足人民在物质生活中的需要，给予一定的土地和屋宅，"老吾老以及人之老，幼吾幼以及人之幼"④，建立一个富足的、使百姓都能获得一定社会福利保障的王道社会。

二　荀子的"民水君舟"的重民思想

荀子（生卒年不详，主要政治、学术活跃时间在前 298～前 238 年），名况，字卿，也叫孙卿，战国后期赵国人，是继孟子之后先秦儒家的又一

---

① 《孟子·梁惠王下》。
② 《孟子·梁惠王下》。
③ 《孟子·离娄上》。
④ 《孟子·梁惠王上》。

重要代表人物。与孟子所处的战国中期不同，荀子所处的战国后期，各诸侯国经过变法，封建地主阶级的统治日趋稳固，物质生产呈现出向前发展的勃勃生机，结束诸侯割据实现"四海之内若一家"① 的要求日趋强烈。与这种趋势相适应，学术上也出现了总结、概括这一时期思想的趋势。在这种情况下，荀子对先秦时期的天人关系、人性善恶、礼法关系、名实之辩等问题进行了系统的梳理和总结，他立足于儒家，又对法、道、墨、名等各家思想多有吸收，从而成为集先秦思想之大成的思想家。

荀子在政治思想上提出了礼法并重的主张。他把礼和法都理解为封建社会的等级秩序和人伦规范，认为君臣父子等上下秩序是"礼法之枢要"②，并以法释礼，融合儒家和法家，打通了儒家与法家之间的森严壁垒。所以荀子的学生韩非和李斯后来成为法家的代表就不难理解了。

在荀子看来，礼义、法度固然重要，但关键是要有君主处于"管分之枢要"的位置，还要由"君子""治人"来贯彻执行。他说："有乱君，无乱国；有治人，无治法。……故法不能独立，类不能自行；得其人则存，失其人则亡。法者，治之端也；君子者，法之原也。……故明主急得其人，而闇主急得其势。"③ 这里的君子、治人是指有儒家道德修养而从事治国的人，有了他们，才能够实现礼法之治。而"法不能独立，类不能自行""闇主急得其势"是针对法家的单纯"任法"和依靠权势所提出的批评；"君子者，法之原也""明主急得其人"是希望君主任用儒家之士，以实现"隆礼尊贤"的王道。

为此，荀子对居于高位的君主提出了"修身"的道德要求，即要求君主必须以身作则，成为德行的表率。他说："天下归之之谓王，天下去之之谓亡。故桀纣无天下，而汤武不弑君，由此效之也。"④ 君王的合法性是能够得民心，使天下归之。如此，和孟子一样，荀子也就把民心向背看作国家兴亡的决定因素。

荀子还指出："天之生民，非为君也；天之立君，以为民也。故古者列

---

① 《荀子·儒效》。
② 《荀子·王霸》。
③ 《荀子·君道》。
④ 《荀子·正论》。

地建国，非以贵诸侯而已；列官职，差爵禄，非以尊大夫而已。"① 这就是说，君主虽然居于最高的位置，但天下百姓不是为君主而生的，相反，君主是为民而立的。诸侯、大夫等虽然尊贵，但也是为民而设置的。"为民"即以人民为国家社会的价值主体，这显然也与孟子的"民为贵"思想是一致的。

荀子还和孔子、孟子一样主张欲使"国富"必先"富民"。他说："王者富民，霸者富士。"② 而富民的具体措施包括"轻田野之税，平关市之征，省商贾之数，罕兴力役，无夺农时"等，"如是，则国富矣。夫是之谓以政裕民"③。富国首先是富民，这也是儒家的主张与法家的所谓"富国强兵"主张的一个重要不同。所以荀子又指出："君人者，爱民而安，好士而荣，两者无一焉而亡。"④

由"君道"的"爱民而安"，所以才有了君主与庶人的舟水之喻："庶人安政，然后君子安位。传曰：'君者，舟也；庶人者，水也。水则载舟，水则覆舟。'此之谓也。故君人者欲安，则莫若平政爱民矣。"⑤ 这是告诫统治者，如果下层人民对政治不满，统治者的地位就不能稳固了。这就像水和船的关系一样，水虽能够承载船，但是一旦掀起巨浪，就能把船打翻吞没。

"民水君舟"之喻体现了儒家一贯的民本思想，也是荀子对先秦时期政治经验教训的一次深刻总结。秦以后的儒家便一直以这样的思想来警戒统治者。于是，荀子的"民水君舟"就同孟子的"民贵君轻"一起，成了儒家民本思想的两个最具有影响力的命题。

三 墨子的"利民"思想

在先秦时期，由墨子创立的墨家学派与由孔子创立的儒家学派被并称为"显学"，而且两家都大讲"爱人"，并由"爱人"而主张"爱民""利民""重民"。但两家的"爱人"又存在旨趣上的根本差异，其分歧主要有

① 《荀子·大略》。
② 《荀子·王制》。
③ 《荀子·富国》。
④ 《荀子·君道》。
⑤ 《荀子·王制》。

两个方面。第一，儒家的"爱人"是就人的本质属性而言的，是将其视为人之为人的根本来看待的，因此，它与物质利益没有直接的关联，从某种意义上讲具有超越物质功利的内在价值；而墨子的"爱人"更注重物质生活方面的功利性，将其视为实现物质利益的手段，即"兼相爱"是为了"交相利"。第二，儒家从人的本质属性立论，认为人的道德情感等精神属性源于最本真的亲亲之情，"孝弟也者，其为仁之本与"①，由此将孝悌等亲亲之情加以扩充，进而达到"泛爱众"，即其"爱人"是随着人际关系的远近而有差等的；而墨子从互惠互利的社会功效立论，故先讲"爱利人之亲"，然后讲"人报我以爱利吾亲"②，这样，对人之亲和己之亲就要同等地爱之，即"爱无差等"。

墨子主张用"兼相爱，交相利"的原则来处理国与国、家与家、人与人之间的关系，也就是要"视人之国若视其国，视人之家若视其家，视人之身若视其身"，认为这样就会除去天下之害，"是故诸侯相爱则不野战，家主相爱则不相篡，人与人相爱则不相贼。……凡天下祸篡怨恨可使毋起者，以相爱生也，是以仁者誉之"③。"兼相爱"不仅可以除去天下之害，而且可以兴起天下之利，因为爱人、利人者可以从中得到对等的回报："夫爱人者，人必从而爱之；利人者，人必从而利之。"④ 如果国与国、家与家、人与人之间都能"兼相爱，交相利"，就会实现社会、家庭乃至普遍人际关系的秩序与和谐。

墨子把这种"兼相爱，交相利"的原则运用到治国方略上，提出了"爱民""利民"的思想。与儒家"爱民"的伦理化特点不同，墨子的"爱民"更看重的是"民之利"，因而其"爱民""利民"的主张有着更实在的具体内容。

第一，墨子的所谓"利民"，就是要给人民以实际的"衣食生利"，主要是指饮食、衣服、舟、车等基本的物质生活资料。据此，墨子主张统治者要关心百姓疾苦，把自己多余的财产分给百姓，以保证百姓的衣食温饱，认为这便是统治者应该做的"爱民""利民"的具体工作，也可称之为"移

---

① 《论语·学而》。
② 《墨子·兼爱下》。
③ 《墨子·兼爱中》。
④ 《墨子·兼爱中》。

则分"。"移则分"的"移"通侈，为有余、富裕的意思，所谓"移则分"就是指统治者把自己有余的财富分给百姓。他以商汤和周文王的事迹为例，论证了这种"移则分"的重要性：

> 古者汤封于亳，绝长继短，方地百里，与其百姓，兼相爱，交相利，移则分……诸侯与之，百姓亲之，贤士归之……而王天下。

> 昔者文王封于岐周，绝长继短，方地百里，与其百姓，兼相爱，交相利。则是以近者安其政，远者归其德，闻文王者，皆起而趋之。①

墨子还认为"移则分"应该与"以力劳人"的思想结合起来，即一方面统治者应该把自己多余的财产分给百姓，另一方面百姓也应该用自己的劳动去帮助别人。这就与"交相利"的原则吻合了。

第二，所谓"利民"，就是反对苛税重役，主张轻徭薄赋。墨子从其"兼相爱"的原则出发，谴责统治者"厚作敛于百姓，暴夺民衣食之财"②，对百姓横征暴敛，使百姓缺衣少食、饥寒交迫，失去了基本的生产资料和生活资料，无以为生。他认为百姓的赋役之所以苛重，其根本原因就在于统治者的腐化奢靡，最终导致"上不厌其乐，下不堪其苦"③。因而，要想减轻百姓的苛税重役，就必须限制统治者的挥霍浪费。

墨子虽然反对统治者的横征暴敛，但并不反对百姓承担国家赋役，他只是主张把赋役的征收限定在百姓能够承担的范围之内。为此，他提出："（以其常）役，修其城郭，则民劳而不伤；以其常正（征），收其租税，则民费而不病。"④ 这里所说的"常"，实际上就是百姓承担赋役的"度"。墨子认为，统治者的赋役征收超过了这个度，就是违背了"兼相爱，交相利"的原则，就属于不义的范畴了。

第三，所谓"利民"，除了使饥者得食、寒者得衣之外，还应该包括劳者得息。墨子说："民有三患：饥者不得食，寒者不得衣，劳者不得息，三

---

① 《墨子·非命上》。
② 《墨子·辞过》。
③ 《墨子·七患》。
④ 《墨子·辞过》。

者民之巨患也。"① 因此，为求兴天下之利，首先就必须解决这"三患"。所以，在解决了老百姓的饥寒问题后，还必须保障其休息权，把"劳者得息"作为"利民"的重要指标。

这里，墨子把辛勤劳作的百姓是否得息，看作系于国家存亡的大事，这是他的一个独特的见解。他认为过于劳苦是劳动人民产生疾病的重要原因，"人之所得于病者多方，有得之寒暑，有得之劳苦"②，如果统治者不体恤民之疾苦，肆意对其剥削压榨，必然会引起民众激烈的反抗。历史上被人民推翻的暴君，是不乏其例的，吴王夫差的"国破身亡"，就是"百姓苦其劳"③ 所致。

春秋战国时期，各国统治者攻城略地，图谋称霸，对百姓的剥削压榨普遍加重。墨子从其"兼相爱，交相利"的理论出发，批判统治者无止境的盘剥和不可遏止的贪欲，主张"爱民""利民"，表现了他对劳动人民的深切同情，在当时的历史条件下是具有进步意义的，也为中国传统的重民思想增添了新的内容，并对后世产生了重要的影响。

四 《礼记》中"德本财末"的"亲民论"思想

《礼记》是战国末年至汉初儒家的一部论文集，后被奉为儒家基本经典之一。《礼记》在继承孔、孟儒学基本理论的同时，还对儒家思想做了进一步的修正和展开，并在其中蕴含着丰富的社会福利思想。除我们在上一章所论及的该书对孔子的"安老怀少"思想的发展外，《礼记》中提出的"亲民论"也对后世影响巨大。

《礼记》的"亲民论"集中体现在其《大学》中。《大学》开宗明义提出："大学之道，在明明德，在亲民，在止于至善。"④ 强调通过"亲民"的途径，达到国治天下平的"至善"的境界。《大学》中的"亲民论"思想主要表现在以下几个方面。

首先，《大学》的作者认为，所有社会关系都是家庭血缘关系的放大，社会道德是家庭道德的延伸。因此，使国家家族化、政治伦理化，也就实

---

① 《墨子·非乐上》。

② 《墨子·公孟》。

③ 《墨子·鲁问》。

④ 《礼记·大学》。

现了所谓"亲民"。他们指出：

> 所谓治国必先齐其家者，其家不可教而能教人者，无之。故君子不出家而成教于国。孝者，所以事君也；弟者，所以事长也；慈者，所以使众也。

又指出："一家仁，一国兴仁；一家让，一国兴让；一人贪戾，一国作乱；其机如此。"①

显然，这是典型的"家国一体论"。在他们看来，君臣关系就如家族中的父子关系，上下尊卑关系就是家族中的兄弟关系，统治者与被统治者之间的关系也就是家族中的慈孝关系。在这样的政治伦理化的氛围下，统治者必须做"父母官"，行亲民之道，"民之所好好之，民之所恶恶之"，"上老老而民兴孝，上长长而民兴弟，上恤孤而民不倍（背）"②。只要统治阶级在道德上起表率作用，人民就会模仿，天下便会太平。

其次，要做到"亲民"，还必须遵循"德本财末"的原则，对百姓实施德政。其具体表现就是轻徭薄赋，博施济众，厚以养民。关于德财关系，《大学》中有两段著名的论述：

> 道得众则得国，失众则失国。是故君子先慎乎德，有德此有人，有人此有土，有土此有财，有财此有用。德者本也，财者末也。

> 财聚则民散，财散则民聚，是故言悖而出者亦悖而入；货悖而入者，亦悖而出。③

上文中的前一段主要阐述了"德本财末"的德财关系论。这是告诫统治者，要想得到民众的支持，就必须取财有道，即要合乎德的要求。如果置国家政权的根本利益于不顾，贪得无厌地进行剥削，就势必招致亡国失

---

① 《礼记·大学》。
② 《礼记·大学》。
③ 《礼记·大学》。

众的可悲结局。

而后一段则阐述了其"财聚民散"的思想。也就是说，如果统治者贪婪地聚敛财产，势必会造成民众离散的结局；相反，如果统治者能散财以惠民，百姓就会前来归附。

可见，《大学》所阐发的上述思想事实上已经超越了先秦儒家一般意义上的"薄赋敛"，把是"散财以聚民"还是"聚财以失民"的问题提高到治国方略的高度，主张通过"散财"，即给民以一定的社会福利救济来争取民心，稳定统治，最终达到"聚民""得众""得国"的目的。《大学》的这一"德本财末""财散民聚"思想，是对儒家重民思想的发挥，并直接为后来的封建王朝施行"散财于民"的社会福利和社会救济政策的制定，提供了理论依据。

五　王符"天以民为心"的贵民论

王符（公元85~163年），字节信，号潜夫，安定临泾（今属甘肃省镇原县）人。范晔在《后汉书》中将他与王充、仲长统合列一传，由此可以看出王符是当时有一定名望的学者，其思想特性与王充、仲长统接近，具有一定的批判性。

从《后汉书》中的简略记载可知，王符虽然出身低贱，但"少好学、有志操，与马融、窦章、张衡、崔瑗等友善"，声望颇著。作为一名有个性的学者，王符"耿介不同于俗，以此遂不得升进"，一生没有做官。他发愤隐居著书，"以讥当时失得，不欲章显其名，故号曰《潜夫论》"。[①]

王符《潜夫论》一书继承了先秦儒家的"民本"思想传统，并在此基础上提出了具有自身特点的"贵民论"的重民思想。而王符"贵民论"的特点，是把"天心"与"民心"统一起来，提出了"天以民为心"的命题，并围绕这一命题来展开其重民思想。

首先，他以"天以民为心"为出发点，指出统治者在制定政策时，要以顺民心为本，采取敬民、利民的政策。

与董仲舒的"天人合一""天人感应"思想相类似，王符认为天人之际存在着某种必然联系，天心与民心是相通的。在他看来，"和阴阳"是最高的治

国准则，而"和阴阳"的前提是"顺民心"。他指出，"天心顺则阴阳和，天心逆则阴阳乖"，而"天以民为心，民安乐则天心顺，民愁苦则天心逆"。①

由此可见，王符的思想逻辑是，民心顺则天心顺，天心顺则阴阳和，阴阳和则国家治。这实际上是把"天心"归结为"民心"，又把"民心"上升为"天意"，从而告诫统治者要实行使民安乐的政策，敬民、利民，以恤民为本。

其次，王符认为国家的治乱与百姓安乐的决定因素是君主。他说：

> 国之所以治者，君明也，其所以乱者，君暗也。君之所以明者，兼听也，其所以暗者，偏信也。是故人君通必兼听，则圣日广矣；庸说偏信，则愚日甚矣。②

> 人君身修正，赏罚明者，国治而民安。③

这就是说，国家治乱的决定因素就在于君主的"明"与"暗"，只要国家有品德高尚、赏罚分明、尊贤任能的君主，就一定能够实现大治，百姓就一定能够享受安乐的生活。相反，如果君主偏听偏信，则国家必然走向昏暗。

可见，王符的"明君论"，究其实质并不是要取消专制皇帝，而是渴望天降"明君"，为民造福。这种把百姓基本社会福利的实现寄托于"明君圣王"身上的思想，在中国历史上影响极大。

最后，针对东汉社会王公贵族和豪强地主生活上的奢侈腐化和政治上的独断专横，王符还提出了"遏利"的主张。他认为天下的"利物"都是"天之财"，不可强取多得：

> 且夫利物莫不天之财也。天之制此财也，犹国君之有府库也。赋赏夺与，各有众寡，民岂得强取多哉？故人有无德而富贵，是凶民之

---

① 《潜夫论·本政》。
② 《潜夫论·明暗》。
③ 《潜夫论·巫列》。

窃官位盗府库者也，终必觉，觉必诛矣。盗人必诛，况乃盗天乎？……自古于今，上以天子，下至庶人，蔑有好利而不亡者，好义而不彰者也。①

这实际上是在警告偷盗上天财物的统治者，贪图财利迟早会灭亡的。将贪图财物比作"盗天"是不科学的，但从道义上鞭挞了剥削者，具有一定的人民性和进步性。

从"民心"即"天心"的理论模式出发，王符要求封建统治者对百姓施行"德政"，"为国者以富民为本"②，"为国者必先知民之所苦"③，采取"爱民""利民""惠民"政策，重视农业生产，给农民以土地，尤其要爱惜民力、民时。正是在上述思想认识的基础上，王符提出了他的"爱日说"。

王符所谓的"爱日"，就是指要珍惜老百姓的劳动时间。他说："国之所以为国者，以有民也；民之所以为民者，以有谷也；谷之所以丰殖者，以有人功也；功之所以能建者，以日力也。治国之日舒以长，故其民闲暇而力有余；乱国之日促以短，故其民困务而力不足。"④

在这里，王符的思想逻辑是，国家之所以成为国家，就是因为有百姓；百姓之所以成为百姓，是因为有五谷；五谷之所以能够生长收获，是因为有人劳动；劳动之所以能够进行，是因为有劳动时间。这一逻辑推理的直接结论就是：统治者必须使百姓有生产的时间，否则就会民不聊生，国将不国。

因此，王符认为，如果统治者滥用民力、巧取豪夺，必然导致民穷国乱的悲剧。他说："孔子称庶则富之，既富则教之。是故礼义生于富足，盗窃起于贫穷，富足生于宽暇，贫穷起于无日。圣人深知，力者乃民之本也，而国之基，故务省役而为民爱日。"⑤ 这里所说的"宽暇"，是指有较多的生产劳动时间，而"无日"则是指没有劳动时间。这样，王符便把贫穷与富

---

① 《潜夫论·遏利》。
② 《潜夫论·务本》。
③ 《潜夫论·述赦》。
④ 《潜夫论·爱日》。
⑤ 《潜夫论·爱日》。

有和劳动时间的长短联系在一起了。他认为东汉中期的百姓之所以日趋贫穷，就是因为统治者滥用民力，盘剥百姓。所以，要想富民、爱民就必须从"省役""爱日"开始。

把贫富严重分化问题归诸劳动时间的长短，的确有些简单，因为人们的贫富主要决定于社会制度和复杂的社会关系。但如果把王符的"爱日说"放到东汉中后期特定的历史条件下去分析评价，就会看到，王符把"爱日"作为封建国家治乱的标准，要求统治阶级减轻对劳动人民的力役剥削，"与民休息"，具有一定的人民性和进步性，体现了他关心人民饥荒和发展经济的进步思想。同时，王符把保障百姓的劳动时间作为社会福利的一项重要内容，也是他在中国社会福利思想史上的一项独创。

六　李世民"君民相依"的重民思想

唐太宗李世民既是一代杰出的帝王，又是一个在维护封建统治方面有着独特理解和认识的思想家。他在继承儒家传统的"民水君舟"思想的基础上，又从隋王朝的快速灭亡中吸取了深刻的教训，提出了一套系统的"君民相依"的重民理论，为传统的重民思想增添了新的内容，因而在中国社会福利思想史上占有重要的地位。

首先，李世民把"重民"问题提到了"君道"的高度上来加以认识。他曾说过，阅读史籍，每当看到唐尧、虞舜的至治之世的时候，都忍不住流连赞叹，而看到夏商末世和秦汉暴君当政的时候，不禁有如履薄冰的恐惧感。李世民之所以贵为帝王，仍然时刻怀有强烈的危机意识，是因为他认为："舟所以比人君，水所以比黎庶，水能载舟，亦能覆舟。尔方为人主，可不畏惧！"[1] 他还提出："天子者，有道则人推而为主，无道则人弃而不用，诚可畏也。"[2] 这里所说的"有道"，是君主以宽政惠民，便会得到百姓的拥戴；而"无道"，则是指暴虐无道，残害百姓，民主就会将其推翻，重新拥立"有道"的君主。正是这种如履薄冰的危机意识，使他能时时保持清醒，为了维持唐王朝的统治和社会的长治久安，作为一个有道的君王，就必须把百姓装在心中，推行惠民政策，以得到百姓的拥戴。

---

[1] 《贞观政要·教戒太子诸王》。

[2] 《贞观政要·政体》。

其次，李世民深入地探讨了"君民"关系，提出了他"君民相依"的理论。他说："君依于国，国依于民。刻民以奉君，犹割肉以充腹，腹饱而身毙，君富而国亡。故人君之患，不自外来，常由身出。夫欲盛则费广，费广则赋重，赋重则民愁，民愁则国危，国危则君丧矣。"① 这是说，"君"与"民"以国为媒介，是一种相互依存的关系，从本质上看"君"与"民"是一体的。过度剥削搜刮老百姓，就像割自己腿上的肉充饥一样，肚子虽然吃饱了，却早已命丧黄泉了。所以，为君之道，必须先存百姓，百姓存而天下安，自己的统治才能巩固。

既然君主只有与民相依存，才能保证其君位长久，那么，君主就不能登高位后就忘乎所以，穷奢极欲，而应重民保民，与民休息，使民安居乐业。李世民曾把治国比作养病，他说："治国与养病无异也。病人觉愈，弥须将护，若有触犯，必至殒命。治国亦然，天下稍安，尤须兢慎，若便骄逸，必至丧败。"② 在他看来，经历隋末大乱的百姓，经过短暂的休养生息，经济生活状况虽然有所恢复，但仍然属于"大病觉愈"，稍不注意保护，必然会招致丧命的大祸。李世民正是在这种危机意识驱使下，看到了人民力量的强大，所以才颁布了一系列"与民休息""恤民养民"的政策措施来安定社会，保证国家政权的稳定。

七 朱元璋"民为国本"的重民思想

朱元璋作为明朝的开国之君，也十分重视儒家传统的重民思想。明朝建立之初，朱元璋在与大臣研讨治国之道时，就提出了"居上之道，正当用宽"③ 的治国方略。面对明初百废待兴的局面，他认为："夫经丧乱之民思治，如饥渴之望饮食，创残困苦之余，休养生息，犹恐未苏，若更殴以法令，譬以药疗疾而加以鸩，将欲救之乃反害之。"④ 因此，朱元璋在其统治期间采取了"与民休息"的政策，以发展经济、整顿吏治为突破口，迅速稳定了局面。

概括起来说，朱元璋的重民思想主要包括以下几项内容。

---

① 《资治通鉴·唐纪》。
② 《贞观政要·政体》。
③ 《大明实录》卷三十八。
④ 《大明实录》卷二十九。

民为国本。朱元璋是凭借元末农民起义的风暴登上皇位的，这使他对民众的力量有着特殊的体验。他经常向大臣们重复荀子的那句格言："民犹水也，君犹舟也，水能载舟，亦能覆舟。"① 反复提醒大臣，民才是国家之本，"民急则乱"。他指出："天下初定，百姓财力俱困，譬犹初飞之鸟不可拔其羽，新植之木不可摇其根，要在安养生息之。"② 为此，他才提出了令民归耕、减免赋税、救灾赈荒等一系列的恤民政策，来安抚民心。

以宽待民。如前所述，"居上之道，正当用宽"是朱元璋在明初制定的治国方略。所谓"宽"，就是要废除元朝苛重的法律和政策，把对民众的剥削控制在一定的限度内。朱元璋指出："大抵圣王之道，宽而有制，不以废弃为宽；简而有节，不以慢易为简，施之适中，则无弊矣。"③

民安则国安。朱元璋多次强调："凡为治，以安民为本，民安则国安。"④ "朕为天下主，凡吾民有不得其所者，皆朕之责。"⑤ "国以民为本，民以食为天，此有国家者，所以厚民生而重民命也。"⑥ "民富则亲，民贫则离。民之贫富，国家休戚系焉。"⑦ 他清楚地意识到，民不安，自己的统治也不能稳固，因而，治国首在安民。而安民的根本又在于富民、养民、教民，以使百姓的生活有一个基本的保障。

朱元璋"民为国本"的重民思想，为明初恢复社会经济、缓和阶级矛盾、稳定社会，起到了非常重要的作用。当然，我们也应该看到，朱元璋重民思想的根本目的是维护朱明王朝的封建统治，在这一前提下，所谓"安民""惠民""养民"，不过是"役民""使民"的手段而已。

八 康熙"安民勤民"的民本思想

清王朝的建立，在中国历史上具有特殊的意义。在清王朝统治的前期，以康熙、乾隆为代表的清朝皇帝，继承总结中国传统的重民思想，励精图治，也曾创造出不亚于汉唐的封建盛世。

① 《大明实录》卷五十一。
② 《大明实录》卷二十九。
③ 《大明实录》卷三十八。
④ 《大明实录》卷一百十三。
⑤ 《大明实录》卷一百二十四。
⑥ 《大明实录》卷七十六。
⑦ 《大明实录》卷一百七十六。

康熙即玄烨，是清世祖顺治的第三子，1662～1722 年在位。他继承了中国儒家传统的"民本"思想，总结了明亡的教训，提出了以"爱民""利民""恤民""息民""安民"为核心内容的民本思想。

康熙首先把"爱民"视为君道的核心内容，也是他考察官吏的基本项目。他认为帝王治天下的根本"惟在修德安民。民心悦，则邦本得"①。他总结指出，秦王朝之所以快速灭亡，汉高祖刘邦之所以能在大乱中取得天下，最根本的原因就在于民心的向背："久乱之民思治。秦民日在汤火之中，沛公入关首行宽大之政，与父老约法三章，民心既归，王业根本已定于此。"②

康熙认为，要想得天下必先得民心，而要治天下则必先使"民安"。他把"民安"也作为考察官吏是否称职的重要标准，"吏苟廉矣，则奉法以利民，不枉法以侵民；守官以勤民，不败官以残民。民安而吏称其职矣，吏称其职而天下治矣"③。治理天下，首务在于"安民勤民"。

康熙还提出"保民"是国君的重要德行。要保民，就要在经济上给老百姓留一条生路，在政治上不要施行暴政。康熙八年（1669 年），他下令停止圈地。他承认，清军入关以来，由于满洲贵族的大肆圈地，"以致民生失业，衣食无资，深为可悯"，并同时谕令户部"嗣后圈占民间尔部房地，永行停止，其今年所已圈者，悉令给还民间尔部"④。康熙还经常告诫大臣们，不要好大喜功，劳民伤财，而要注意"与民休息"，给百姓留条生路。他说："从来与民休息，道在不扰。与其多一事，不如省一事。朕观前代君臣，每多好大喜功，劳民伤财……虚耗元气，上下讧嚣，民生日蹙，深可为鉴。"⑤

正是从"民为邦本""君道爱民"的民本思想出发，康熙认为，要想把社会矛盾控制在秩序的范围内，不至于把百姓逼上"斩木揭竿"的造反之路，就必须"安民勤民""恤民养民"，实施社会救济，给百姓以实际的福利。当然也应该看到，康熙民本思想提出的目的在于维护清王朝的统治，因而它的种种带有社会福利色彩的主张，从本质上看都是维护其政治统治的需要。

---

① 《圣祖仁皇帝圣训》卷七。
② 《圣祖仁皇帝御制文集》第一集卷二十七。
③ 《圣祖仁皇帝御制文集》第二集卷三十。
④ 《圣祖仁皇帝圣训》卷六。
⑤ 《圣祖仁皇帝圣训》卷六。

第二节　中国传统的济贫思想

中国自步入阶级社会以来，贫富悬殊、两极分化就成为严重的社会问题，威胁着社会的稳定和发展。而中国传统的重民思想本身也蕴含着对民生疾苦的关注。因此，很多思想家研究社会福利问题时都非常注意探讨"贫富论"，试图通过种种"济贫"手段来缓和社会矛盾，促进社会的稳定和发展。其中较有影响的是孟子的"救穷济弱"思想、董仲舒的"贫者养生论"、朱熹的"贫富论"等观点，到近代，康有为和孙中山更将济贫思想纳入其理想社会的构图中，试图建立"家给人足，四海之内无一夫不获其所"的理想社会。

一　孟子的"救穷济弱"思想

孟子在政治上主张实行"仁政"，并通过实行"仁政"来实现理想的"王道"社会。而实行"仁政"就必须先从救济老、幼、鳏、寡、孤、独等穷弱者开始。生活在剧烈震荡、社会转型的战国时期，孟子目睹在战争和剥削双重摧残下痛苦呻吟的贫苦百姓的悲惨处境，指出正是统治阶级无止境的贪欲和残酷的剥削，使黎民百姓"父母冻饿，兄弟妻子离散"①。"老弱转乎沟壑，壮者散而之四方。"② 在与梁惠王的对话中，孟子指责统治者的残暴统治为"率兽食人"，他写道："庖有肥肉，厩有肥马，民有饥色，野有饿莩，此率兽而食人也。兽相食，且人恶之；为民父母，行政，不免于率兽而食人，恶在其为民父母也？"③ 这就是说，您的厨房里有肥嫩的肉，马厩里有健壮的马，可是老百姓却面带饥色，野外倒卧着饿死的尸体，这就好似率领野兽来吃人啊！野兽自相残食，人们尚且非常厌恶，身为百姓的父母官，管理国政，却率领野兽来吃人，又怎么能当好父母官呢？这显然是对腐朽、残暴的统治者给予的无情的抨击。

孟子在对统治者进行尖锐批判的基础上，提出了系统的救穷济弱的社

----

① 《孟子·梁惠王上》。
② 《孟子·梁惠王下》。
③ 《孟子·梁惠王上》。

会福利思想。主要表现在以下三个方面。

第一，孟子首先界定了进行社会救济的对象范围。他认为，鳏、寡、孤、独及老、幼等都应是社会救济的主要对象。在为齐宣王解说周文王治理岐周、实施王政的故事时，孟子说道："老而无妻曰鳏，老而无夫曰寡，老而无子曰独，幼而无父曰孤。此四者，天下之穷民而无告者。文王发政施仁，必先斯四者。诗云：'哿（通可，表示赞许，也有欢乐、快意之意——编者注）矣富人，哀此茕独。'"① 这就是说，周文王施行的"王政"，对鳏夫、寡妇、独老、孤儿这四种社会上最穷苦无靠的人，给予特殊照顾，这正如《诗经》中所描述的那样，有钱的富人哪，可怜那些鳏、寡、孤、独者吧！此外，孟子还把儒家孝悌思想与老人福利和救助问题结合起来，把"五十者可以衣帛""七十者可以食肉""颁白者不负戴于道路"等作为理想社会的重要福利指标，并将"老吾老以及人之老，幼吾幼以及人之幼"作为儒者至高的道德精神境界。

第二，孟子继承了孔子的"敛从其薄"的赋役思想，提出征收赋役应遵循"取于民有制"②的原则，即主张国家的赋税、徭役必须有一个明确的制度，不得任意对百姓侵夺。他认为，布帛、粟米、力役三种赋税同时施加到百姓身上，负担太重。他主张"用其一，缓其二"，即只征一种，以减轻百姓负担。否则，"用其二而民有殍，用其三而父子离"③，这样就会导致父子离散，民不聊生的惨剧。在这里，孟子力主对普通百姓施行"薄赋"政策，以减轻农民的负担，这与其"哀此茕独"的社会抚恤救济思想是一致的。

第三，孟子认为，实施救穷济弱的社会实体机构主要有两个：一是以国君为代表的国家政权；二是带有强烈宗法家族色彩的乡里邻居的社会组织，孟子在描述井田制时曾特别强调"乡田同井，出入相友，守望相助，疾病相扶持，则百姓亲睦"④。孟子把社会救助的任务寄托在以宗法家族为纽带的乡村社会组织的身上。这一设想在中国封建时代产生了深远的影响，此后的许多封建思想家在探索消除封建社会危机的方案时，都自觉不自觉地从孟子的上述主张中汲取养分，无论是朱熹的井田论还是龚自珍的"农

① 《孟子·梁惠王下》。
② 《孟子·滕文公上》。
③ 《孟子·尽心下》。
④ 《孟子·滕文公上》。

宗论",莫不如此。

二　《管子》中的贫富论

春秋战国时期,随着社会剧烈的变迁,贫富不均现象非常严重,这引起了先秦诸子的密切关注。但与其他思想家往往只关注如何济贫不同,《管子》一书的作者建立起了一套更为系统的贫富论,他们既分析了贫富问题产生的原因,又提出了解决贫困问题的具体办法。

第一,《管子》分析了百姓贫困的原因。它认为,国家不能及时向农民提供足够的生产农具,到农忙时节,商人趁机哄抬物价,使农民损失巨大。同时,国家不是在丰年多收,农民被迫在丰年低价出卖粮食,歉年又被迫高价购买粮食,商人趁机谋取暴利。此外,民智不齐也是导致贫富分化的重要原因。它指出:"分地若一,强者能守;分财若一,智者能收。智者有什倍人之功,愚者有不赓本之事……故民有相百倍之生也。"① 即使田地及财产数量相同,由于人的智、愚不同,产生贫富分化也是必然的。《管子》上述关于贫富分化的分析是肤浅的,并未触及问题的实质,没有看到私有制才是贫富分化的根源,但在当时的历史条件下,能作出如此的分析,已算难能可贵。

第二,《管子》一书还认为贫富应该有度,贫富无度就会导致严重的两极分化,对封建国家是不利的。它指出,"贫富无度则失"②。"甚富不可使,甚贫不知耻。"③ "夫民富则不可以禄使也,贫则不可以罚威也,法令之不行,万民之不治,贫富之不齐也。"④从这些论述可以看出,《管子》关于贫富问题的核心思想是"调",即认为"过贫"与"过富"都是危险的,都会使社会变得不安定。如果社会上出现了"贫富"严重失度的现象,国家就应该出面采取必要的措施进行调节,力争做到"富能夺,贫能予"⑤。这样便可维持统治的稳固。这里,《管子》是试图通过发挥封建国家政权的作用,来调节贫富,夺富予贫,以保持社会的稳定和谐。

---

① 《管子·国蓄》。
② 《管子·五辅》。
③ 《管子·侈靡》。
④ 《管子·国蓄》。
⑤ 《管子·揆度》。

第三，《管子》的作者分析了"甚贫"对社会稳定的危害，并提出了"贫穷线"问题，这是《管子》一书在解决贫富差距问题的措施中的一个具有特色的思想。在《禁藏》中，《管子》提出了生产者保有产品的最低比例问题："夫民之所生，衣与食也，食之所生，水与土也，所以富民有要，食民有率，率三十亩而足于卒岁。岁兼美恶，亩取一石，则人有三十石，果蓏素食当十石，糠秕六畜当十石，则人有五十石，布帛麻丝旁入奇利，未在其中也。故国有余藏，民有余食。"[①] 根据这里的设计，这户拥有"百亩"田地的人家，辛苦耕作一年，好坏年平均起来计算，大约每亩收一石粮食，三十亩则可收粮三十石，再加上"果蓏素食"抵十石、"糠秕六畜"抵十石，共计五十石粮，这就是仅足以维持此民户生存的"食品率"，超过这一比例，就会造成"甚贫"的情况。这实际上是提出了当时农民的最低生活线的问题。

不过值得提出的是，为什么拥有"百亩之田"的家庭只能收获三十石的粮食呢？显而易见，这三十石外的另外七十石的收获已被统治者盘剥而去了。但《管子》提出百姓生活的"贫穷线"问题，在中国思想史上还是第一次。这为封建国家控制"贫富分化"之度制定相应的赋税政策提供了重要的依据，因而还是有重要意义的。

三　董仲舒的"贫者养生论"

董仲舒生活在西汉中期，当时正是汉王朝文治武功走向鼎盛的历史时期，但作为封建统治者中的头脑清醒者，他敏锐地察觉到，在王朝盛世的背后潜藏着深刻的社会矛盾，其中最为严重的社会问题就是贫富两极分化，使得富者骄奢淫逸，而穷者则无以为生，对封建统治秩序造成了严重的威胁。从维护西汉王朝统治的角度出发，董仲舒提出了使贫者"足以养生"的一套解决贫富问题的思想主张。其主要内容包括以下两个方面。

1. 以利养民说

作为汉代的大儒，董仲舒继承了孔孟重义轻利、"义主利从"的思想，并将其片面地发挥到极端，提出"夫仁人者，正其谊不谋其利，明其道不

---

① 《管子·禁藏》。

计其功"① 的主张，即做事情不必考虑实际利益和功效，只看事情是否符合封建的道德原则，其目的显然在于用封建道德束缚人的行为，使人们安贫乐道。但这主要是就个人的道德修养而言的，并且也主要是对"仁人"、君子而言的。当涉及现实的人的生存和社会生活问题时，他也承认义和利二者都不可缺少，特别是面对下层老百姓的民生问题时，他又提出了要让利于民的"以利养民"的学说。

董仲舒根据他的天人关系论，指出："天之生人也，使之生义与利。利以养其体，义以养其心。心不得义不能乐，体不得利不能安。"② 既然"利"是"养体"所不可少的，而体也是天生予人的，因此，百姓为生存而在一定程度上追求"利"，也是符合天意的。作为统治者，也应当尽力去满足百姓对利的要求，即要"以利养民"，"治民者先富之而后加教"③。

董仲舒还认为，统治者"以利养民"，一定要把握好贫富之"度"，既不要出现"大富"，又不要出现"大贫"："孔子曰：'不患贫而患不均。'故有所积重，则有所空虚矣。大富则骄，大贫则忧。忧则为盗，骄则为暴，此众人之情也。圣者则于众人之情，见乱之所从生，故其制人道而差上下也。使富者足以示贵而不至于骄，贫者足以养生而不至于忧。以此为度，而调均之，是以财不匮而上下相安，故易治也。今世弃其度制，而各从其欲。欲无所穷，而俗得自恣，其势无极。大人病不足于上，而小民羸瘠于下。则富者愈贪利而不肯为义，贫者日犯禁而不可得止，是世之所以难治也。"④ 从这里可以看出，董仲舒已经察觉到当时社会上的贫富分化非常严重，豪强地主积聚了许多财富，并对百姓进行残暴剥削。而广大的贫苦农民则饥寒交迫，当其已不足以养生即无法继续生活下去时，就只能被迫为盗，这就会严重威胁封建王朝的统治。因此，要想缓和上述矛盾，就必须对"大富"者给予限制，对"大贫"者予以救济，以利养民，使"贫者足以养生"。

2. 禁与民争利

董仲舒认为，百姓贫穷空虚的原因虽然非常复杂，但官僚地主依仗特权"与民争利"是最主要的原因。他从"正其谊不谋其利"的原则出发，

---

① 《汉书·董仲舒传》。
② 《春秋繁露·身之养重于义》。
③ 《春秋繁露·仁义法》。
④ 《春秋繁露·度制》。

猛烈抨击了封建权贵"与民争利"的可耻行为，认为这是违反天理的不义之举：

> 夫天亦有所分予，予之齿者去其角，傅其翼者两其足，是所受大者不得取小也。古之所予禄者，不食于力，不动于末，是亦受大者不得取小，与天同意者也。夫已受大，又取小，天不能足，而况人乎！此民之所以嚣嚣苦不足也。身宠而载高位，家温而食厚禄，因乘富贵之资力，以与民争利于下，民安能如之哉！是故众其奴婢，多其牛羊，广其田宅，博其产业，畜其积委，务此而亡已，富者奢侈羡溢，贫者穷急愁苦；穷急愁苦而上不救，则民不乐生；民不乐生，尚不避死，安能避罪！①

从上文可以看出，董仲舒对"食厚禄""居宠位"的官僚权贵们对穷苦百姓的野蛮剥削和敲诈，给予了无情的批判和揭露，对"穷急愁苦"的贫苦百姓表示了一定的同情，并呼吁封建最高统治者应对官僚们"与民争利"的丑行予以禁止，以保障贫苦百姓的基本生存权利。

董仲舒"贫者养生论"社会福利思想的目的虽然是维护封建统治，但它揭露了封建官僚制的贪婪、残暴，具有一定的人民性，因而还是值得肯定的。

四 朱熹的"贫富论"

在朱熹生活的时代，社会上贫富分化的现象十分严重，阶级矛盾日趋激化。南宋初年的农民起义已喊出了"等贵贱，均贫富"的口号，这自然令朱熹感到十分震撼。朱熹思想体系中的贫富论是自相矛盾的，一方面，他把人的贫富看作命定的，要求贫穷者安于贫贱，不得奢求富贵；另一方面，他又提出贪官污吏的盘剥是百姓贫苦的重要原因，并认为"民富"是"君富"的前提和基础，主张君主应采取富民政策，只有这样，其统治才能稳固。

---

① 《汉书·董仲舒传》。

1. 贫富命定论

朱熹认为，人的贫富首先是天命气数所决定的，"人之生，适遇其气，有得清者，有得浊者"，禀得清气丰厚者，便有富贵，相反，禀得衰颓薄浊之气者，便贫穷。所以人生下来就有贵贱、贫富的区别。"人之禀气，富贵、贫贱、长短，皆有定数寓其中。"① 既然人的贫富为气数所定，那么，人无论处在什么境遇，均应该安乐处之。

朱熹还指出，"设言富若可求，则虽身为贱役以求之，亦所不辞。然有命焉，非求之可得也，则安于义理而已矣，何必徒取辱哉?"② 也就是说，如果富贵是可以追求的，那么即便是做贱役而去追求它也在所不辞。但富贵贫贱是命定的，不是追求就能得到的，何必空取耻辱呢?

于是，在朱熹看来，人与人之间的等级差别、封建的等级制度都完全是天定的、合理的、不可违逆的。因而，朱熹之所以提出"贫富命定论"，显然就是要贫苦百姓安于贫贱，不要铤而走险、犯上作乱，从而为封建统治的合理性进行辩护。

2. 民富则君不贫

朱熹从其理学体系出发，在大谈"天命之性"与"气质之性"时，对贫富问题持的是"贫富命定论"的观点。然而，在具体地去研讨社会现实问题时，他又恢复了儒家的理智。

首先，朱熹认为，造成贫富差距的原因虽然是多方面的，但贪官污吏的残酷剥削，是百姓穷困的最重要原因。他说："后世不复知洁矩之义，惟务竭民财以自丰利，自一孔以上，官皆取之，故上愈富而下愈贫。夫以四海而奉一人，不为不厚矣。使在上者常有厚民之心而推与共之，犹虑有不获者，况皆不恤，而惟自丰殖，则民安得不困极乎?"③ 正是"在上者"的贪得无厌，才导致了下层百姓的"困极"。

其次，朱熹在承认百姓的基本财富利欲追求合理性的基础上，还探讨了"民富"与"君富"的关系问题。他说："民富，则君不至独贫；民贫，则君不能独富。有若深言君民一体之意，以止公之厚敛，为人上者所宜深

念也。"① 朱熹的这一认识，实际上是孔子的"百姓足，君孰与不足？百姓不足，君孰与足"思想的深化和发挥。他主张国君的富足要建立在百姓富足的基础上，百姓富足了，君主也不会贫困。这种对"民富"与"君富"相互依赖关系的阐述，对以后各代统治阶级轻徭薄赋、救济救灾都产生了重要的影响。

3. 经界正则田税均平

为了解决贫富差距拉大的问题，朱熹还提出了"正经界"的主张。所谓"经界"，是指各块田地之间的疆界。南宋时，地主阶级中的富家大姓疯狂地兼并土地，贫苦农民的土地虽被兼并，但仍要纳无业之税。这种"产去税存"的现象，使得赋税负担不均，贫富分化愈演愈烈，对封建国家的财政也产生了消极影响。鉴于上述情况，朱熹提出"经界法"，即在政府主持之下，清查田亩，根据核查后的土地占有情况，确定税额，以使田税均平。朱熹认为"经界法"是解决社会上贫富分化问题的一种最重要的手段："版籍不正，田税不均，虽若小事，然其实最为公私莫大之害。盖贫者无业而有税……富者有业而无税……则公私贫富俱受其弊。"② 所以，必须通过"正经界"来均平田税、限制富者的贪欲，保障贫穷者的财富权益。

虽然朱熹的"正经界"主张因豪族反对而作罢，但上述观点作为解决贫富分化问题的具体方案，在中国社会福利思想史上还是具有重要的历史地位。

五　朱元璋的济贫论

朱元璋作为一个农民皇帝，因为出身社会下层，又体验了农民战争的力量，所以对"民急则乱"的道理理解较深。面对明朝建立之初百废待兴的局面，朱元璋认为，"天下初定，百姓财力俱困，譬犹初飞之鸟不可拔其羽，新植之木不可摇其根，要在安养生息之"③，即认为只有体察民情，才能安定社会，稳固江山。为此，他从其"民为国本"的重民思想出发，提出了一系列救济贫困的思想和措施。

---

① 《四书章句集注·颜渊》。
② 《全宋文·经界申诸司状》。
③ 《大明实录》卷二十九。

1. 令民归耕

在封建农业时代，土地是最基本的生产资料，使土地与生产者农民以一定的方式结合，是封建剥削赖以存在的基础条件。明朝初年，由于元末农民战争的冲击，大量土地荒芜，土地占有关系大大缓和，这也为朱元璋施行"令民归耕"的土地政策准备了条件。

明洪武元年，朱元璋下令农民归耕，这实际上是承认已被农民耕垦或即将开垦的土地都归农民所有，并分别免除三年的徭役或者赋税。次年，他又下令将北方荒闲的土地分给无地者耕种，每人十五亩，另给茶地两亩。洪武二十七年，朱元璋又颁布了"额外垦荒者永不起科"的诏令。

2. 减免赋税

从明初开始，田赋的减免主要有"恩蠲"和"灾蠲"两种。恩蠲是特殊减免，是基于某种原因而临时下诏实行的减免。而灾蠲是指因灾歉而进行的常例性的减免，因而更具有实际的社会影响。

《明史·食货二》记载："太祖之训，凡四方水旱辄免税，丰岁无灾伤，亦择地瘠民贫者优免之。凡岁灾，尽蠲二税，且贷以米，甚者赐米布若钞。"[1] 可见在明太祖朱元璋统治时期，确实执行了与民休息、救济贫困的政策，对受灾百姓不仅减免夏秋税收，而且还贷给谷米进行赈济，甚至直接赐米，以稳定社会秩序，收拢人心。

3. 救荒赈灾

明初，除元末长期战乱带来的救济困境外，自然灾害也特别严重。为对发生灾荒地域的百姓及时进行救济，朱元璋经常敦促地方官僚要据实报灾，以便根据灾情迅速进行赈济。对于隐灾不报或者拖延时间的地方官吏则予以严惩。《明史·食货二》记载了几个案例：

> 荆、蕲水灾，命户部主事赵乾往振，迁延半载，怒而诛之。青州旱蝗，有司不以闻，逮治其官吏。旱伤州县，有司不奏，许耆民申诉，处以极刑。孝感饥，其县令请以预备仓振贷，帝命行人驰驿往，且谕户部："自今凡岁饥，先发仓庾以贷，然后闻，著为令。"[2]

---

[1] 《明史·食货二》。
[2] 《明史·食货二》。

从上述几则事例可以看出，朱元璋对官吏在救荒赈灾过程中的拖延和隐匿等行为，绝不姑息，严加惩办。值得特别提及的是，孝感发生饥荒时，朱元璋命令户部，今后各地如果发生饥荒，可以采取先斩后奏的办法，先发粮赈济，然后再上报。从历史看，这种行为往往被历代帝王视为大逆不道的僭越行动，不被允许，朱元璋能打破这一传统观念，实属难能可贵。《明史·食货二》统计，朱元璋"在位三十余年，赐予布钞数百万，米百余万，所蠲租税无数"①。这说明朱元璋的恤民之举，不仅有言论，还付诸了实践。

4. 养老济困

明朝初年，朱元璋在总结历代尊老养老制度的基础上，提出了一些具体的"尊高年"的规定，如免除老人及其供养亲属的徭役、救济贫苦无依靠的老人、制定乡饮酒礼的敬老的规定等。在朱元璋看来，鳏、寡、孤、独及残疾人等不能自理自存者，也应是政府重点救助的对象，并制定了具体的措施。此外，朱元璋还在洪武初年诏令天下，设立"养济院"以收养孤贫残疾者。

5. 救济流民

明初，由于战乱而造成的流民问题也比较严重，为此，朱元璋主张通过推行赈济和优惠政策，使流民返乡安居，反对采取强制措施。在对流民采取"宽抚"政策的同时，朱元璋还主张对流民采取积极救济政策，他在洪武二十七年下诏发天下预备仓（预备仓也是朱元璋所创，其职能类似常平仓）谷，贷给贫困流民。

从以上几方面济贫措施可以看出，作为明朝的开国之君，朱元璋以史为鉴，吸取元末社会大动荡的历史教训，在建立王朝之初便积极采取"与民休息"的政策，积极开展济贫救困，其结果是使社会矛盾大大缓和，社会秩序逐渐稳定，促进了社会经济的恢复和发展。

六　顾炎武的贫富论

顾炎武（1613~1682 年），初名绛，号亭林，江苏昆山人。顾炎武祖上世代为官，后家道衰败，由其婶母王氏抚养成人。顾炎武青年时代曾参加

---

① 《明史·食货二》。

"复社"政治活动。清兵南下后，曾在昆山参加抗清军事斗争，清兵攻破南京后改名炎武，以表示抗击清兵，恢复江山的决心。明朝灭亡后，顾炎武纠合同人坚持抗清，终身不仕清朝。他奔走往来于南北之间，考其山川风俗，疾苦利病。经过实地考察，顾炎武认为南方百姓性情孱弱，遂把反清复明的希望寄托在北方民众的身上。后来顾炎武定居陕西华阴，仍结交豪杰，准备以此为军事基地恢复明室。

作为明清之际的著名思想家，顾炎武学术研究最大的特点是，强调经世致用，把学术研究与反清复明的政治活动相结合，并注意实地调查研究。顾炎武的代表作主要有《日知录》、《天下郡国利病书》和《肇域志》等。

顾炎武生活的时期，正是阶级矛盾和民族矛盾错综复杂的时代，社会动荡不已，反清秘密结社活动此起彼伏。在众多的社会矛盾中，顾炎武抓住了"贫富问题"，进行了重点剖析。

首先，他认为贫富严重分化问题引起百姓不安，是社会动荡的重要原因。如果不从根本上加以解决，社会秩序就不可能走向安定。他说："民之所以不安，以其有贫有富，贫者至于不能自存，而富者常恐人之有求，而多为吝啬之计，于是乎有争心矣。"[①] 应该说，顾炎武在这里抓住了问题的实质，他把贫富问题的解决与国家的治乱兴衰紧密地联系起来，大声疾呼："天下之大患，莫大于贫。"[②] 因此，要想安天下，必须从解决贫富问题开始。

其次，顾炎武还深刻地剖析了百姓贫困的原因，指出封建弊政是百姓日益赤贫化的罪魁。对此，他具体分析了三点：

第一，南人困于粮。顾炎武引证了大量的资料，指出当时的江南地区赋税特重，已成为威胁社会秩序稳定的最主要问题，他说："赋出天下，而江南居十九。以今观之，浙东西又居江南十九，而苏、松、常、嘉、湖五府又居两浙十九也"，"愚历观往古，自有田税以来，未有若是之重者也！以农夫蚕妇冻而织，馁而耕，供税不足，则卖儿鬻女；又不足，然后不得已而逃，以至田地荒芜，钱粮年年拖欠"。[③]

----

① 《日知录·庶民安政财用足》。
② 《亭林文集·郡县六》。
③ 《日知录·苏松二府田赋之重》。

第二，北人困于役。明朝至清初，国家的财政税收主要来自经济更发达的南方，但政治中心维持在北方。而封建王朝都喜欢大兴土木，同时还得养大量的军队来应对内外困局，沉重的徭役征取就主要由北方承担。顾炎武在《亭林文集·答徐甥公素书》一文中，描写北方差役负担极其沉重的状况，甚至连六旬老妇和七岁孤儿都难以逃脱徭役。

第三，田赋交银。明朝开始实行"一条鞭法"的税制改革，即把原田赋力役及其他名目繁多的杂税合并为一条，统一按田亩数量征取。顾炎武认为，田赋征银对于百姓来说，其负担也是极为沉重的。他说："田野之氓，不为商贾，不为官，不为盗贼，银奚自而来哉！"[1] 同时，由于以银为赋，又外加什么"火耗"，更使百姓不堪重负。

最后，顾炎武还具体分析了由于明清之际商品经济的发展，而导致的严重的贫富分化现象。他发现自嘉靖年间以来，靠经商致富的人越来越多，而靠农业致富的人越来越少。而且，在财富积累的数量和速度上，二者的差距也越来越大，这也是导致贫富分化日趋严重的原因。

针对现实社会中严重的贫富分化现象，顾炎武没有提出带有新意的解决办法，只是重复了前人经常提起的减轻田赋、限制租额、重农抑商等传统办法，但他的"贫富论"在明清时期的社会思想史上仍占有重要的历史地位。

七 唐甄的"富民说"

唐甄的父亲唐阶泰曾为明崇祯朝大臣，明亡后逃往江南隐居。唐甄于清顺治十四年（1657年）考中举人，曾任山西长子县知县，但不过10个月便被革职为民，此后再未为官。唐甄原有下田40亩，后因不堪重税，以贱价卖地，改做小商贩。唐甄晚年穷困潦倒，靠卖文糊口。据记载："先生僦居吴市，仅三数椽，萧然四壁。炊烟尝绝，日采废圃中枸杞叶为饭，衣服典尽，败絮蓝缕，陶陶焉振笔著书不辍。"[2]

正因为唐甄这种潦倒穷苦的下层生活经历，使其对社会及人生的认识极为深刻。在明清之际的进步思想家群体中，唐甄思想的鲜明特点在于激

---

① 《日知录·以钱为赋》。
② 《潜书·西蜀唐圃亭先生行略》。

烈反对宋明道学的空谈义理心性，而强调"经世致用"，主张将实际事功作为衡量事物的价值标准，开明清启蒙思潮之先河。而在社会福利思想领域，唐甄的突出贡献在于他提出了独具特色的"救民富民"理论。

唐甄对社会上严重的贫富分化现象非常不满意，认为贫富差别是违反天道的，如不及时加以解决，会导致"倾天下"之祸。为此，他首先把"富民"提到"立国"的高度上来认识："立国之道无他，惟在于富。自古未有国贫而可以为国者。夫富在编户，不在府库。若编户空虚，虽府库之财积如丘山，实为贫国，不可以为国矣。"① 可见，唐甄已把"富民"提高到"立国之道"的高度上，"富国"的核心内容是"富民"，如果民贫，即便是国家府库财富堆积如山，也只能算作"贫国"。

为了研究总结历史上"富民养民"的得失教训，唐甄把目光投向了过去。他发现，历史上的富民政策，其效果往往是"三年可就，五年可足，十年可富"。但是，自满清入主中原以来的民生状况却是截然相反的："清兴五十余年矣，四海之内，日益困穷，农空，工空，市空，仕空。谷贱而艰于食，布帛贱而艰于衣，舟转市集而货折资，居官者去官而无以为家，是四空也。"② 又指出："国家五十年以来，为政者无一人以富民为事，上言者无一人以富民为言。至于为家，则营田园，计子孙，莫不求富而忧贫。何其明于家而昧于国也！"③ 唐甄把清朝建立以来的经济发展称为"四空"，并说统治者"无一人以富民为言"，这显然有些偏激片面，却反映出他同情百姓疾苦、期望民富的迫切心情，也表现了他强烈的现实主义批判精神。

唐甄还认为，统治者的掠取，是百姓陷于贫困的最重要原因，要想民富就必须严厉打击官僚的横征暴敛。值得注意的是，唐甄在分析官吏掠取百姓问题时，并不是泛泛而谈，而是把民间经济作为一个系统来看待。这样，官吏虽然掠取的是"一室""一户"，但殃及的却是百家百室。他举例指出，潞安州有一苗姓人家，以冶铁为业，生意颇为兴隆，靠其谋生的就有百余人之多，但后被官吏诬陷为盗，冶铁作坊被查封。从表面上看，只有苗姓一家被毁，而事实上，赖苗姓作坊为生的百余人也都成为流民，唐

---

① 《潜书·存言》。
② 《潜书·存言》。
③ 《潜书·存言》。

甄称上述现象是"虐取者，取之一金，丧其百金；取之一室，丧其百室"①。

唐甄把民间经济作为一个系统来进行分析，在当时的历史条件下是难能可贵的，这体现了他分析问题的独特视角和深度。

八 康有为的"恤穷论"

康有为在其《上清帝第二书》，即"公车上书"中提出了变法的指导思想，即"非变通旧法，无以为治。变之之法，富国为先"②。这里所说的"富国"并不是仅仅指增加国家的财政收入，而是包括了富国和改进民生的双重含义。所以康有为将其富国论概括为"富国之法"和"养民之法"。"富国之法"有钞法、铁路、机器轮舟、开矿、铸银、邮政六项；"养民之法"则包括务农、劝工、惠商、恤穷四项。其中的"恤穷论"体现了康有为济贫的社会福利思想。

所谓"恤穷"即扶贫济弱以固结民心。康有为认为，以中国之大，人口之众，为何反受列强欺侮呢？其根本原因就在于国家贫弱和民穷财尽、饿殍遍野。因此，要想救国，必须从"扶贫济弱"开始。

康有为认为，在中国这样幅员辽阔、人口众多的国家里进行"扶贫济弱"的工作，应该从以下三个方面入手。

第一，移民垦荒。我国的边疆地区，尤其是东三省、西北诸省等地广人稀、急需开发。如果国家组织百姓向这些地区移民垦荒，既可以开发边疆，又可以恤养贫民，充实国家的边防。

第二，劝工警惰。令州县设立警惰，收留无业游民和有劳动能力的乞丐，进行职业教育，教会其基本的生活技艺，使这些游惰之人能够自食其力。穷者得食，社会自然会走向安定。

第三，恤鳏寡孤独。各州县市镇会同善堂，筹集款项，对社会上的鳏寡孤独、疲癃残疾、盲聋喑哑、断者侏儒等生活困难和生理有缺陷的人，实施救助。

在康有为看来，只要国民走出穷弱，国势自然会变得强大起来。只有民富，才能建立起"大同之世"。

---

① 《潜书·富民》。
② 《康有为全集·第二集·上清帝第二书》。

第六章　中国传统的具有宗族色彩的
福利保障模式

就中国社会福利思想的总体特征而言，大部分思想家的社会福利主张都带有典型的宗族福利保障色彩。在中国历史的发展演化进程中，其社会结构曾经发生过种种变迁，但由血缘纽带维系着的宗法制度及其遗存和变种却长期保留下来，使得中国传统社会结构具有极其浓厚的宗法家族式的伦理统治色彩。"家国同构"是宗法社会的最大特点，在这一社会里，社会伦理和国家伦理是从家族伦理演绎而来的，即所谓"君子之事亲孝，故忠可移于君；事兄悌，故顺可移于长；居家理，故治可移于官"①。基于宗法家族制的社会结构，中国古代思想家在设计未来的理想社会模式时，都带有极强的"宗族福利保障"色彩，无论是孟子、董仲舒以及张载的"复井田"模式，还是龚自珍的"农宗"模式，莫不如此。这与中国传统社会是一种伦理型社会这一学术命题也是一致的。

第一节　孟子、董仲舒和张载的"复井田"模式

井田制是中国古代社会的土地国有制度，出现于商朝，到西周时已发展得很成熟。从春秋时期开始，由于铁制农具的出现和牛耕的普及等诸多原因，井田制逐渐瓦解。

西周时期，一切土地属于国家所有（即属于周王室所有），周王既是全国最高的统治者，也是最高的土地所有者。井田制就是周王把土地层层分封给诸侯，诸侯将受封土地分赐给卿大夫，卿大夫把土地再分赐其子弟和臣属（士），由他们来组织庶民集体耕种。周王对所封土地有予夺之权。各

① 《孝经·广扬名》。

级受封的贵族对土地只有使用权，没有所有权，只能世代享用，不能转让与买卖。受封者还要向周王承担义务，就是要向周王缴纳贡赋。由于土地被这样划分为多块一定面积的方田，周围有经界，中间有水沟，耕地阡陌纵横，形同井字，所以称为井田。按《周礼》的规定，一夫（即一人）耕种大约一百亩，这一百亩为一个方块，称为"一田"；一井分为九个方块，周围的八块田由八户耕种，谓之私田，私田收成全部归耕户所有，中间是公田，由八户共耕，收入全归封邑贵族所有。但实际上并不是每块井田都是九百亩，还存在诸如八百亩、一千亩这样的特殊情况。

这种土地的国有制不是一般意义上的土地公有制，它是国王代表整个贵族统治阶级占有全国所有土地，然后分配给封邑贵族使用，占人口绝大多数的下层庶民则只是为贵族耕种土地而不占有土地。因此，周王室代表的是少数人利益，土地国有制实质上也就是一种土地私有制罢了。

由于关于井田制的相关考古资料的缺乏，也有学者认为，井田制可能仅是一种乌托邦式的理想制度设想，由于地理环境和气候因素，这种制度可能从未得到真正严格的实施。这种井田制由于古代文献的记载而流传下来，使得后世的许多封建学者在构建其理想的社会保障模式时，都会想起它，试图用恢复井田制的办法来解决土地兼并、贫富分化等社会现实问题。孟子、董仲舒、张载就是其中的典型代表。

一　孟子的"井田制"模式

在封建农业时代，土地是农业社会中最重要的生产资料。土地能否与农民适度地结合，是封建经济能否顺利发展的重要前提条件。生活在战国中期的孟子已经清楚地意识到了生产资料所有制对社会发展的重大影响，他认为，国君只有把土地分配给农民永久经营，个体小农经济才能兴旺发达，国家和社会才能安宁强盛，天下才能太平。为此，孟子把目光转向了传说中的井田制，试图通过恢复井田制的办法来实现他的仁政、王道的理想社会蓝图。

孟子所设想的"井田制"就是把国家的土地分给各级官僚地主，即所谓"分田制禄"；然后，再由地主把土地出租给农民耕种，农民向地主缴纳地租。具体来讲，就是"方里而井，井九百亩"[①]，即每平方米进行井字状

---

① 《孟子·滕文公上》。

分割，划分为九百亩，中间一百亩为公田，其余八百亩为私田，分给八家农户耕种，每家种一百亩，八家共同耕种一百亩公田，先把公田种好了，然后才能种自己的私田。这种生产方式其实也就是所谓的"以私养公"的劳役地租的剥削方式。

孟子把他这种通过正经界，"八家皆私百亩，同养公田"①的主张称为"制民恒产"，意思就是要地主给农民以一定的土地和生产资料，并作为国家制度规定下来，以防止土地的私垦和兼并。而孟子为恒产所规定的数量标准，除"百亩之田"外，还包括"五亩之宅"。他说："五亩之宅，树之以桑，五十者可以衣帛矣；鸡豚狗彘之畜，无失其时，七十者可以食肉矣；百亩之田，勿夺其时，数口之家可以无饥矣；谨庠序之教，申之以孝悌之义，颁白者不负戴于道路矣。七十者衣帛食肉，黎民不饥不寒，然而不王者，未之有也。"②孟子这样做的目的是要使"天下之穷民而无告者"能够"仰足以事父母，俯足以畜妻子，乐岁终身饱，凶年免于死亡"③。孟子在描述井田制时特别强调"乡田同井，出入相友，守望相助，疾病相扶持，则百姓亲睦"④。把社会救助的任务寄托在以宗法家族为纽带的乡村社会组织的身上。

可见，孟子的复井田主张，并不是要回到西周时期的井田制，而是国家把土地分给各级官僚地主以"分田制禄"，然后，再由地主把土地出租给农民耕种收取地租，这实际上就是一种封建的土地劳役地租剥削制度。他的这一设想在中国封建时代产生了深远的影响，此后的许多封建思想家在探索消除封建社会危机的方案时，都自觉不自觉地从孟子的上述主张中吸取养分，无论是董仲舒的"限民名田"、张载和朱熹的井田论，还是龚自珍的"农宗"模式，莫不如此。

二 董仲舒的"复井田"主张及其"限田"论

董仲舒生活在西汉中期，当时正是汉王朝文治武功走向鼎盛的时期，但他敏锐地察觉到盛世背后潜藏着深刻的社会矛盾，其中最为严重的社会

---

① 《孟子·滕文公上》。
② 《孟子·梁惠王上》。
③ 《孟子·梁惠王上》。
④ 《孟子·滕文公上》。

问题是贫富悬殊分化。董仲舒认为，造成百姓贫穷空虚的原因虽然非常复杂，但官僚地主依仗特权"与民争利"是其主要的原因，而更为深层的根源则是土地兼并，土地兼并的根源又在于土地的私有。他说：

> 古者税民不过什一，其求易共；使民不过三日，其力易足。……至秦则不然，用商鞅之法，改帝王之制，除井田，民得卖买。富者田连阡伯，贫者亡立锥之地。……一岁力役，三十倍于古；田租口赋盐铁之利，二十倍于古。或耕豪民之田，见税什五。故贫民常衣牛马之衣，而食犬彘之食。重以贪暴之吏，刑戮妄加，民愁亡聊，亡逃山林，转为盗贼。赭衣半道，断狱岁以千万数。汉兴循而未改。①

在董仲舒看来，由于秦采用商鞅的办法，改变古代帝王的规制，废除了井田，人们可以随便买卖土地，这样才导致了"富者田连阡伯，贫者亡立锥之地"。而土地兼并的直接后果就是使贫者与富者的对立尖锐化，极端贫困的贫苦农民"亡逃山林，转为盗贼"，严重地威胁着封建王朝的统治。因此，要想使封建统治长治久安，就必须首先解决土地兼并问题，办法就是恢复井田制。但董仲舒也认识到，要完全恢复井田古制是难以办到的，因此他的"复井田"主张只是要求尽量效仿井田的方法来堵塞土地兼并之路。这就是他的"限田论"主张。他说：

> 古井田法虽难卒行，宜少近古，限民名田，以澹不足，塞并兼之路。②

这就是说，古代井田制度虽然一下子做不到，但应稍微接近古代，限制大地主占田地的数量，满足那些缺地农民的要求，堵塞土地兼并的路子。从中我们可以看出，董仲舒限田方案实际有两个基本特点：其一，董仲舒崇尚井田古制，但他终究是一位有较强现实感的思想家，他认为在汉代恢复井田制已不可能，只能力争使解决土地问题的方案合乎井田古意；其二，

---

① 《汉书·食货志》。
② 《汉书·食货志》。

所谓"限民名田"，就是对私人占有土地的数量规定一个限度。

在封建农业时代，土地是基本的生产资料，因而，土地占有关系是否合理，就成为决定封建王朝盛衰治乱的重要因素。从秦汉时期开始，随着封建地主土地所有制的确定，土地兼并之风潮愈演愈烈，严重地威胁着封建统治的稳固。作为封建统治集团中的一员，董仲舒较早察觉到这一问题的严重性，并提出了"限民名田"的激进主张，试图通过对土地占有的限制，消弭土地兼并带来的祸患。这在中国封建社会历史上尚属首次。虽然"限民名田"还只是原则性的建议，没有具体的实施措施，但它在中国社会福利思想史上仍然占有很重要的地位。而从社会福利思想角度看，"限民名田"主张的思想价值在于，它把贫苦百姓的基本生活、生存权利的保障与封建土地所有制的改造问题紧密联系在一起，达到了在当时历史条件下所能达到的认识高度。

三　张载的"复井田"及其宗族保障模式

张载从"民吾同胞"的道德论出发，把社会控制与社会福利保障融为一体，提出了他理想的宗族保障模式。这一模式的主要特点有三个。

第一，在经济结构方面，恢复井田制。张载主张采用"夺富人之田"的办法来恢复井田制，即夺取一部分占地过多的地主的土地，按照一夫应得亩数划定为若干方块，以城镇为中心逐渐向外扩展，或九家，或五家、七家不等，形成若干个"井"。而被"夺田"的地主，虽然失去了部分土地，但能按照其土地的多寡，封为田官，管理百姓，使其终身不失为富有。田官一般以二十年为单位进行更换。

第二，在政治结构方面，恢复封建制。所谓封建制，就是封建君主专制制度下的分封制。他认为井田制与分封制是不可分的。封建制之所以必须恢复，是因为："所以必要封建者，天下之事，分得简则治之精，不简则不精，故圣人必以天下分之于人，则事无不治者。圣人立法，必计后世子孙，使周公当轴，虽揽天下之政，治之必精，后世安得如此！"[①] 可见，张载是把封建制作为解决君主专制集权体制下"冗费"和"冗员"的手段而提出的。他企图以分封制来解决中央集权的弊害。

---

① 《经学理窟·周礼》。

第三，恢复井田制和分封制，又必须与宗法制相结合。他认为宗法制的好处在于，宗法立，人人知其来处，公卿各保其家。既保其家，便有忠义，保家卫国，即"管摄天下人心，收宗族，厚风俗，使人不忘本"[1]。

从以上三个方面看，张载是将其"井田论""封建论""宗法论"三者结合起来构想其理想社会模式的。从张载的具体规划看，其福利保障的内容包括尊高年、敦风俗。张载早年在云岩县任职县令时，就曾每个月具酒食，召集乡中的高年者在县庭中聚会，使人知养老问题的重要性。同时，在井田制下，能够免除赋役的，只有老者、疾者、贫者、贤者、能者、服公事者，除了上述这些人，即便是"世禄之家"也不能减免。此外，井田制、宗法制下的宗族群体，也是救灾恤患的单位。可见，他实际上是借用儒家的"井田""封建"等传统方案，勾画出一个理想的宗族保障模式。

第二节　邓牧和顾炎武的具有宗族色彩的福利保障模式

上述带有极强宗族色彩的社会福利保障模式，在元代及明清时期，仍不断被思想家们提及。其中元初邓牧的带有宗族色彩的理想社会模式和明末清初顾炎武设计的"寓封建于郡县之中"的理想社会构图比较有代表性。

一　邓牧的理想社会模式

邓牧生活在南宋末年到元朝初年之间，此时期的中国社会民族矛盾与阶级矛盾交织在一起，战争频繁，社会动荡不已。南宋的灭亡和元朝的统治者的残暴统治，使他对现实社会极度失望，他的思想倾向带有强烈的批判色彩。反映出邓牧社会思想的代表作是《伯牙琴》，在该书中，邓牧提出了他的一个理想社会模式。

邓牧认为，以皇帝和官吏为代表的统治者既不能给百姓提供可靠的社会保障，也不能给人民带来真正的福利。于是，邓牧把目光投向了远古时代，他以尧、舜古代禅让故事和老子"小国寡民"说为素材，设想出了一个理想的社会模式。这个模式具有以下三个特点。

首先，在邓牧设计的理想社会中，仍有"君"存在，这个"君"把理

---

[1] 《经学理窟·宗法》。

想的道德人格集于一身，体恤百姓，堪称"圣人"。他说："古有圣人，作君作师。忧民之溺，犹己之溺；忧民之饥，由己之饥。"① 又指出，"生民之初，固无乐乎为君，不幸为天下所归，而不可得拒者，天下有求于我，我无求于天下也。……尧让许由，而许由逃；舜让石户之农，而石户之农人海，终身不反，其位未尊也。夫然，故天下乐戴而不厌，惟恐其一日释位而莫之肯继也"②。可见，邓牧理想中的君主具有"忧民之溺""忧民之饥"的美德，君民关系是平等的、亲密的。同时，君主是百姓推举出来的，他必须全力为百姓服务，这样臣民不会争夺君位，君主能禅让其位。可见，在这种具有"圣人品格"的君主领导下，百姓是可以得到应有的社会福利保障的。

其次，邓牧认为，在这个理想社会中也有官吏，不过，这些官吏的德行都很高尚，他们人数不多，是贤明君主的得力助手，而不是特权阶层。

最后，在这个理想社会中，人们虽有分工的不同，但都必须参加劳动，都依靠自己的劳动生活。人们之间既没有剥削，也没有掠夺别人的行为，彼此尊重，"道高而愈谦，德尊而愈恭"，"其于人也，遏恶而扬善"，"不幸闻人之过，则亦含容覆护"③。

从以上三个方面可以看出，在邓牧设计的这一理想社会模式中，从君主到人民都能各安其位、各尽其能、和谐相处，这个理想社会没有剥削、没有压迫、没有战争。这样的社会其实就是一个和睦的大家庭、大宗族，所以仍是一个理想的宗族保障社会，百姓生活在这样一个社会里，社会福利是能得到很好保障的。

二　顾炎武的"寓封建于郡县之中"

顾炎武也设计了一个理想社会的构图——"寓封建于郡县之中"。他认为，以分封制为特征的"封建制"，其弊端为权力下移，容易形成割据势力。而以中央集权制为特征的郡县制，其弊端为权力过分集中在中央，地方的积极性和主动性难以发挥出来。而在当时中央集权制已经高度发展的情况下，郡县制不可能再改变为封建制，所以最佳的方案就是把两种体制

① 《伯牙琴·见尧赋》。
② 《伯牙琴·君道》。
③ 《伯牙琴·名说》。

结合起来，"寓封建于郡县之中"，即以郡县制为基础，把分封制精神寓于其中。其具体做法如下：

> 夫使县令得私其百里之地，则县之人民皆其子姓；县之土地皆其田畴……为子姓则必爱之而勿伤，为田畴则必治之而勿弃……自令言之，私也；自天子言之，所求乎治天下者如是焉止矣。①

在顾炎武看来，中央集权制下的"县令"等地方官，任官期限过短，对地方事务较少涉及私人利害关系，很难真正有所投入。如果让县令终身任职，并由子孙继承，他就会把"百里之县"看作自己的私产，而使出全部精力来治理地方，由此，天下便可达到大治。这实际上就是在郡县制中融进分封的精神，县令及其所辖地方就相当于朝廷分封于他，成为其永久的私产。

可见，顾炎武给我们提供的仍是一个以"私利"和宗法血缘关系为基础的改造社会方案，他敏锐地发现君主专制集权体制下的地方官，多是浮滑之辈，不会真正给人民办实事。但是，他所提出的"寓封建于郡县之中"，使县令得以"私其百里"的做法，是十分迂阔而不切实际的。试想，如果在每百里之县都设一位父子相传的"土皇帝"，百姓的负担不但不会减轻，所受的剥削反而会更加严酷。因此，从总体上看顾炎武的设想只能是一种不切实际的空想罢了。

第三节 龚自珍的"农宗"模式

自孟子提出以"井田模式"营造一个"乡田同井，出入相友，守望相助，疾病相扶持，则百姓亲睦"的理想的宗族保障设想以来，历代思想家在谈及贫富问题的解决方案时，往往都就孟子的"井田模式"加以发挥，他们希望借传统的宗法制度来解决中国社会中的贫富分化问题，甚至一只脚已经迈进近代的龚自珍也不例外。为了解决社会上的"贫富不齐"及当时严重的流民问题，龚自珍在其《农宗》一书中，设计了一个"农宗方

---

① 《亭林文集·郡县论五》。

案"，试图通过他的"农宗"模式来解决上述问题。

一　龚自珍的"农宗方案"

龚自珍设计的"农宗方案"的具体内容如下：

> 百亩之农，有男子二，甲为大宗，乙为小宗。小宗者，帝王之上藩，实农之余夫也。有小宗之余夫，有群宗之余夫。小宗有男子二，甲为小宗，乙为群宗。群宗者，帝王之群藩也。余夫之长子为余夫。大宗有子三四人，若五人，丙、丁为群宗，戊闲民。小宗余夫有子三人，丙闲民。群宗余夫有子二人，乙闲民。闲民使为佃。①

从上文可以看出，龚自珍将农宗中的全体社会成员按宗法关系分为大宗、小宗、群宗、闲民四个等级。在提出上述宗法等级划分的同时，龚自珍还提出一个土地分配方案，将两者结合起来，这种宗法等级土地占有关系的内容可表述如下。

大宗——子甲即长子，受田百亩，各代大宗的长子世为大宗，在父亲60岁时继承土地；子乙，即立次子为小宗，另请受田25亩；子丙、子丁，即立三、四子为群宗，也可受田25亩，小宗和群宗又可称为余夫；子戊，即五子或五子以下定为闲民，不能受田。

小宗——子甲，即长子可以在其父亲60岁时，继承小宗的25亩土地；子乙，即立次子为群宗，另受田25亩；子丙，即三子或三子以下定为闲民，不能受田。

群宗——子甲，即长子可以在其父亲60岁时继承25亩土地；子乙，即次子或次子以下定为闲民，不能受田。

龚自珍之所以提出以宗法嫡长子继承制为基础的土地占有关系的理想蓝图，主要是出于两点考虑。

其一，拥有百亩土地的大宗将土地传给自己的儿子时，如果不区分长子和余子，百亩土地就会被平均分割，只有长子、余子区别对待，实行长子土地继承制，土地才不至于分散，以大宗为主干的家业才能得以传承。

---

① 《清儒学案·农宗》。

第二，之所以要划分一个"闲民"等级，主要是考虑到土地有限，人人均有土地是不可能的。而无地的闲民要耕种大宗和余宗的土地。据龚自珍推算，拥有百亩土地的大宗，从事农业生产，必须雇用 5 名佃户，而拥有 25 亩土地的余夫也需要雇用 1 名佃户，雇用佃户的方法，是先要在同族的闲民中找，同族不够，才能找外族。由此可见，"闲民"实际上就是雇农。这样，我们便可以发现，龚自珍小心翼翼地编织出来的"农宗制"，实际上就是主张在农村建立一种以血缘关系为纽带的宗法关系，并以此来确定土地占有关系和组织农业生产。

二 龚自珍"农宗论"的思想价值

如果我们从社会福利思想角度剖析龚自珍"农宗论"的思想价值，可以分析出以下两点。

第一，龚自珍提出"农宗论"的最直接动机，是为了解决生活无着落、饥寒冻馁的流民的生计问题。1823 年，龚自珍撰写《农宗》时，清代的流民问题非常严重，这些流民"不士、不农、不工、不商"，完全失去了生活的来源，不是铤而走险入山林发动反清武装起义，就是受饥饿冻馁而死，对封建统治产生了严重的威胁，龚自珍察觉到流民问题的严重性，他认为解决流民问题的最主要方法是设法使流民回到土地上去，参加农业生产。而《农宗》中所绘制的那种以宗法家族为基础的温情脉脉的耕织图，便是他解决流民问题的具体方案。

第二，龚自珍的"农宗论"实际上是从宗法家族关系角度入手，构想宗族社会福利保障模式的。他认为，一个大宗加上四个小宗或群宗，共拥有田地两百亩，可以养活同宗族的无田的闲民九人。以此类推，如果有田十万顷，就能使四千五百个无地闲民免受饥寒之苦，也就实现了所谓宗族社会福利保障。

龚自珍提出"农宗论"时，正是世界资本主义工业革命轰轰烈烈地开展的时代，用"坚船利炮"武装起来的资本主义列强企图把世界变成其产品销售地，开始向东方各国发动侵略战争。在中华民族面临"数千年未有之大变局"的历史大时代，龚自珍并没有提出推进社会发展的新方案，在封建主义制度日趋没落的时候，他仍然醉心封建宗法关系，企图用宗法关系来拯救清王朝严重的社会危机，其思想显然是行不通的。

附录：《中国传统社会福利思想概论》大纲

绪　论

一　学习目的和要求

通过绪论的学习，了解广义和狭义的社会福利的含义，掌握中国传统社会福利思想的主要内容、发展历程和特点。了解中国传统社会福利思想概论课程的性质、目的任务及基本要求。

二　课程内容

（一）福利、社会福利与社会福利思想

（二）中国传统社会福利思想的主要内容

（三）中国传统社会福利思想发展的特点

（四）中国传统社会福利思想概论课程的性质、目的任务及基本要求

三　考核知识点

（一）福利、社会福利与社会福利思想

1. 福利一词的含义。

2. 广义和狭义的社会福利的界定。

3. 社会福利思想的含义。

（二）中国传统社会福利思想的主要内容

1. 救灾救荒思想。

2. 重民与济贫思想。

3. 安老怀少思想。

4. 残疾人福利思想。

5. 妇女福利思想。

6. 社会优抚与社会教化思想。

（三）中国传统社会福利思想发展的特点

1. 中国传统社会福利思想的早熟性。

2. 中国传统社会福利思想的政治伦理性。

3. 中国传统社会福利思想中的"宗族福利保障"色彩。

4. 中国传统社会福利主张的乌托邦色彩。

（四）中国传统社会福利思想概论课程的性质、目的任务及基本要求

1. 中国传统社会福利思想概论课程的性质。

2. 中国传统社会福利思想概论课程开设的目的和任务。

3. 中国传统社会福利思想概论课程的基本内容。

四　考核要求

（一）福利、社会福利与社会福利思想

1. 识记：福利一词的含义；广义和狭义的社会福利的界定。

2. 理解：广义的社会福利和狭义的社会福利的区别：广义的社会福利覆盖的对象是全体国民，提供的福利既包括物质生活方面，也包括精神生活方面；狭义的社会福利实际上就是指经济福利，是社会福利中能够用货币衡量的部分。

3. 应用：大多数欧美国家是从广义的角度理解社会福利的，即相当于我们常说的社会保障；而我国则通常是从狭义的角度来理解社会福利的，即将社会福利理解为民政部门代表国家提供的针对弱势群体如老人、残疾人、孤儿和优抚对象等的服务和保障，它只是整个社会保障体系的一个组成部分。本书所论社会福利思想也主要着眼于狭义范围，但不局限于狭义。

（二）中国传统社会福利思想的主要内容

1. 识记：中国传统社会福利思想的主要内容包括救灾救荒思想、重民与济贫思想、安老怀少思想、残疾人福利思想、妇女福利思想、社会优抚与社会教化思想。

2. 理解：（1）救灾救荒思想是中国传统社会福利思想的主体内容。（2）历史上很多思想家特别是儒家思想家在思考社会福利问题时都非常注

意探讨"贫富论",试图通过各种"济贫"手段来缓和社会矛盾。(3)安老怀少思想是中国传统社会福利思想的另一重要内容。(4)对残疾人给予特殊的抚恤照顾,也是中国传统社会福利思想的重要内容。(5)在中国长期的封建社会里,妇女处于社会底层,根本谈不上妇女的福利问题,但到了近代,妇女福利思想开始形成并得到发展。(6)社会优抚与社会教化思想也成为中国封建时代社会福利的一项内容。

(三)中国传统社会福利思想发展的特点

1. 识记:中国传统社会福利思想发展的主要特点包括中国传统社会福利思想的早熟性,中国传统社会福利思想的政治伦理性,中国传统社会福利思想中的"宗族福利保障"色彩,中国传统社会福利主张的乌托邦色彩。

2. 理解:(1)从中国传统社会福利思想发展的历史轨迹看,具有明显的早熟性,在中国历史上最有影响的社会福利思想主张,基本上都是在春秋战国时期就已提出了。(2)中国传统文化是一种政治伦理型文化,这一特点也在中国传统社会福利思想中得到体现,中国传统社会福利思想具有与社会政治伦理思想和哲学思想体系紧密结合的特性。(3)中国传统社会福利思想都带有极强的"宗族福利保障"色彩,这与中国这个伦理社会的传统是一脉相承的。(4)中国很多思想家的社会福利主张都不具有现实的可操作性,因而往往把其社会福利目标的实现寄托于带有乌托邦色彩的理想社会中。

3. 应用:分析中国传统社会福利思想发展的特点与中国社会历史发展的特点的关系。

(四)中国传统社会福利思想概论课程的性质、目的任务及基本要求

1. 识记:(1)中国传统社会福利思想概论课程的性质。(2)中国传统社会福利思想概论课程的基本内容。

2. 理解:(1)中国传统社会福利思想概论是一门兼顾历史的关于中国传统社会福利思想的基础知识和基本理论的课程。(2)其目的和任务是,使学习者更加准确而深刻地认识我们民族自身,把握中国国情,增强热爱祖国优秀文化遗产、促进文化发展的意识;使学习者通过对中国传统社会福利思想的历史演变和基本理论的了解,运用这些知识来观察社会、认识社会,加深对我国当前构建社会主义和谐社会过程中推进社会福利和社会保障进程的认识;使学习者在提高认识的基础上,加强自身修养,以理性态

度和务实精神，在继承传统基础上不断创新，为祖国的建设做出积极努力。

（3）中国传统社会福利思想概论课程的基本内容主要是中国历史上有关社会福利思想的理论观点、历史传承及其相关知识。

3. 应用：学习中国传统社会福利思想概论课程应该达到的目的。

第一章 中国传统社会福利思想依赖的地理与社会环境

一 学习目的和要求

通过本章的学习，了解中国自然的地理环境和社会的经济、政治环境的概貌，理解地理环境和社会环境对传统社会福利思想发展产生的影响和所起的作用，加深对中国传统社会福利思想的特点和主要内容的把握。

二 课程内容

第一节 中国传统社会福利思想依赖的地理环境

（一）中国的地形地势概况

（二）中国的气候变迁及灾荒情况

（三）中国的疆域、政区和民族、人口演变情况

第二节 中国传统社会福利思想植根的经济基础和政治环境

（一）中国传统社会福利思想植根的经济基础：以农耕自然经济为主体的社会经济形态

（二）中国传统社会福利思想依赖的社会政治结构：宗法制度与君主专制制度相结合的伦理型社会政治体制

三 考核知识点

1. 中国的地形地势概况及其对中国福利思想发展的影响。

2. 中国的气候变迁及灾荒情况及其对中国福利思想发展的影响。

3. 中国的疆域、政区和民族、人口演变情况及其对中国福利思想发展的影响。

4. 中国传统社会福利思想植根的经济基础：以农耕自然经济为主体的社会经济形态。

5. 中国传统社会福利思想依赖的社会政治结构:宗法制度与君主专制制度相结合的伦理型社会政治体制。

四 考核要求

(一)中国的地形地势概况

1. 识记:(1)地理环境是人类赖以生存和进行文化创造的先决条件。(2)中国的地势西高东低,地形呈阶梯状。(3)地理环境的变化对中国的历史和文化包括社会福利思想的发展演变都产生了重大影响。

2. 理解:(1)地理环境是人类赖以生存和发展的物质基础,当然也是人类的意识和思想文化活动的基础。(2)在中国大陆的局部地区,由于自然和人类活动的相互作用,地形、地貌还是发生了不小的变化,甚至出现了"沧海变桑田"的巨变。地理环境的变化对社会福利思想的发展演变产生了重大影响。

3. 应用:从中国地形地势概况及其变化分析其对社会福利思想的发展演变的影响。

(二)中国的气候变迁及灾荒情况

1. 识记:(1)中国气候的主要特点。(2)中国5000年来气候变化的总趋势是由暖变冷。(3)湿润度的变化大致是随着气温的变冷而逐渐变得干燥。(4)中国是一个多灾荒的国家,由地理和气候造成的灾害主要有旱、涝、蝗、风、雹等。

2. 理解:(1)中国气候的主要特点及其变化的总体趋势。(2)中国气候的主要特点及其变化对社会福利思想的发展演变的重大影响。(3)中国传统社会福利思想中的备荒救灾思想与中国气候及灾荒的关系。

3. 应用:从中国自然地理环境的特点及变化分析其对传统社会福利思想特别是备荒救灾思想的发展演变的影响。

(三)中国的疆域、政区和民族、人口演变情况

1. 识记:(1)中国国土面积约为960万平方千米。(2)分封制与郡县制。(3)中国是一个多民族的国家,今天共有56个民族。(4)中国自古以来就是世界上人口最多的国家。

2. 理解:(1)中国的疆域、政区和民族、人口演变概况。(2)中国的疆域、政区和民族、人口演变对中国传统社会福利思想的发展演变的影响。

3. 应用：从中国人文地理环境的特点及变化分析其对中国传统社会福利思想发展演变的影响。

（四）中国传统社会福利思想植根的经济基础：以农耕自然经济为主体的社会经济形态

1. 识记：（1）东亚大陆得天独厚的自然条件和地理生态环境，孕育了华夏民族以农耕经济为主体的经济生产形态。（2）中国历朝奉行"重农抑商"政策，不利于商业和手工业发展。（3）中国是一个多民族的国家，今天共有 56 个民族。（4）中国自古以来就是世界上人口最多的国家。

2. 理解：（1）中国农耕自然经济的形成和演变。（2）中国以农耕自然经济为主体的社会经济形态对中国传统社会福利思想发展演变的影响。

3. 应用：从中国传统的农耕自然经济分析中国传统社会福利思想的主要特点。

（五）中国传统社会福利思想依赖的社会政治结构：宗法制度与君主专制制度相结合的伦理型社会政治体制

1. 识记：（1）中国古代社会政治结构的两个主要特点。（2）宗法制的特点。（3）君主专制制度的特点。

2. 理解：（1）中国古代的社会政治结构至少有两个特点：第一，以血缘关系为纽带的宗法制度完备而系统；第二，专制主义严密。（2）秦汉以后的中央集权的君主专制制度的主要特点。（3）中国传统的社会政治结构对社会福利思想发展演变的影响。

3. 应用：从中国传统的社会政治结构分析中国传统社会福利思想的主要特点。

第二章　中国传统社会福利思想的历史演进

一　学习目的和要求

通过本章的学习，了解中国传统社会福利思想在几千年历史演变中的发展脉络，掌握一些中国历史上重要的社会福利思想理论，对中国传统的社会福利思想形成比较系统的认识。

二　课程内容

第一节　先秦时期:中国传统社会福利思想的创始与奠基

(一)　先秦时期社会福利思想产生的时代背景

(二)　先秦时期的社会福利政策和措施

(三)　春秋战国时期儒、墨、道、法各家的社会福利思想

第二节　秦汉时期:统一王朝政治下社会福利思想的演变

(一)　秦汉时期社会福利思想演变的时代背景

(二)　汉初统治者的社会福利政策

(三)　西汉时期社会福利思想的发展

(四)　东汉时期王符的社会福利思想

第三节　魏晋南北朝时期:社会福利思想在曲折中的演进

(一)　魏晋南北朝时期社会福利思想演变的时代背景

(二)　阮籍的理想社会论中的社会福利思想

(三)　嵇康的养生论中的社会福利思想

(四)　鲍敬言的无君论中的社会福利思想

第四节　隋唐宋元:王朝统治成熟时期的社会福利思想

(一)　隋唐宋元时期社会福利思想演进的时代背景

(二)　唐代李世民的社会福利思想

(三)　北宋李觏、张载的社会福利思想

(四)　南宋朱熹和董煟的社会福利思想

(五)　元朝初年邓牧的社会福利思想

第五节　明清时期:中国社会衰变时期的社会福利思想

(一)　明清时期社会福利思想发展的时代背景

(二)　明初朱元璋的社会福利思想

(三)　明朝中后期王艮、李贽的社会福利思想

(四)　明清之际唐甄的社会福利思想

(五)　康熙的社会福利思想

第六节　近代时期:新旧交替中社会福利思想的演变

(一)　近代社会福利思想演变的时代背景

(二)　封建时代与近代交替时期龚自珍的社会福利思想

（三）太平天国运动时期洪秀全和洪仁玕的社会福利思想

（四）维新派的代表康有为的社会福利思想

（五）资产阶级革命派的代表孙中山的社会福利思想

三 考核知识点

1. 先秦时期中国社会福利思想，特别是春秋战国时期儒、墨、道、法各家的社会福利思想。

2. 秦汉时期社会福利思想的演变，包括汉初统治者的社会福利政策、西汉时期社会福利思想的发展、东汉时期王符的社会福利思想。

3. 魏晋南北朝时期社会福利思想的演变，主要是阮籍、嵇康和鲍敬言的社会福利思想。

4. 隋唐宋元时期社会福利思想的演进，包括唐代李世民的社会福利思想，北宋李觏、张载的社会福利思想，南宋朱熹和董煟的社会福利思想，元朝初年邓牧的社会福利思想。

5. 明清时期社会福利思想的发展，主要是明初朱元璋的社会福利思想、明朝中后期王艮和李贽的社会福利思想、明清之际唐甄的社会福利思想、康熙的社会福利思想。

6. 近代社会福利思想的演变，包括封建时代与近代交替时期龚自珍的社会福利思想、太平天国运动时期洪秀全和洪仁玕的社会福利思想、维新派的代表康有为的社会福利思想、资产阶级革命派的代表孙中山的社会福利思想。

四 考核要求

（一）先秦时期：中国传统社会福利思想的创始与奠基

1. 识记：（1）中国传统社会福利思想的正式奠基是在春秋战国时期。（2）以孔子和孟子为代表的儒家学派从其"礼说"和"仁论"出发，构建了理想的"王道""仁政"社会的福利观。（3）孔子社会福利主张的理论依据是其仁学思想体系。（4）孟子社会福利思想的总框架，主要是建立在他的"性善说"和颇具民本主义色彩的"仁政"学说的基础上的。（5）墨子思想体系的核心是"兼相爱""交相利"。（6）老子提出了"损有余而补不足"的社会福利主张。（7）以韩非为代表的法家从其人性自私论和"自为自利"的人际关系论出发,提出了"贫富分化合理论""反济贫论""反足民论"等一系列的反社会福利主张。

2. 理解:(1)先秦时期社会福利思想产生的时代背景。(2)先秦时期形成的主要社会福利政策和措施。(3)孔子提出的主要社会福利主张及其对后世的影响。(4)孟子社会福利思想的主要内容。(5)墨子提出具有鲜明"爱民""利民"特色的社会福利思想的具体内容。(6)老子描述的"小国寡民"理想社会模式的独特价值。(7)韩非反社会福利主张的主要内容。

3. 应用:从先秦时期社会福利思想的产生和发展及各学派的主要社会福利主张,说明春秋战国时期是中国传统社会福利思想的正式奠基时期。

(二)秦汉时期:统一王朝政治下社会福利思想的演变

1. 识记:(1)重农主义是为保护小农而打击工商业的一种国家观念。这种观念起于西周,成就于战国时期的法家。(2)汉初的社会救济大体可分为两类:一类是为恢复残破的社会经济状况而采取的宏观社会救济措施;另一类则是针对百姓个体的社会救济措施。(3)贾谊、晁错和董仲舒是西汉时期对巩固汉帝国有重要作用的三个代表人物。(4)贾谊和晁错提出的"贵粟备荒论"。(5)董仲舒认为造成贫富分化的最为深层的原因是土地兼并。(6)王符继承了先秦儒家的"民本"思想传统,把"天心"与"民心"统一起来,提出了"天以民为心"的贵民思想,并提出了"爱日说"。

2. 理解:(1)秦汉时期社会福利思想演变的时代背景。(2)汉初统治者实施的社会福利措施。(3)汉初的社会救济政策。(3)贾谊和晁错的社会福利思想。(4)董仲舒提出的"贫者养生论"的主要内容。(5)王符"天以民为心"的贵民思想的主要内容。(6)王符"爱日说"的内容。

(三)魏晋南北朝时期:社会福利思想在曲折中的演进

1. 识记:(1)阮籍的理想社会论。(2)嵇康的养生论。(3)鲍敬言的无君论。

2. 理解:(1)阮籍构想的理想社会的突出特点。(2)嵇康的养生论中的社会福利思想。(3)鲍敬言的无君论中的社会福利思想。

(四)隋唐宋元:王朝统治成熟时期的社会福利思想

1. 识记:(1)隋唐宋元时期是中国封建社会的鼎盛及向后期转变的时期。(2)唐太宗李世民提出的"君民相依"理论在中国传统社会福利思想史上占有重要地位。（3）从"礼"与"利"的关系看，李觏认为，"利"就是情欲，是自然合理的，是"礼"的基础。（4）李觏主张恢复和改造义仓制度。（5）张载的"民吾同胞"说。（6）朱熹把人的贫富看作命中注定的。（7）董煟的《救荒活民书》是中国救荒史上的一部集大成式的著作。（8）邓牧认为，封建君主是造成暴政的原因，是百姓的压迫者，根本不可能给人民带来社会福利。

2. 理解：（1）隋唐宋元时期社会福利思想演进的时代背景。（2）李世民颁布实行的带有社会福利色彩的"与民休息""恤民养民"的政策措施的主要内容。（3）李觏对儒家的"礼"的新解。（4）李觏社会福利主张的具体内容。（5）张载提出的宗族保障模式的主要特点。（6）朱熹提出的赈灾救济的具体主张。（7）董煟救荒思想的主要特点。（8）邓牧设想的理想社会模式的主要特点。

（5）明清时期：中国社会衰变时期的社会福利思想

1. 识记：（1）明清两代都推行重农主义的基本国策。（2）朱元璋社会福利思想的理论基础是中国儒家传统的重民思想。（3）王艮和李贽不畏权威，提出了"百姓日用即是道"和"穿衣吃饭，即是人伦物理"两个离经叛道的思想命题。（4）唐甄认为，统治者的掠取，是百姓陷于贫困的重要原因。（5）康熙把"爱民"视为君道的核心内容，也是他考察官吏的基本项目。

2. 理解：（1）明清时期社会福利思想发展的时代背景。（2）朱元璋在其统治期间推行的"安养生息"的恤民政策的主要内容。（3）唐甄在社会福利思想领域的突出贡献。（4）康熙的社会福利主张。

（六）近代时期：新旧交替中社会福利思想的演变

1. 识记：（1）1840年爆发的鸦片战争是中国历史进入近代的标志。（2）龚自珍被称为封建时代最后一位和近代时期第一位思想家。（3）龚自珍设想了一个类似于井田模式的"农宗方案"。（4）洪秀全的"四有二无"的理想社会构想。（5）洪仁玕在中国传统社会福利思想史上第一个提出了具有近代意义的社会福利思想。（6）康有为在戊戌变法前的社会福利思想，以其"公车上书"中所阐述的"恤穷论"最具代表性。（7）孙中山三民主义中的"民生主义"构成了他社会福利思想主张的理论基石。

2. 理解：（1）近代社会福利思想演变的时代背景。（2）龚自珍关于贫富不齐的原因的分析。(3) 洪秀全"天国模式"中的社会福利思想。(4) 洪仁玕社会福利思想的主要内容。(5) 康有为对"大同世界"的理想社会福利制度的设计。(6) 孙中山的主要社会福利主张。

第三章　中国传统的救灾救荒思想

一　学习目的和要求

通过本章的学习,了解中国传统的救灾救荒思想的主要内容,掌握中国传统的平粜救荒论和备荒赈饥思想及其发展演变,从而认识救灾救荒对中国社会发展的重要意义。

二　课程内容

第一节　平粜救荒思想

(一) 范蠡、李悝的平粜救荒论

(二) 耿寿昌创立的"常平仓"制度

第二节　备荒赈饥思想

(一) 墨子的赈灾备荒论

(二)《周礼》中的备荒赈饥思想

(三) 贾谊、晁错的"贵粟备荒论"

(四) 备荒赈饥思想在隋唐及以后的发展

第三节　董煟和林希元的救荒思想

(一) 董煟的救荒思想

(二) 林希元的救荒思想

三　考核知识点

1. 平粜救荒思想及其演变。

2. 备荒赈饥思想及其发展演变。

3. 董煟和林希元的救荒思想。

四 考核要求

（一）平粜救荒思想

1. 识记：（1）平粜（平籴）的含义。（2）在平粜救荒论的发展史上，范蠡是首倡者，李悝是发展者。（3）耿寿昌创立的常平仓制度。

2. 理解：（1）范蠡"平粜论"的内容。（2）李悝的平粜思想及其主要做法。（3）范蠡和李悝的"平粜论"的异同点分析。（4）耿寿昌创立的常平仓制度的核心内容及其意义。

3. 应用：分析平粜救荒思想在中国传统社会福利思想特别是救灾救荒思想发展中的地位和作用。

（二）备荒赈饥思想

1. 识记：（1）墨子提出了别具特色的赈灾备荒论。（2）《周礼》是一部谈论国家政权的组织、机构、人员设置和职能的专书，堪称古典时代的百科全书。（3）《周礼》中规定负责国家粮食储备工作的总机构叫"遗人"。（4）贾谊和晁错将自然因素与社会因素结合起来考虑，对灾荒的成因做了颇具新意的分析，并在此基础上提出了他们的贵粟备荒论。（5）隋唐时期，统治者在总结前代抗灾救灾经验教训的基础上，开始在乡村普遍设立义仓，储备粮食，以备饥荒。因义仓建设在乡村，故又名社仓。（6）李觏主张改革义仓制度，建议将征收来的义仓粮食改为案留。（7）南宋时期，朱熹进一步提出设"社仓"来解决饥民的粮食问题的主张。（8）洪秀全提出的丰荒相通的举措，是对解决赈饥救荒问题的一项创举。

2. 理解：（1）墨子的赈灾备荒论的主要内容。（2）墨子归纳总结的赈荒抗灾的主要方法。（3）《周礼》提出的备荒赈饥的具体主张。（4）贾谊和晁错对灾荒成因的分析。（5）贾谊和晁错贵粟备荒论的主要内容。（6）唐代的义仓制度及其作用。（7）李觏的"复义仓"制度设想。（8）朱熹的社仓论。

3. 应用：分析备荒赈饥思想对中国古代社会发展的意义。

（三）董煟和林希元的救荒思想

1. 识记：（1）董煟和林希元是中国救荒思想史上集大成的思想家。（2）董煟的《救荒活民书》是一部系统论述救荒救灾问题的专著，是中国救荒思想史上的集大成式的著作。（3）林希元的《荒政丛言疏》对历代救荒得失教训做了系统深入的总结，从而奠定了他在中国古代救荒思想史上集大成者的地位。

2. 理解:(1)董煟救荒思想的特点。(2)林希元对赈济工作的程序要求。(3)林希元提出的"养恤补救"的救荒措施。

第四章 中国传统社会关于老人、儿童、妇女 和残疾人的福利思想

一 学习目的和要求

通过本章的学习,了解中国传统社会关于老人、儿童、妇女和残疾人的福利思想的主要内容及中国历史上解决老人、儿童和残疾人福利问题的一些具体举措,掌握中国传统的"安老怀少"思想及近代以来的妇女福利思想的发展演变进程,从中认识传统社会福利思想与中国的农业—宗法社会结构之间的深层联系。

二 课程内容

第一节 传统儒家的安老怀少的思想

(一)孔子的"安老怀少"思想

(二)孟子的老人福利思想

(三)《周礼》中"矜老恤弱"的思想

(四)《礼记》对"安老怀少"思想的发展

(五)张载的"安老怀少"思想

(六)近代的老人儿童福利思想

第二节 中国历史上解决老人和儿童福利问题的具体举措

(一)《管子》中解决老人和儿童福利问题的具体举措

(二)汉初的尊老举措

(三)唐代解决老人和儿童福利问题的具体办法

(四)朱元璋解决老人和儿童福利问题的具体举措

第三节 中国近代关于妇女的福利思想

(一)洪秀全的男女平等思想

(二)郑观应的妇女福利思想

（三）康有为的妇女福利思想

（四）孙中山的妇女解放和妇女福利思想

三　考核知识点

1. 传统儒家的安老怀少的思想。

2. 中国历史上解决老人和儿童福利问题的具体举措。

3. 中国近代关于妇女的福利思想。

4. 中国传统关于残疾人的福利思想。

四　考核要求

（一）传统儒家的安老怀少的思想

1. 识记：（1）中国传统社会福利思想一个非常突出的特点，就是注重解决老人福利和儿童福利问题。（2）孔子认为，在一个"有道"的理想社会里，应该重点关心照顾的是老人和儿童。（3）孟子所描述的理想社会的生活量化指标，大多是以老人为标准的。（4）《周礼》开创了"矜老恤弱"的法制传统。（5）《礼记》借孔子之口举起了"大同之世"的旗帜，提出了新的社会福利保障模式，推进了中国传统社会福利思想的发展演化。（5）康有为构想了一个理想的"大同世界"，在这一理想的"大同世界"中，所有的社会福利事业都由公共机构来承担，主要包括公养机构、公教机构和公恤机构。

2. 理解：（1）孔子的"安老怀少"思想。（2）孟子的老人福利思想。（3）《周礼》中"矜老恤弱"的思想。（4）《礼记》对"安老怀少"思想的发展。（5）张载的"安老怀少"思想。

（二）中国历史上解决老人和儿童福利问题的具体举措

1. 识记：（1）《管子》一书提出的行"九惠之教"的惠民之策，排在"九惠"之首的就是"老老"和"慈幼"。（2）汉代的尊老，除了具有社会救济作用外，还具有政治文化意义。（3）唐代无论是均田制还是租庸调制，都对老人及鳏寡孤独废疾者给予了特殊的照顾。

2. 理解：（1）《管子》一书提出的行"九惠之教"的惠民之策。（2）汉初的尊老措施。（3）朱元璋尊老养老的具体举措。

（三）中国近代关于妇女的福利思想

1. 识记：（1）中国近代，洪秀全首次提出了男女平等的思想。（2）郑观应提出的颇具近代特色的社会福利思想，主要包括慈善论、赈灾论和养民论等。（3）孙中山实际上已经把妇女的权益和福利问题上升到了国家制度层面来考察和重视。

2. 理解：（1）洪秀全提出的男女平等主张和措施的主要内容。（2）郑观应的妇女福利思想的主要内容。（3）康有为的妇女福利思想的主要内容。（4）孙中山妇女解放和妇女福利思想。

第五章　中国传统的重民思想与济贫思想

一　学习目的和要求

通过本章的学习，了解中国传统的重民思想与济贫思想的主要内容及其演变，掌握儒家传统的重民思想的内涵，以及中国历史上几个具有代表性的济贫理论，认识在中国古代重民和济贫的重要性及其意义。

二　课程内容

第一节　中国传统的重民思想

（一）孟子的"民贵君轻"的重民思想

（二）荀子的"民水君舟"的重民思想

（三）墨子的"利民"思想

（四）《礼记》中"德本财末"的"亲民论"思想

（五）王符"天以民为心"的贵民论

（六）李世民"君民相依"的重民思想

（七）朱元璋"民为国本"的重民思想

（八）康熙"安民勤民"的民本思想

第二节　中国传统的济贫思想

（一）孟子的"救穷济弱"思想

（二）《管子》中的贫富论

（三）董仲舒的"贫者养生论"

（四）朱熹的"贫富论"

（五）朱元璋的济贫论

（六）顾炎武的贫富论

（七）唐甄的"富民说"

（八）康有为的"恤穷论"

三　考核知识点

1. 中国传统的重民思想及其演变。

2. 中国传统的济贫思想及其发展。

四　考核要求

（一）中国传统的重民思想

1. 识记：（1）孟子首先是把"民"置于社会各构成要素的序化关系之中，从而提出了"民为贵，社稷次之，君为轻"这一重要命题。（2）孟子以"民贵君轻""与民同乐"为核心内容的民本思想的出发点并不在"为民请命"。（3）"民水君舟"之喻体现了儒家一贯的民本思想，也是荀子对先秦时期政治经验教训的一次深刻总结。（4）墨子主张用"兼相爱，交相利"的原则来处理国与国、家与家、人与人之间的关系。（5）《礼记》认为，要做到"亲民"，必须遵循"德本财末"的原则，对百姓实施德政。（6）王符把"天心"与"民心"统一起来，提出了"天以民为心"的命题。（7）李世民深入探讨了"君民"关系，提出了他的"君民相依"的理论。（8）朱元璋在明朝建立之初就提出了"居上之道，正当用宽"的治国方略。（9）康熙把"民安"作为考察官吏是否称职的重要标准。

2. 理解：（1）孟子重民思想的主要内容。（2）荀子的"民水君舟"的重民思想。（3）墨子的"爱人利民"与孔子的"爱人利民"的差异和分歧。（4）墨子的"爱民""利民"主张的具体内容。（5）《礼记》的"亲民论"思想的主要内容。（6）王符"天以民为心"的贵民论的主要内容。（7）李世民"君民相依"的重民思想。（8）朱元璋"民为国本"的重民思想。（9）康熙"安民勤民"的民本思想。

3. 应用：分析中国传统的重民思想对中国封建社会的发展和稳定的作用。

（二）中国传统的济贫思想

1. 识记：（1）孟子认为，实施救穷济弱的社会实体机构主要有两个：

一是以国君为代表的国家政权；二是带有强烈宗法家族色彩的乡里邻居的社会组织。（2）董仲舒认为，百姓贫穷空虚的原因虽然非常复杂，但官僚地主依仗特权"与民争利"是最主要的原因。（3）朱熹认为，人的贫富首先是天命气数所决定的。（4）朱元璋在洪武初年诏令天下，设立"养济院"以收养孤贫残疾者。（5）顾炎武深刻剖析了百姓贫困的原因，指出封建弊政是百姓日益赤贫化的罪魁，他分析了三个具体原因：第一，南人困于粮；第二，北人困于役；第三，田赋交银。（6）唐甄把民间经济作为一个系统来进行分析，在当时的历史条件下是难能可贵的。（7）康有为认为，要想救国，必须从"扶贫济弱"开始。

2. 理解：（1）孟子的"救穷济弱"思想。（2）《管子》中的贫富论的主要内容。（3）董仲舒的"贫者养生论"的主要内容。（4）朱熹"贫富论"的主要内容及其内在矛盾。（5）朱元璋的济贫思想及其主要的济贫措施。（6）顾炎武的贫富论的主要内容及对百姓贫困原因的分析。（7）唐甄的"富民说"的主要内容。（8）康有为的"恤穷论"的主要内容。

第六章　中国传统的具有宗族色彩的福利保障模式

一　学习目的和要求

通过本章的学习，了解中国历史上具有宗族色彩的福利保障模式的演变，掌握其中主要的几种宗族福利保障模式，进一步认识中国传统社会福利思想的特点。

二　课程内容

第一节　孟子、董仲舒和张载的"复井田"模式

（一）孟子的"井田制"模式

（二）董仲舒的"复井田"主张及其"限田"论

（三）张载的"复井田"及其宗族保障模式

第二节　邓牧和顾炎武的具有宗族色彩的福利保障模式

（一）邓牧的理想社会模式

（二）顾炎武的"寓封建于郡县之中"

第三节 龚自珍的"农宗"模式

（一）龚自珍的"农宗方案"

（二）龚自珍"农宗论"的思想价值

三 考核知识点

1. 孟子、董仲舒和张载的"复井田"模式。

2. 邓牧和顾炎武的具有宗族色彩的福利保障模式。

3. 龚自珍的"农宗"模式。

四 考核要求

（一）孟子、董仲舒和张载的"复井田"模式

1. 识记：（1）井田制是中国古代社会的土地国有制度，出现于商朝，到西周时发展到成熟。（2）董仲舒的"复井田"主张是要求尽量效仿井田的方法来堵塞土地兼并之路。（3）张载主张采用"夺富人之田"的办法来恢复井田制。

2. 理解：（1）孟子的"井田制"模式。（2）董仲舒提出的"限民名田"的主要内容。（3）张载的宗族保障模式的主要特点。

（二）邓牧和顾炎武的具有宗族色彩的福利保障模式

1. 识记：（1）邓牧认为，以皇帝和官吏为代表的统治者既不能给百姓提供可靠的社会保障，也不能给人民带来真正的福利。（2）顾炎武也设计了一个理想社会的构图——"寓封建于郡县之中"。

2. 理解：（1）邓牧设想的理想社会模式的主要特点。（2）顾炎武的"寓封建于郡县之中"的制度设想。

（三）龚自珍的"农宗"模式

1. 识记：（1）龚自珍将农宗中的全体社会成员按宗法关系分为大宗、小宗、群宗、闲民四个等级。（2）龚自珍提出农宗论的最直接动机，是为了解决生活无着落、受饥寒冻馁的流民的生计问题。

2. 理解：（1）龚自珍设想的"农宗方案"的具体内容。（2）龚自珍农宗论的思想价值。

3. 应用：通过中国传统的宗族福利保障模式来加深对中国传统社会福利思想的特点的理解。

主要参考书目

张岱年、方克立主编《中国文化概论》，北京师范大学出版社，2003。

王宁主编《中国文化概论》，湖南师范大学出版社，2000。

田毅鹏：《中国社会福利思想史》，吉林大学出版社，1999。

邓云特：《中国救荒史》，河南大学出版社，2010。

吕振羽：《中国政治思想史》，人民出版社，2008。

胡务主编《社会福利概论》，西南财经大学出版社，2008。

周良才主编《中国社会福利》，北京大学出版社，2008。

李泽厚：《中国古代思想史论》，人民出版社，1986。

冯天瑜：《中华文化史》，上海人民出版社，1990。

龚书铎主编《中国社会通史》，山西教育出版社，1996。

后 记

本书由杨文、梁亚敏、谭贵全编著。其中，梁亚敏负责绪论和第六章的撰写，谭贵全负责第一章、第二章的撰写，杨文负责其余各章撰写和最终定稿。

作者理论研究水平有限，加之编写经验不足，对内容深浅程度的把握不尽如人意。这些问题在统稿中虽也力图解决，但大的改进只有俟诸来日。受编写时间仓促及手上掌握资料的限制，文中难免有疏漏之处，敬请专家、读者批评指正。

本书在编写过程中，得到四川师范大学马克思主义学院、哲学学院的大力支持，部分研究生同学参与了部分资料的收集和文字录入工作，在此一并致谢。

编 者

2023 年 7 月于成都狮子山

图书在版编目(CIP)数据

中国传统社会福利思想概论/杨文，梁亚敏，谭贵
全编著. -- 北京：社会科学文献出版社，2024.11.
ISBN 978-7-5228-4043-7

Ⅰ.D632.1-09

中国国家版本馆 CIP 数据核字第 2024L4N068 号

中国传统社会福利思想概论

编　　著／杨　文　梁亚敏　谭贵全

出 版 人／冀祥德
责任编辑／岳梦夏
文稿编辑／胡金鑫
责任印制／王京美

出　　版／社会科学文献出版社（010）59367126
　　　　　　地址：北京市北三环中路甲 29 号院华龙大厦　邮编：100029
　　　　　　网址：www.ssap.com.cn
发　　行／社会科学文献出版社（010）59367028
印　　装／三河市龙林印务有限公司

规　　格／开　本：787mm×1092mm　1/16
　　　　　　印　张：14.25　字　数：235 千字
版　　次／2024 年 11 月第 1 版　2024 年 11 月第 1 次印刷
书　　号／ISBN 978-7-5228-4043-7
定　　价／89.00 元

读者服务电话：4008918866